buongiorno!

Italienisch für Anfänger

von
Rosanna Brambilla
und
Alessandra Crotti

sowie
Lucia von Albertini
Teresa Di Fonzo
Werner Forner
und
Michael Hörburger

Ernst Klett Verlag
Stuttgart Düsseldorf Leipzig

Buongiorno neu

von
Rosanna Brambilla, Kursleiterin an der Volkshochschule Böblingen-Sindelfingen und Landesbeauftragte für Italienisch in Baden-Württemberg
Alessandra Crotti, Gymnasiallehrerin, Pavia
sowie
Lucia von Albertini, Kursleiterin, München,
Teresa Di Fonzo, Fachleiterin Fremdsprachen an der Hamburger Volkshochschule
Dr. Werner Forner, Dozent am Siegener Institut für Sprachen im Beruf
Michael Hörburger, Studiendirektor, Esslingen am Neckar

Illustrationen:
Sergio Salaroli, Rom

Für den Schulgebrauch dürfen die Leerstellen im Buch von den Schülern nicht ausgefüllt werden.

Gedruckt auf Papier, das aus chlorfrei gebleichtem Zellstoff hergestellt wurde.

1. Auflage A 1 12 11 10 9 8 | 2005 2004 2003 2002

Internetadresse: http://www.klett-verlag.de

Umschlaggestaltung: Sergio Salaroli, Rom

Redaktion:
Barbara Mack
Giovanna Mungai-Maier
Roberta Robustelli

Druck: Tallers Grafics Soler, Barcelona
Printed in Spain

ISBN 3-12-525490-6

9 783125 254909

Inhalt

* Es werden bei jeder Lektion nur die wichtigsten Lernziele aufgeführt.

Themen/Situationen	Kommunikative Ziele	Strukturelle Ziele

4 Wir suchen eine Unterkunft

Themen/Situationen	Kommunikative Ziele	Strukturelle Ziele
A – Hotelprospekt – Im Hotel – Telefongespräch – Angebote für Ferienwohnungen B All'agenzia Maremonti (Dialog)	– nach einem Hotelzimmer fragen – Telefonnummern erfragen/angeben – Ortsangaben machen – Eigenschaften erfragen/nennen – (Nicht-)Gefallen ausdrücken – etwas begründen – ein Zimmer schriftlich reservieren	– der Plural der Substantive – das Präsens von *avere* – die Verneinung mit *non* – Grundzahlen II – *di* und *a* mit dem bestimmten Artikel (Singular) – Adjektive II (Singular)

5 Orientierung in der Stadt

Themen/Situationen	Kommunikative Ziele	Strukturelle Ziele
A – In einer fremden Stadt (auf der Straße/ im Bus) – Eine Karte aus Neapel B Una domenica in città (Dialog)	– nach Geschäften/Verkehrsmitteln fragen – nach dem Weg fragen – Orts-/Richtungsangaben machen – sich entschuldigen – von sich und Dritten berichten	– *c'è* – Ort und Richtung – Ordnungszahlen – *in* + Verkehrsmittel – das Präsens der Verben; *stare, fare, andare* – Infinitivsätze

6 Wir kaufen Lebensmittel ein

Themen/Situationen	Kommunikative Ziele	Strukturelle Ziele
A – Kochrezept – In verschiedenen Geschäften und auf dem Markt B1 Quanto costa vivere? (Zeitungsausschnitt) B2 Al mercato (Dialog)	– Einkaufsgespräche führen: etwas verlangen, Mengen angeben, nach Qualität/Preis fragen – Notwendigkeit ausdrücken – Stellung nehmen – fragen, ob etwas schmeckt und darauf antworten	– Mengenangaben mit *di* – der bestimmte Artikel III: Singular/Plural – *c'è, ci sono* – *da* mit Artikel (Singular) – Verben: *piacere, dire, dare, venire* – Adjektive III: Singular/Plural; – die Personalpronomen *mi, ti, Le* – der absolute Superlativ

Symbole

Hörtext
Hörverständnisübung

Lesetext
(bei A-Teilen auch auf Cassette/CD verfügbar)

LEZIONE 1

A1

- Buonasera, io sono Annarita Picci, e Lei come si chiama?
- Io sono Petra Fischer.
- E Lei come si chiama?
- Mi chiamo Dirk Haussmann.

A2

- Chi è il signor Andresen?
- Sono io.
- E la signora Klein?
- Sono io.

A3

- È Lei il signor Behnke?
- Sì, sono io.
- E Lei è la signorina Müller, vero?
- No, sono Sabine Komowsky.
- Come si chiama, scusi?
- Komowsky.

	il signor ...?	Sì, sono io.
È Lei	la signora ...?	No, sono ...
	la signorina ...?	No, mi chiamo ...

A4

- Buongiorno, signora, come sta?
- Bene, grazie, e Lei?
- Non c'è male.
- A casa tutti bene?
- Benissimo, grazie.

Buongiorno, Buonasera,	signora, signorina, come sta? signor ...
Ciao,	Angela, come stai?

A5

- Ciao, Angela, come stai?
- Abbastanza bene, grazie, e tu?
- Così così, oggi non sto molto bene ...
- Oh, mi dispiace.

(Sto) bene.
(Sto) abbastanza bene.
Non c'è male.
Così così.
Non sto molto bene.

A6

- Come ti chiami?
- Nicoletta, e tu?
- Franco.
- Ah, Franco. E di cognome?
- Gerri, Franco Gerri.

A7

- E lui chi è?
- È il ragazzo di Silvia.
- Davvero? E ... come si chiama?
- Diddi.
- Diddi?
- Sì, ... veramente si chiama Edoardo ... Diddi è il soprannome.

(Io)	sono	Klaus Schmidt,	e Lei come si chiama?	(Sono) Petra Fischer.
	mi chiamo	Federica,	e tu come ti chiami?	(Mi chiamo) Pietro.

E	il signore la signora lui lei	come si chiama?	Si chiama ...

ESERCIZIO 1 Chi è?

- È il signor Rodari?
- No, è il signor Biagini.

- È la signorina Guidi?
- No, è la signora Goffredo.

1. sig. Pugi?

2. sig.ra Spiga?

3. sig.na Mancini?

4. sig. Cioce?

ESERCIZIO 2 Che cosa dicono?

ESERCIZIO 3 Fate la conversazione.

- Buongiorno, signor Micene, come sta?
- Bene, grazie, e Lei?
- Abbastanza bene.

- Ciao, Roberto, come stai?
- Non c'è male, grazie, e tu?
- Bene.

1. Mario Anna

2. sig.na Pace sig. Guccini

3. Marco sig.ra Dolci

4. sig.ra Gala sig. Colli

ESERCIZIO 4 In classe

Begrüßen Sie sich gegenseitig, fragen Sie, wie es geht, und verabschieden Sie sich.

ESERCIZIO 5 Brevi incontri

Hören Sie die Dialoge und sagen Sie, in welcher Stimmung sich die Leute jeweils befinden.

LEZIONE 2

A1

- Lei di dov'è?
- Sono di Napoli, e Lei?
- Di Roma.

A2

- Ciao. Io sono Giampiero, e tu come ti chiami?
- Ludovica.
- Che bel nome! E di dove sei?
- Di Torino. E tu?
- Anch'io sono di Torino, ma abito a Milano.

Di dov'è? Di dove sei?	Sono di ... Sono di ..., ma abito a ...
Di dov'è Giampiero?	È di ..., ma abita a ...

ESERCIZIO 1
Di dov'è?

1. sig.ra Mumm
Amburgo/Brema

2. sig.ra Ratke
Lipsia/Kiel

3. sig. Muscarella
Messina/Bari

4. sig.na Puccini
Perugia/Roma

- Di dov'è, signor Schmitt?
- Sono di Francoforte, ma abito a Monaco.

Continuate.

A3

- Pronto!
- Pronto, Anna? Sono Paolo.
- Ciao, Paolo! Ma dove sei?
- Sono in Spagna, a Barcellona.
- Beato te!

A4

- Sì, pronto!
- Pronto, Anna?
- Ah, ciao, mamma, ma dove siete?
- Adesso siamo in Germania, a Berlino.
- Che bello! E come state?
- Noi bene, e tu?
- Anch'io.
- E Robertino, come sta?
- Ah, lui sta benissimo.

...

- Allora ciao e un bacio a Robertino.
- Ciao e tanti saluti anche a papà.

Dove sei? (Lei) dov'è, signora / signor ...?	Sono in Germania, a Monaco.
Dove siete?	Siamo in Francia, a Marsiglia.
Dove sono Mara e Piero?	Sono in Olanda, ad Amsterdam.

ESERCIZIO 2 E adesso telefonate voi.

Sie sind auf Reisen und rufen
a) einen italienischen Freund/eine italienische Freundin,
b) ein befreundetes italienisches Ehepaar an.

ESERCIZIO 3 Viaggio attraverso l'Europa

Arbeiten Sie zu dritt nach folgendem Muster:
"Dov'è Paolo?" "È a ..."
"Dove sono i genitori di Anna?" "Sono a ..."

A stellt die Fragen, B deutet auf eine Stadt auf der Karte, C gibt die Antwort. Danach werden die Rollen getauscht.

ESERCIZIO 4 Dove sono?

Hören Sie die Musik und die Dialogausschnitte und notieren Sie, in welchem Land sich die Leute jeweils befinden.

1. Sono in ...
2.
3.
4.
5.

A5

- Fuma, signora?
- No, grazie, non fumo.
- Lei è straniera?
- Sì, sono tedesca.
- Però parla bene l'italiano!
- Grazie, Lei è proprio gentile.
- E come mai è a Urbino?
- Sono qui per lavoro.

A6

- Sei tedesco?
- No, sono olandese.
- E tu sei giapponese, vero?
- Sì, di Osaka.
- Ah ... e che cosa fate qui? Siete in vacanza?
- No, no, siamo qui per imparare l'italiano.

(Lei) è (Tu) sei	straniera? tedesca? austriaca? spagnola? svizzera? italiana? inglese? francese?	straniero? tedesco? austriaco? spagnolo? svizzero? italiano? inglese? francese?	Sì, sono ... No, sono ...

Come mai	è sei siete	in Italia? a Urbino? qui?
Che cosa	fa fai fate	

Sono Siamo	qui	per imparare l'italiano. per lavoro. in vacanza.

ESERCIZIO 5 Chi è? Di dov'è?

- Chi è?
- È Vreni.
- Di dov'è?
- È svizzera, di Zurigo.

Continuate.

1. Ingrid

2. Diane

3. Hans

4. Toni

5. John

ESERCIZIO 6 Completate il dialogo.

Sie haben gehört, dass Ihr neuer Nachbar Italiener ist. Sie treffen ihn und wollen mit ihm Bekanntschaft schließen.

Sie begrüßen ihn und fragen ihn, ob er Italiener ist.	● ______________________
	● Sì.
Sie fragen, aus welcher Stadt er kommt.	● ______________________
	● Di Lecce.
Sie fragen, aus welchem Grund er in Deutschland ist.	● ______________________
	● Per lavoro. Sono ingegnere.
Sie stellen sich vor und fragen nach seinem Namen.	● Ah, scusi, ______________
	● Antonio Mascia. Piacere *(angenehm)*.

ESERCIZIO 7 Far conoscenza

Di dove siete? Che cosa fate qui in Italia?

Stellen Sie sich diesen Personen vor und spielen Sie (zu zweit oder zu dritt) einen kleinen Dialog.

- Tom Borril (Londra) und Susy Adam (Oxford) – in Urlaub
- Katharina Sinčar (Lubiana) – um Italienisch zu lernen
- Mayuko Wakita und Tsuneo Banno (Tokyo) – sie in Urlaub, er beruflich in Italien
- Mary Queen (Washington) – beruflich in Italien, und auch um Italienisch zu lernen

B In treno

Monika: È libero questo posto?
Roberto: Sì, prego. Serve aiuto per la valigia?
Monika: Sì, grazie, molto gentile.
Roberto: Non sei italiana, vero?
Monika: No, sono tedesca.
Roberto: Ah sì? E di dove?
Monika: Di Berlino. E tu?
Roberto: Io sono di Modena, ma lavoro a Bologna.
Monika: Che lavoro fai?
Roberto: Lavoro in banca. E tu?
Monika: Io studio ancora. Studio architettura.
Roberto: Bello! Ah, senti ... io mi chiamo Roberto e tu?
Monika: Monika.
Roberto: E come mai sei in Italia? Sei in vacanza?
Monika: Sì, ma faccio anche un corso di italiano a Roma.
....
Siamo già a Bologna?
Roberto: Eh sì. Io sono arrivato. Allora ciao, Monika, buon viaggio!
Monika: Ciao!

ESERCIZIO 8 Vero o falso?

	vero	falso
1. Monika è straniera.		
2. Monika è architetto.		
3. Roberto è di Bologna.		
4. Monika è in Italia per lavoro.		
5. Roberto lavora in banca.		

ESERCIZIO 9 Roberto e Monika

1. *Roberto erzählt seinem Freund von der Zugbekanntschaft. Was kann er berichten?*
   ______________________ Monika. È ______________,
   di ______________. ______________ Italia
   per ______________________, studia ______________.

2. *Und was weiß Monika von ihrem Gesprächspartner?*
   ____,
   ma abita ____________________. Lavora ____________________.

ESERCIZIO 10 Trovate la risposta giusta.

1. È libero questo posto?	a) Di Berna.
2. Lei è straniera?	b) Vreni Niggli.
3. Di dov'è?	c) Sì, grazie.
4. È in vacanza?	d) Sì, sono svizzera.
5. Fuma?	e) Sì, prego.
6. Io mi chiamo Sergio Gentile, e Lei?	f) No, sono qui per lavoro.

2

ESERCIZIO 11 Nome, cognome ...

Sie sind in Italien und möchten sich zu einem Sprachkurs anmelden.
Dazu müssen Sie ein Formular ausfüllen. Sie nehmen den Ausweis eines Freundes als Vorlage.

DI.L.IT. - INTERNATIONAL HOUSE

Cognome Nebioj

Nome Birgit

Luogo e data di nascita 20.07.88

Nazionalità Deutsch Sesso M ○ F ○

Indirizzo

Corso intensivo 20/30 ore settimanali	elementare	○
	medio	○
	superiore	○
Corso intensivo 15 ore settimanali	elementare	○
	medio	○
	superiore	○
Corso normale 5 ore settimanali	elementare	○
	medio	○
	superiore	○

Data ____________ Firma ____________

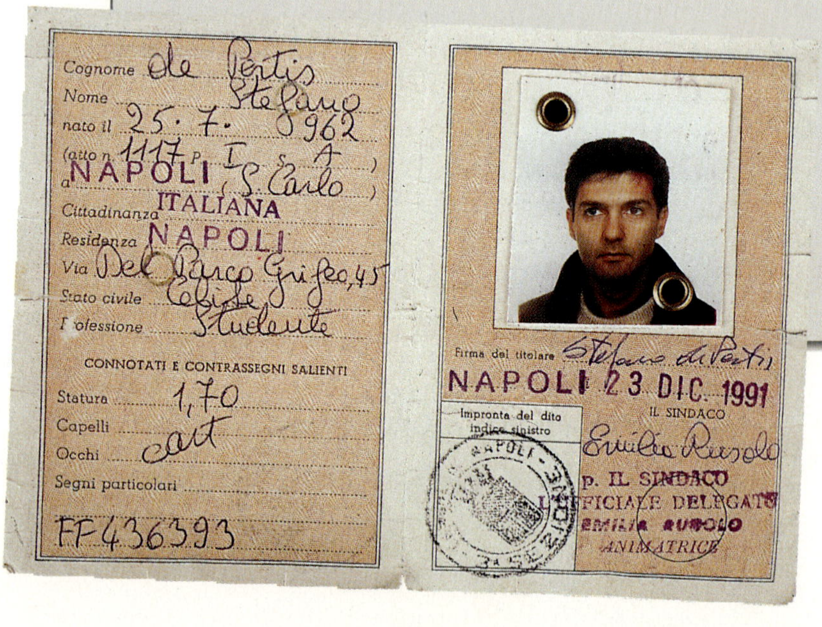
Cognome de Pertis
Nome Stefano
nato il 25.7.1962
(atto n. 1117 P. I S. A)
a NAPOLI (S. Carlo)
Cittadinanza ITALIANA
Residenza NAPOLI
Via Del Parco Grifeo, 45
Stato civile Celibe
Professione Studente
CONNOTATI E CONTRASSEGNI SALIENTI
Statura 1,70
Capelli cast
Occhi
Segni particolari
FF436393

Firma del titolare Stefano de Pertis
NAPOLI 23 DIC. 1991
IL SINDACO
Impronta del dito indice sinistro
p. IL SINDACO
L'UFFICIALE DELEGATO
EMILIA RUSSOLO
ANIMATRICE

Lezione 3

A1

- Prendiamo qualcosa da bere? Io ho sete.
- Sì, volentieri.
- Andiamo qui, va bene?
- Sì, sì, per me va bene.
- Anche per me.

A2

- Lei, signora, che cosa prende?
- Un caffè.
- E tu, Bruno?
- Io preferisco un tè.
- Allora due caffè e un tè.

Lei, signora,	che cosa	prende?
E tu Franco,		prendi?

Prendo	una spremuta d'arancia		un'acqua minerale
	uno sherry	un'aranciata	una birra
	un succo di pompelmo		un cappuccino
	un martini	un crodino	un amaro
	un bicchiere di prosecco		uno stravecchio

Prende un caffè? Prendi ...?	Sì, volentieri. Sì, grazie. No, preferisco ... No, grazie.

ESERCIZIO 1 Che cosa prendiamo?

- Prendiamo un caffè?
- Sì, volentieri.

- Prendiamo un tè?
- No, preferisco un caffè.

1. aranciata?

2. birra?
succo di pompelmo

3. cappuccino?

4. martini?
sherry

A3

zero

uno

due

tre

quattro

cinque

sei

sette

otto

nove

dieci

undici

dodici

tredici

quattordici

quindici

sedici

diciassette

diciotto

diciannove

venti

ESERCIZIO 2 Che numero è?

Cercate i numeri nascosti.

ESERCIZIO 3 Quanto fa?

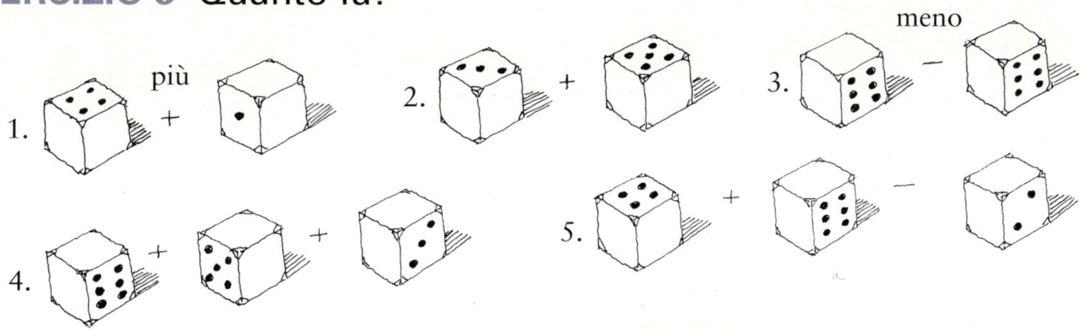

A4 Alla cassa

- Due caffè e una pasta, quant'è?
- 2,15 euro (due euro e quindici centesimi).
- No, no, io prendo un cappuccino.
- Ah, mi scusi, non due caffè, ma un caffè, un cappuccino e una pasta.
- Allora sono 2,55 euro (due euro e cinquantacinque).

BAR
LISTINO PREZZI

CAFFE ESPRESSO	€ 0,75	*** VINI ***	
CAFFE AMERICANO	€ 0,95	MARTINI	€ 2,05
CAFFE HAG	€ 0,85	VINSANTO	€ 1,05
CAPPUCCINO	€ 1,15	VINO AL BICCH.	€ 1,05
LATTE E CAFFE	€ 1,15	SPUMANTE	€ 2,05
THE, CAMOMILLA	€ 1,15	PORTO	€ 1,80
CIOCCOLATO	€ 1,55		
CORREZIONE	€ 0,50	*** BIBITE ***	
PUNCH	€ 1,55	BIRRA GRANDE	€ 3,05
		BIRRA ESTERA	€ 3,05
*** APERITIVI ***		BIRRA PICCOLA	€ 1,80
APERITIVI DELLA CASA	€ 2,55	BIBITE LATTINA	€ 2,05
CAMPARI	€ 2,05	BIBITE BOTTIGLIA	€ 1,80
SAN BITTER	€ 2,05	SUCCHI DI FRUTTA	€ 1,80
CRODINO	€ 2,05	ACQUA M	€ 0,75
		SPREMUTE	€ 2,05
*** LIQUORI ***		SCIROPPI	€ 1,55
LIQUORI	€ 2,05		
LIQUORI ESTERI	€ 2,55	SALATI	€ 1,55
WHISKY	€ 3,05	PASTE	€ 0,65
COGNAC	€ 3,05		

ESERCIZIO 4 Al bar

- Un caffè, quant'è?
- 75 centesimi.

Continuate.

25 venticinque	**30** trenta	**35** trentacinque	**40** quaranta
45 quarantacinque	**50** cinquanta	**55** cinquantacinque	**60** sessanta
65 sessantacinque	**70** settanta	**75** settantacinque	**80** ottanta
85 ottantacinque	**90** novanta	**95** novantacinque	**100** cento

A5

- Senta!
- Sì, prego?
- Una birra.
- Grande o piccola?
- Piccola.
- Subito.
- Ah, scusi, vorrei anche mangiare qualcosa.
- Un toast va bene?
- No, preferisco un panino, un panino con prosciutto e mozzarella.
- Caldo?
- Sì, caldo, per favore.
- Va bene.

Sì, prego?	Vorrei	mangiare qualcosa. un panino al formaggio. un toast con mozzarella e rucola. una pizzetta. un tramezzino. una coca-cola. un tè freddo.

ESERCIZIO 5 Uno spuntino al bar

Sie rufen den Kellner.	● ____________
	● Sì, prego?
Sie möchten etwas essen.	● ____________
	● Un tramezzino, un toast, una pizzetta?
Sie entscheiden sich für einen Toast mit Mozzarella und Rucola.	● ____________
	● Benissimo. E da bere?
Sie bestellen ein Getränk Ihrer Wahl.	● ____________

A6

- Come aperitivo che cosa prendete? Uno sherry, un campari o preferite il mio cocktail alla frutta tropicale?
- Per me un campari.
- Con ghiaccio?
- No, senza. Grazie.
- Io invece prendo il cocktail.
- E tu Benedetta? Prendi un succo di frutta o preferisci un'altra cosa?
- Prendo un succo d'arancia.

Che cosa prendete?	Per me ... Anche per me. Io prendo ... Io invece preferisco ...

ESERCIZIO 6 Un aperitivo prima di cena

Spielen Sie diese Szene und übernehmen Sie folgende Rollen:

A – Sie haben italienische Gäste zu Hause. Bieten Sie ihnen als Aperitif Getränke an, die Sie im Hause haben.

B – Sie sind zu zweit/dritt bei einem Bekannten eingeladen. Ihnen werden verschiedene Getränke als Aperitif angeboten. Sagen Sie, was Sie möchten.

(Lei) preferisce / (Tu) preferisci — un amaro o un whisky?	Preferisco ...
E voi che cosa preferite?	Io (preferisco) ... Anch'io. Io invece (prendo) ...

ESERCIZIO 7 Trovate la risposta giusta.

1. Prendete un caffè? → f)
2. Prendiamo qualcosa?
3. Preferite una birra o una coca-cola?
4. Prende un cynar o preferisce un caffè?
5. Preferisci un martini o un cognac?
6. Che cosa prendi?

a) Sì, volentieri.
b) Prendiamo una birra.
c) Un caffè, grazie.
d) Preferisco un martini.
e) Prendo uno stravecchio.
f) No, grazie.

ESERCIZIO 8 Che cosa preferisce?

- Signor Cocciante, preferisce una grappa o un whisky?
- ________________________________
- E tu, Sandra, che cosa preferisci?
  E voi, ragazzi, che cosa ...?

Continuate.

1. Sig. Facchi/Paolo e Marco

2. Sig. Carlini/Gianni

3. sig.ra Cecchi/Giulio e Anna

4. sig.na Lalli/Angela

Da leggere

Un aperitivo da fare in casa. **MANGO SPARKLING**

3 cucchiai di mango fresco frullato, un cucchiaio di brandy all'arancia, un bicchiere di prosecco freddissimo, uno spicchio di mango.

Versare nel bicchiere grande da bibita il prosecco, poi il liquore all'arancia; aggiungere quindi il succo di mango, mescolare piano e mettere sul bordo del bicchiere lo spicchio di mango. A piacere unire qualche cubetto di ghiaccio.

B

Al bar Mazzini

Franco: Allora Monika, prendiamo qualcosa da bere?
Monika: Sì, buona idea.
Franco: Andiamo in questo bar?
Monika: Sì, però stiamo qui fuori, eh.
Franco: Ma certo ...
Toh, guarda chi arriva: Paolo. Paolo!
Paolo: Oh, ciao ... Franco.
Franco: Paolo, questa è Monika ... una mia amica di Berlino.
Paolo: Ciao, Monika.
Monika: Ciao, Paolo.
Franco: Sai, Paolo, Monika parla benissimo l'italiano.
Monika: Eh, che esagerato! Faccio un corso qui a Roma ...
Paolo: Sei proprio brava invece! Vorrei parlare io il tedesco così.
Franco: Dai Paolo, prendiamo qualcosa insieme.
Tu, Monika, che cosa preferisci?
Monika: Un gelato misto: limone, fragola e pistacchio.
Franco: E tu, Paolo, che cosa prendi?
Paolo: Per me un caffè freddo.
Franco: Io invece ho sete, prendo una birra.
Senta!
Cameriere: Sì, prego?
Franco: Un caffè freddo, una birra e un gelato misto: limone, fragola e pistacchio.
Cameriere: Mi dispiace ma il limone è finito.
Abbiamo vaniglia, mirtilli ...
Monika: Allora fragola, pistacchio e mirtilli.
Cameriere: Subito!

.....

Franco: Scusi, vorrei pagare.
Cameriere: Sì, subito ... vediamo lo scontrino, sono 7,20 euro.
Franco: Ecco a Lei.
Cameriere: Le porto subito il resto.
Monika: Ma non lasci la mancia?
Franco: Sì, sì, la lascio dopo sul tavolo.

ESERCIZIO 9 Qual è la risposta giusta?

1. Monika è
   - un'amica di Paolo. ☐
   - un'amica di Franco. ☐
   - la ragazza di Franco. ☐
2. Franco
   - ha sete. ☐
   - preferisce un aperitivo. ☐
   - prende un gelato al limone. ☐
3. Monika preferisce
   - un gelato misto. ☐
   - un gelato al cioccolato. ☐
   - un gelato ai mirtilli. ☐
4. Paolo prende
   - un tè freddo. ☐
   - un cappuccino. ☐
   - un caffè freddo. ☐
5. Franco
   - non lascia la mancia. ☐
   - lascia la mancia sul tavolo. ☐
   - lascia la mancia per Monika. ☐

ESERCIZIO 10 Completate il dialogo.

In der Straße gibt es mehrere Bars. Sie schlagen Ihrer Begleitung vor etwas zu trinken.

● ______________________________
● Sì, volentieri.

Sie stehen vor einer Bar, die Ihnen gefällt, und schlagen vor hineinzugehen.

● ______________________________
● Va bene.

Sie fragen Ihre Begleitung, was sie trinken möchte.

● ______________________________
● Una spremuta d'arancia.

Sie sagen, dass Sie lieber einen Martini nehmen.
Sie rufen den Kellner und bestellen einen frisch gepressten Orangensaft und einen Martini mit Eis.

● ______________________________
____

ESERCIZIO 11 All'autogrill

Hören Sie den Dialog.
– Erzählen Sie Ihrem Nachbarn/Ihrer Nachbarin, was Sie verstanden haben.
– Versuchen Sie nun folgende Frage zu beantworten:

Chi prende da mangiare e chi prende da bere? *Kreuzen Sie an.*

	Anna	Michele	Piera
mangiare			
bere			

Lezione 4

A1

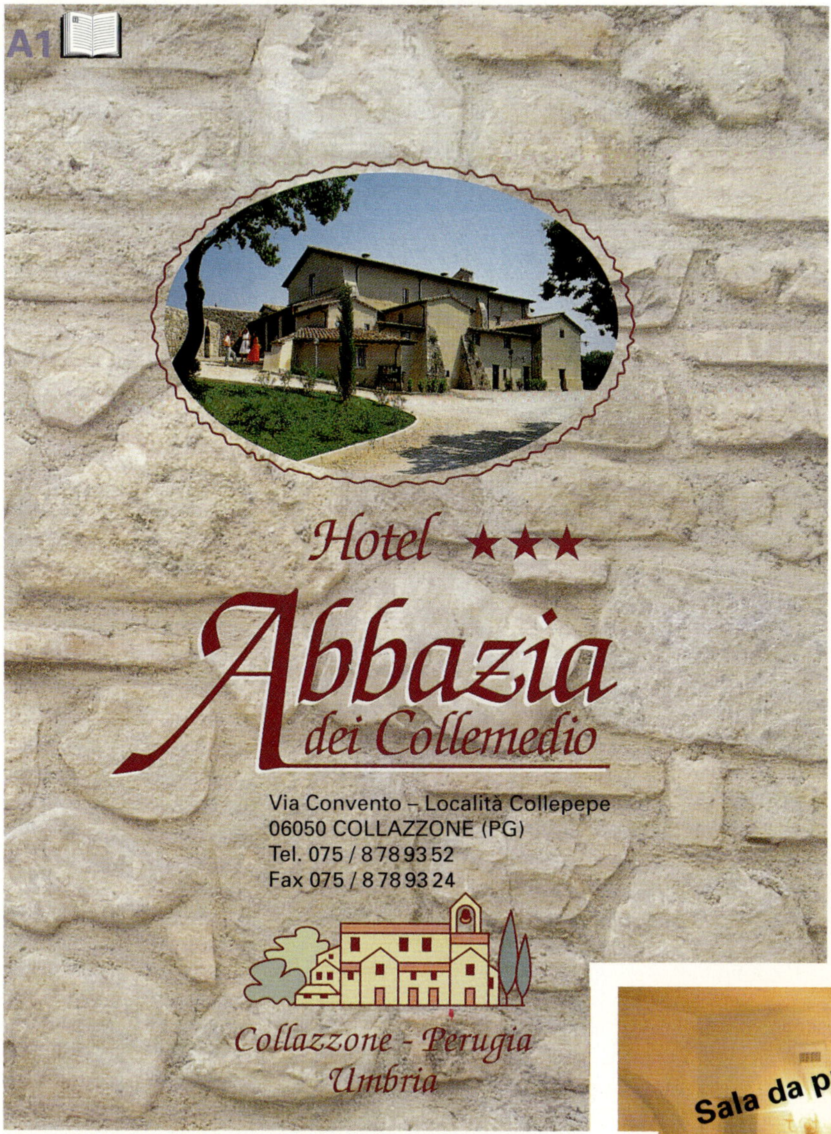

Ex-convento francescano restaurato, al centro dell'Umbria, vicino a Todi, Foligno e Perugia, ideale per un soggiorno tranquillo.
Le camere, antiche celle del '300, hanno tutte servizi privati, telefono, tv color, radio. L'albergo, con aria condizionata in luglio e agosto, offre servizio bar, ristorante con cucina regionale tipica, piscina e giardino.

REGIONE DELL'UMBRIA
GIUNTA REGIONALE – UFFICIO DEL TURISMO
Anno 2002
Esercizio: HOTEL ABBAZIA DEI COLLEMEDIO
Tipologia: ALBERGHI
Categoria: 3 STELLE
Camera Nr. 137 Piano 3 Letti Nr. 2

Prezzo a persona	min	max.
Camera e colazione	€ 47	€ 76
Pensione completa	€ 65	€ 94

A2

- Vorrei una camera singola per tre o quattro giorni.
- Abbiamo una singola con bagno, ma dà sulla strada.
- La strada è molto trafficata?
- No, no, è una strada tranquilla.
- Allora non importa. E quanto costa?
- 67 euro al giorno …
- Con la colazione?
- No, solo la camera. La colazione è extra, costa 6,20 euro.
- Va bene, allora con la colazione.
- Ha un documento, per favore?
- Sì, ecco la carta d'identità.
- Grazie.

Vorrei una camera	singola	con	bagno.
	a un letto		doccia.
	doppia		vista sul mare.
	a due letti		
	matrimoniale		

A3

- Avete due camere per questa notte?
- No, mi dispiace, abbiamo solo una camera a quattro letti.
- Ha la doccia?
- No, la doccia è in corridoio.
- Ma sì, per una notte va bene.
- Ecco la chiave.

Avete due camere per	una settimana?	Sì.
	una notte?	No, mi dispiace.
	tre giorni?	No, abbiamo solo …

A4

Qual è	il prefisso	per la Svizzera?	È	0041
		di Firenze?		055
	il numero	del soccorso pubblico di emergenza?		113
		dell'ACI?		116
		dell'elenco abbonati?		12
		della guardia medica?		…

A 5

- Pronto, Beatrice, sono Elena.
- Elena!? Che sorpresa, ma dove sei?
- Sono qui a Verona.
- Sei sola?
- No, no, sono qui con mio marito.
- In quale albergo siete?
- Siamo all'albergo Manzoni.
- Allora siete proprio in un posto tranquillo.
- Beh, insomma ... È nella zona pedonale, ma è piuttosto rumoroso.

…

- E la camera com'è?
- Ah, la camera è bella! Non è grande, ma mi piace. Senti, hai da fare stasera?
- No, no. Sai che cosa faccio? Vengo all'albergo e poi andiamo a cena insieme, va bene?
- Benissimo. A stasera allora.

In vendita presso:

- tabaccherie
- edicole
- bar
- centri Telecom Italia

Dove siete?	Siamo	a Padova. al ristorante. all'hotel ... alla pensione ... allo stadio. in centro.

ESERCIZIO 1 Dove siete?

1.

2.

3.

4.

5.

Com'è	il posto? l'albergo?	È	bello	ideale accogliente	brutto
	la pensione? la camera?		piccola	rumorosa tranquilla	grande

ESERCIZIO 2 Com'è l'albergo? Com'è la pensione?

Guardate le foto e dite la vostra opinione.

L'albergo è bello, mi piace.
La pensione è troppo piccola, non mi piace.

Continuate.

ESERCIZIO 3 Tre alberghi

Hören Sie die Beschreibung von drei Hotels, deren Umgebung Sie hier abgebildet sehen, und beantworten Sie folgende Frage:

quale albergo va bene per la persona del dialogo a), del dialogo b) e del dialogo c)?

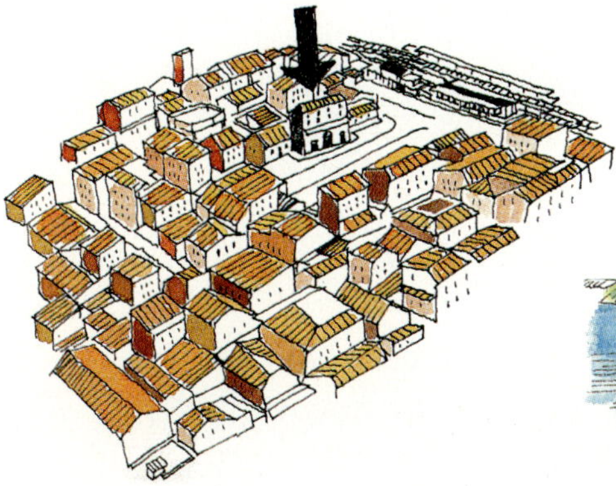

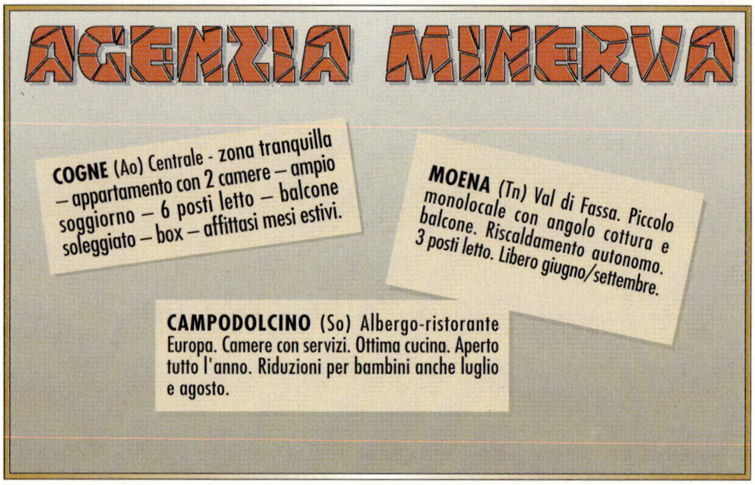

ESERCIZIO 4

Fate le domande.

B All'agenzia Maremonti

Impiegato: Buongiorno!
Giorgio: Buongiorno. Ecco, noi cerchiamo un appartamento o un bungalow vicino al mare.
Impiegato: Per che periodo?
Giorgio: Eh, ... purtroppo in agosto. Abbiamo le ferie in agosto.
Impiegato: Mah ... vediamo. Ho ancora qualcosa sulla costa adriatica. Ma quanti siete?
Milena: Siamo in sei: noi e due coppie di amici.
Impiegato: Allora è un po' difficile. Cercate un appartamento abbastanza grande, vero?
Milena: Eh, sì, certo.
Impiegato: A San Benedetto del Tronto ho un appartamento sul mare con due camere e un divano letto matrimoniale nel soggiorno ...
Milena: San Benedetto è un posto molto bello ...
Giorgio: Sì, ma chi dorme nel soggiorno? Io no di certo! Che idea andare in vacanza in sei!
Milena: Poi ti diverti, però!
Impiegato: ... a Bellaria ho una casa molto grande, con tre camere e soggiorno, angolo cottura, doppi servizi, giardinetto, posto macchina ... Però non è sul mare, è a 500 metri.
Milena: Va bene, questo non è un problema, camminiamo un po'.
Giorgio: E quanto costa? È cara?
Impiegato: No, anzi: 2066 euro tutto compreso, anche la luce e il gas.
Giorgio: Ha solo queste due cose? Non ha altro?
Impiegato: Mah ..., sì ..., ho ancora due o tre appartamenti, ma sono piccoli.
Milena: Senti, Giorgio, facciamo così: io domani parlo con gli altri, sento che cosa dicono e poi vediamo.

ESERCIZIO 5 Sì o no?

Il testo dice	SÌ	NO
1. … chi sono Milena e Giorgio?		
2. … quando hanno le ferie?		
3. … dove la coppia desidera andare in vacanza?		
4. … quanto costa l'appartamento a San Benedetto del Tronto?		
5. … com'è San Benedetto del Tronto?		
6. … com'è la casa di Bellaria?		
7. … se Milena prende la casa di Bellaria?		

ESERCIZIO 6 Una lettera di conferma

Herr Rossoli hat beim Hotel La Spiaggia schriftlich ein Zimmer reserviert.
– Lesen Sie die Bestätigung des Hotels.

Bonassola, 3 aprile ….

Hotel La Spiaggia
19011 Bonassola
Riviera di Levante

Gentile signor Rossoli,

grazie per la Sua lettera del 23 marzo u.s..

Confermiamo la prenotazione dal 5 al 18 agosto di una camera matrimoniale con lettino aggiunto, con doccia, balcone e vista sul mare. Il prezzo della camera con la mezza pensione è di 78 euro al giorno per persona.

Per il bambino di 11 anni è previsto uno sconto del 40 %.

È gradita una caparra di 258 euro da versare sul nostro conto: N. conto corrente: 025451 – Banca Commerciale Italiana – La Spezia.

Distinti saluti

Manni

– Wie könnte der Brief lauten, den Herr Rossoli zuvor an das Hotel geschrieben hat? Formulieren Sie den Text.

Spett. le Hotel La Spiaggia …

____

____

In attesa di una Vostra risposta, invio
Distinti saluti

ESERCIZIO 7 L'appartamento giusto

Famiglia Nuti | Famiglia Parini

Paola Giorgio | Angela Piero | Lucia Prati e Lidia Urso

Francesca | Patrizio Mario

"Cerchiamo un appartamento tranquillo con balcone e un grande soggiorno, non troppo vicino al centro."

"Cerchiamo un appartamento con un balcone per i bambini e una cucina abbastanza grande, anche in città."

"Cerchiamo un appartamento in centro con balcone."

Quale appartamento va bene per la famiglia Nuti? E per la famiglia Parini?
E per Lucia Prati e Lidia Urso?

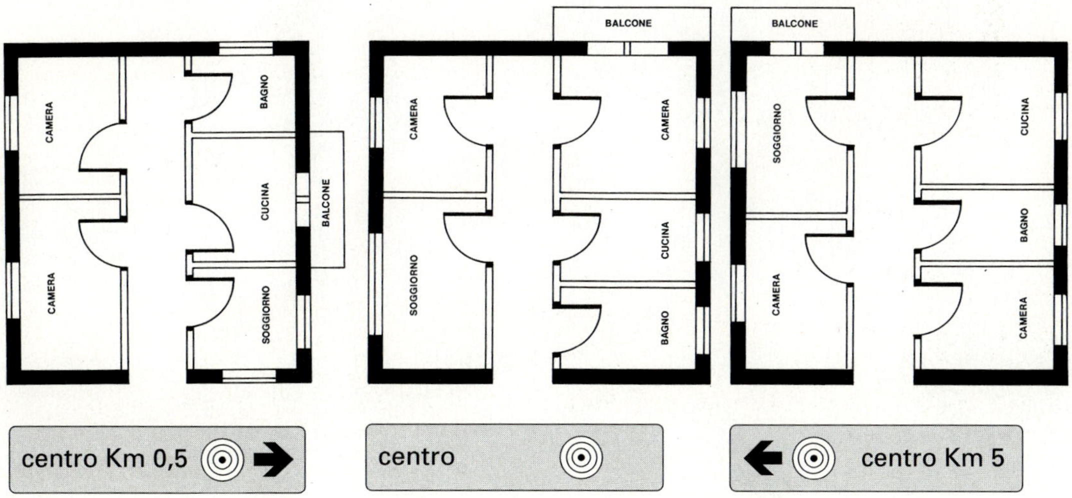

LEZIONE 5

A1

- Scusi, c'è una banca qui vicino?
- Sì, in via Verdi, la seconda strada a destra.
- Tante grazie.
- Prego.

Scusi, c'è	una banca un bar ...	qui vicino?

Sì, in via ...,	la prima la seconda la terza la quarta	strada	a destra. a sinistra.

ESERCIZIO 1 Scusi, c'è ...?

Continuate.

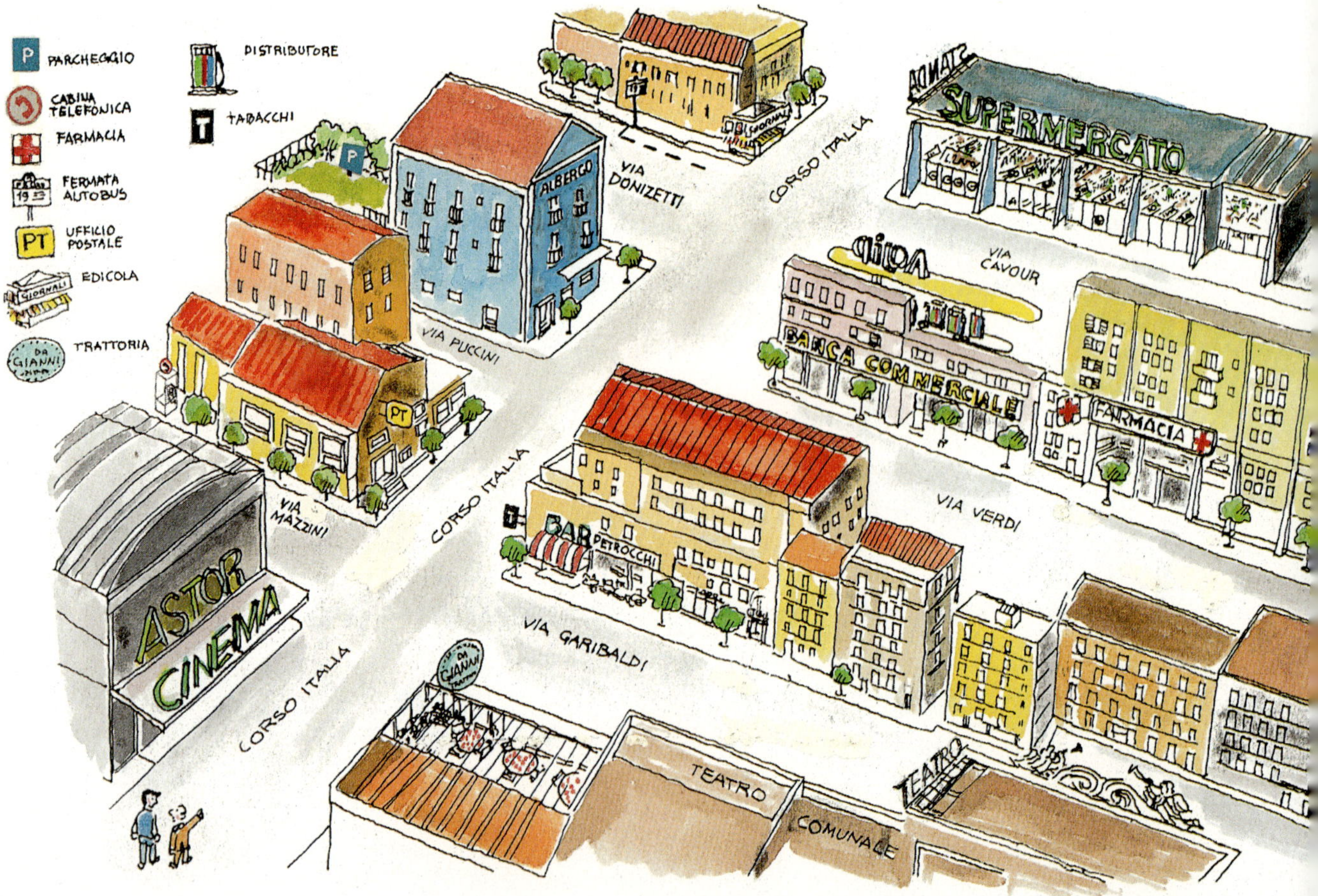

A2

- Scusi, c'è un autobus per il centro?
- Sì, c'è il 19.
- E la fermata dov'è?
- È in via Donizetti, accanto all'edicola, la terza strada a sinistra.
- Grazie.

Dov'è	la fermata dell'autobus?
	il cinema Astor?
	la farmacia?

È in via Donizetti, accanto all'edicola.
È in Corso Italia, di fronte alla trattoria.
È in via Verdi, vicino alla banca.

ESERCIZIO 2 Dov'è il supermercato?

1. Dov'è il supermercato? – ________________ Cavour, ________________.
2. Dov'è la trattoria "Da Gianni"? – ____________________ Teatro Comunale.
3. ____________________ il bar Petrocchi? – ________________________.
4. ____________________ la Banca Commerciale? – __________________ Verdi, ____________________ farmacia.

ESERCIZIO 3 C'è o dov'è?

Fate le domande.

a) Lei ha sete.
b) Cerca l'albergo Centrale.
c) Desidera telefonare.
d) Cerca il cinema Arlecchino.
e) Ha fame.
f) Desidera vedere la chiesa di San Francesco.

A3 In autobus

- Per il Duomo dove devo scendere?
- Deve scendere alla stazione. Lì prende il 14 e poi scende alla seconda ... no, alla terza fermata.
- Grazie.
- Non c'è di che.

Per ... dove devo scendere?	Deve scendere	in via ... in piazza ... alla ... fermata. alla stazione.

ESERCIZIO 4 Con la metropolitana

- Scusi, per piazza Diaz che linea devo prendere?
- La numero 1.
- E dove devo scendere?
- In piazza Duomo.

Continuate.

M 1
1 Largo Cairoli
2 P. za Cordusio
3 P. za Duomo
4 P. za S. Babila
5 Via Palestro
6 P. ta Venezia
7 P. za Lima
8 P. le Loreto

M 2
9 P. za Caiazzo
10 Centrale F.S.
11 Via M. Gioia
12 Garibaldi F.S.
13 Via Moscova
14 Via Lanza

M 3
15 Via Montenapoleone
16 Via Turati
17 P. za della Repubblica

A 4

- Andiamo a vedere il castello?
- Sì, volentieri ... ma è lontano?
- Eh, un po' ...
- Senti, però non ho voglia di camminare, non andiamo mica a piedi, vero?
- No, c'è il tram. Prendiamo il tram.
- Va bene.

Andiamo a piedi?		Sì, volentieri. No, è lontano.
Andiamo	in macchina? in tram?	Sì, è lontano. Va bene.
Prendiamo	l'autobus. il tram. la metropolitana.	No, è vicino, andiamo a piedi.

ESERCIZIO 5 Dove andiamo?

- Andiamo a vedere ____________?
- ____________________________

Continuate.

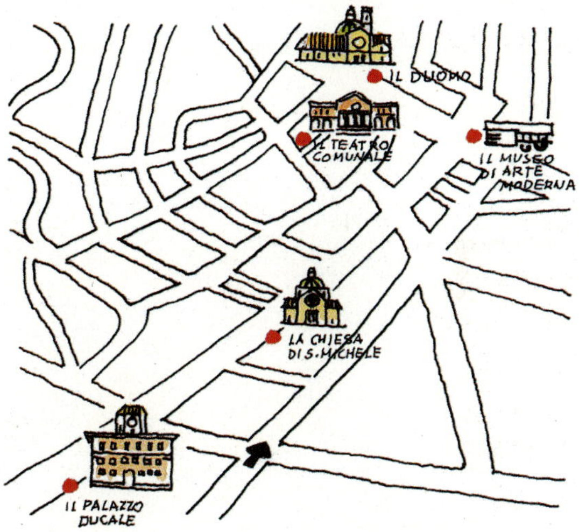

ESERCIZIO 6 La ruota

Vervollständigen Sie den Text mit den im Rad angegebenen Wörtern. Die übrig bleibenden Wörter ergeben die Antwort auf die Frage am Ende des Textes.

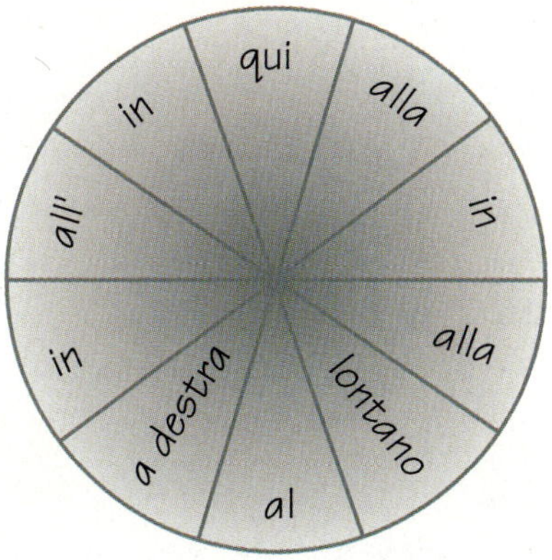

Una signora tedesca è ... stazione e desidera andare ... centro a vedere il Palazzo Ducale. Il Palazzo Ducale è ... piazza Dante di fronte ... cinema Astor. Non è ..., ma la signora non ha voglia di camminare, preferisce prendere l'autobus. Di fronte ... stazione, accanto ... edicola, c'è la fermata. La signora prende il 14, scende ... via Mazzini e domanda: "Scusi, dov'è il Palazzo Ducale?"

Qual è la risposta?

A5

- Scusi, dov'è l'Ente per il Turismo?
- L'Ente per il Turismo? È in piazza dei Martiri.
  Dunque ... ora prendete questa strada e andate dritto fino a Piazza Vittoria, lì girate a sinistra, attraversate la piazza e continuate sempre dritto fino a piazza dei Martiri. Ecco lì, vicino all'edicola, all'interno del palazzo c'è l'Ente per il Turismo.
- È molto lontano?
- No, non troppo.
- Grazie.

Dov'è l'Ente per il Turismo?

Dunque ...			
ora	prendete questa strada		Ora prende ...
		all'incrocio	
		al semaforo	va dritto ...
	andate dritto fino	a piazza Duomo	
		alla chiesa di S. Giovanni	gira ...
		al ponte	
	girate	a destra	continua ...
		a sinistra	
	continuate	sempre dritto.	

ESERCIZIO 7

A Napoli

Sie befinden sich auf der Piazza Bovio.

a) Scusi, dov'è il Municipio?

Continuate.

b) *Sie hören jetzt drei kurze Wegbeschreibungen. Verfolgen Sie den Weg auf dem Plan und sagen Sie, wo Sie hinkommen und welche Sehenswürdigkeiten Sie dort besichtigen können.*

Das Ziel ist jeweils der Ausgangspunkt für die nächste Wegbeschreibung.

A6 Una cartolina

Cara Rosanna,
finalmente siamo a Napoli, una città meravigliosa! Noi abitiamo da Jürgen e Marianne. Sai, loro vivono qui perché lavorano come accompagnatori di gruppi turistici. Conoscono molto bene Napoli ed è un piacere sentire come parlano della città e della gente. Abitano in un bellissimo appartamento vicino a Castel Sant' Elmo.
Anche loro ti mandano tanti cari saluti.
Un abbraccio affettuoso

Beate e Rainer

© emfu edizioni · Foggia
Riproduzione vietata

Rosanna Pascuti
Leinenweberstraße 16

70597 Stuttgart
Germania

ITALIA

Dove vivono Jürgen e Marianne?	Vivono a Napoli.
Che cosa fanno?	Lavorano come accompagnatori turistici.

ESERCIZIO 8 Dove vanno Beate e Rainer?

Ergänzen Sie mit folgenden Verben: abitare, andare, avere, fare, mangiare, prendere.

Beate e Rainer ________ da Jürgen e Marianne. Oggi ________ voglia di fare un giro in città. ________ la funicolare e ________ a vedere le botteghe antiquarie. Più tardi ________ una passeggiata per Via Caracciolo e ________ un gelato sul lungomare.

B La domenica in casa Bianchi

Ivana: Senti, che cosa facciamo oggi, andiamo in centro?
Luigi: A fare cosa?
Ivana: Come a fare cosa? A vedere un po' di gente ...
Luigi: Senti, io sto già in mezzo alla gente tutta la settimana!
Aspetto la domenica per stare a casa tranquillo a riposare un po'!
Ivana: Io invece la domenica ho voglia di uscire. E poi oggi in centro c'è anche il mercatino dell'antiquariato ... leggi qui.

A Ferrara arte in piazza

Come sempre il primo fine settimana del mese Piazza Municipale ospita il Mercatino di cose d'altri tempi. Un week-end da trascorrere tra vecchi mobili contadini, lampade liberty, ceramiche di Faenza e un'occasione in più per visitare la città.

Luigi: Ma dai, sono sempre le stesse cose!
Ivana: Ma non è vero, e forse troviamo qualcosa di bello anche per tua madre ...
Luigi: No, guarda, oggi c'è la corsa. Io resto a casa!
Perché non telefoni a Mariella e Guido? Forse vengono loro con te.
Ivana: Ma se anche lui è un maniaco della Formula 1 come te! Io non so ... invece di andare fuori a prendere un po' d'aria preferisci stare qui in casa davanti alla TV a guardare la corsa.
Luigi: Ma lo sai che mi piace ...
Ivana: Senti, ho un'idea. Perché non la registri e la guardi stasera quando torniamo?
Luigi: No, non è la stessa cosa. In diretta è diverso, è molto più interessante ...
Ivana: Va bene, va bene, ho capito. Io vado eh ...

ESERCIZIO 9 Rispondete alle domande.

1. Che cosa piace fare a Luigi la domenica? Perché?
2. Dove abitano Ivana e Luigi?
3. Che cosa c'è in piazza?
4. Che cosa significa "cose d'altri tempi"?
5. Perché Luigi non va con Ivana?

ESERCIZIO 10 Che cosa so.

Notieren Sie getrennt auf zwei Zetteln, was Sie von Ivana bzw. Luigi wissen. Vergleichen Sie dann die Ergebnisse in kleinen Gruppen und ergänzen Sie gegebenenfalls Ihre Notizen.

ESERCIZIO 11 A Ferrara

Domenica prossima c'è il mercatino dell'antiquariato a Ferrara?

ESERCIZIO 12 Completate il dialogo.

Sie sind in einer italienischen Stadt und möchten das Museo d'arte moderna besichtigen. Sie wissen aber nicht, wo es ist. Sie fragen eine Passantin.	● ________________ ● È in Piazza Mazzini.
Sie sagen, dass Sie zu Fuß gehen möchten, und fragen, ob es weit ist.	● ________________ ● Sì, abbastanza. Ma se ha voglia di camminare ...
Sie überlegen es sich und sagen, dass Sie doch den Bus oder die Straßenbahn nehmen. Sie fragen, ob es eine Haltestelle in der Nähe gibt.	● Allora ____________ ________________ ● Sì, di fronte al cinema.
Sie fragen, wo Sie aussteigen müssen.	● ________________ ● In via Verdi.
Sie danken und verabschieden sich.	● ________________

ESERCIZIO 13 Con Patrizia a Ravenna

Patrizia abita a Bologna. Oggi è domenica e ha voglia di uscire ... *Continuate.*

ESERCIZIO 14 E Lei, la domenica, che cosa fa?

"La domenica mi piace andare al cinema."

"La domenica mi piace stare a casa con la famiglia."

"La domenica mi piace andare in bicicletta."

Lezione 6

A1 Basta poco per preparare un pranzo diverso

ANTIPASTO
Pomodori ai funghi freschi

PRIMO
Tagliatelle al prosciutto e piselli

SECONDO

Petti di pollo al vino bianco

Per 4 persone:

4 petti di pollo
50 g. di burro
2 foglie di salvia
un po' di farina, cipolla, sale e pepe
1 bicchiere di vino bianco

Mettere il burro in una padella, fare dorare la cipolla e unire i petti di pollo infarinati.
Aggiungere il vino bianco e la salvia.
Fare cuocere per 20 minuti.
Mettere sale e pepe a piacere.
Servire con verdure varie.

DOLCE
Panna cotta

A2

- Allora Cesare, facciamo i petti di pollo? Ti piacciono, no?
- Sì, certo. Che cosa bisogna comprare?
- Vediamo, la farina c'è, il burro anche ...
- E la verdura?
- Ci sono i fagiolini, bisogna comprare i petti di pollo, il vino e la salvia.

C'è	la salvia? il burro? lo zucchero?	Sì, c'è. No, non c'è.
Ci sono	le patate? i petti di pollo? gli spaghetti?	Sì, ci sono. No, non ci sono.

ESERCIZIO 1 Che cosa c'è in casa?

C'è la farina? – Sì, c'è.
Ci sono le tagliatelle? – No, non ci sono.

Continuate.

formaggio spaghetti

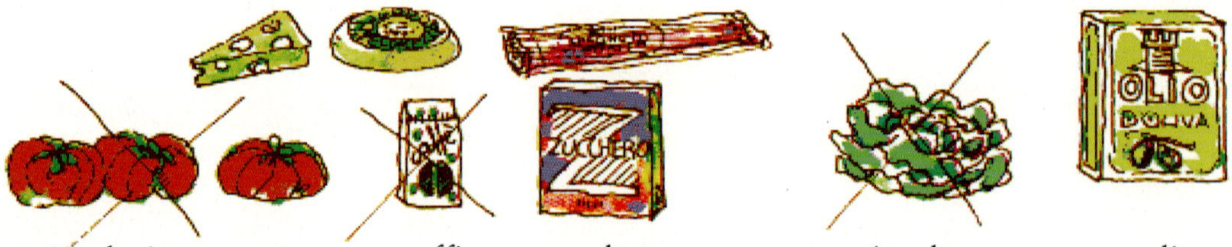

pomodori caffè zucchero insalata olio

ESERCIZIO 2 Facciamo la pizza Quattro Stagioni.

Che cosa c'è? Che cosa bisogna comprare?

C'è il sale, ...
Ci sono ...
Bisogna comprare ...

A3 In salumeria

- Mi dia due etti di prosciutto.
- Cotto o crudo?
- Cotto. Quanto costa all'etto?
- Questo senza conservanti costa 2,58 euro.
- Va bene. Vorrei anche un etto e mezzo di olive nere. Quanto costano?
- 1,54 euro l'etto, ma sono buone.

Quanto	costa il prosciutto?	2,58 euro all'etto.
	costano le olive?	1,54 euro l'etto.

A4 Dal macellaio

- Buongiorno, signora, desidera?
- Quattro petti di pollo sottili e teneri.
- Altro?
- E mezzo chilo di carne macinata, ma magra, per piacere. Quant'è?
- 12 euro. Deve pagare alla cassa.

Sono	teneri i petti di pollo?	Sì, sono	(molto)	teneri.
	buone le olive?			buone.
È	buono il formaggio?	Sì, è	(molto)	buono.
	magra la carne?			magra.

ESERCIZIO 3 Com'è?

Fate le domande e rispondete.

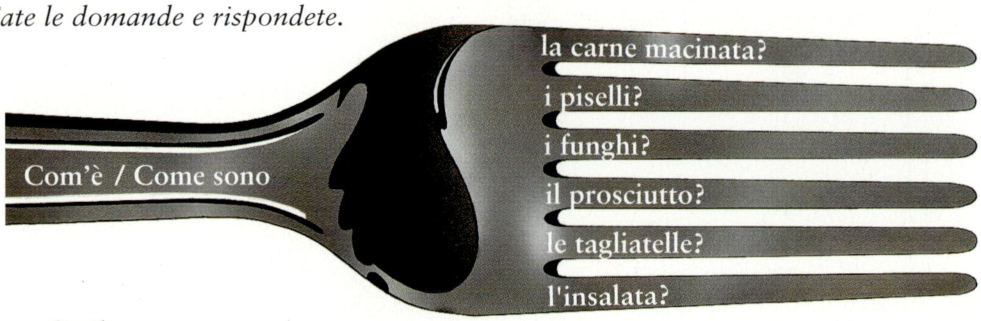

freschi
fresca
magro
magra
buoni
buone

A5

Cesare ha fretta e va a fare la spesa vicino a casa. Prima va in un negozio di generi alimentari e compra un pacco di tagliatelle, un litro di latte, un chilo di pomodori, tre etti di funghi e una bottiglia di vino bianco. Poi va in panetteria e compra un chilo di pane.

Desidera?	Mi dia	un etto di prosciutto. un chilo di pomodori. un pacco di spaghetti. un litro di latte. mezzo chilo di pane.

ESERCIZIO 4 In un negozio di generi alimentari

Der Verkäufer fragt:
Sie verlangen einen Liter Milch.

Sie möchten noch 200 Gramm rohen Schinken und fragen, was er kostet.

Sie sind einverstanden und fragen, was Sie zu zahlen haben.

- Desidera?
- ______________________________
- Altro?
- ______________________________
  ____
- 2,60 euro all'etto, ma è buono!
- ______________________________
  ____
- 6,36 euro.

A6

- Signora, che cosa Le do oggi?
- Sono buone le fragole?
- Buonissime.
- Quanto costano? Non c'è il prezzo.
- 2,30 euro al cestino. Perché non prende anche le susine americane? Sono dolcissime ... Le piacciono?
- No, non mi piacciono molto ... prendo le fragole e poi un chilo di piselli.

Le / Ti	piacciono	le susine americane? / gli gnocchi?
Le / Ti	piace	la pizza con le acciughe? / il radicchio?

Sì, mi piacciono (molto).
Mi piacciono poco.
No, non mi piacciono.

Sì, mi piace.
No, non mi piace.
Non tanto.

ESERCIZIO 5 Ti piace ...?

Fragen Sie sich gegenseitig, was Sie mögen bzw. nicht mögen.
(Sie können sich duzen oder siezen.)

ESERCIZIO 6 È buono il formaggio?

- È buono il formaggio?
- Sì, è buono/buonissimo. *Continuate.*

1. fresco

2. buono

3. dolce

4. tenero

5. fresco

ESERCIZIO 7 Gianni e Paola vanno a fare la spesa.

1 KG DI PANE
1 ETTO DI PROSCIUTTO
1 ETTO DI FORMAGGIO
3 ETTI DI CARNE MACINATA
1 KG DI PATATE
4 BANANE
1 PACCO DI SPAGHETTI
1 L. DI LATTE

Dove vanno e che cosa comprano?
Prima vanno in panetteria e comprano un chilo di pane.
Poi …

Continuate.

ESERCIZIO 8
Al supermercato

Avete 40 euro per fare la spesa.
Che cosa comprate?

ESERCIZIO 9 Tu come fai la panna cotta?

Ascoltate il dialogo. Che cosa bisogna comprare per fare la panna cotta?

☐ gelatina ☐ rum ☐ cognac ☐ panna liquida ☐ farina
☐ zucchero ☐ limone ☐ burro ☐ latte ☐ panna da montare

B1 Quanto costa vivere?

Duemila euro al mese per una famiglia con due figli? Non bastano più.

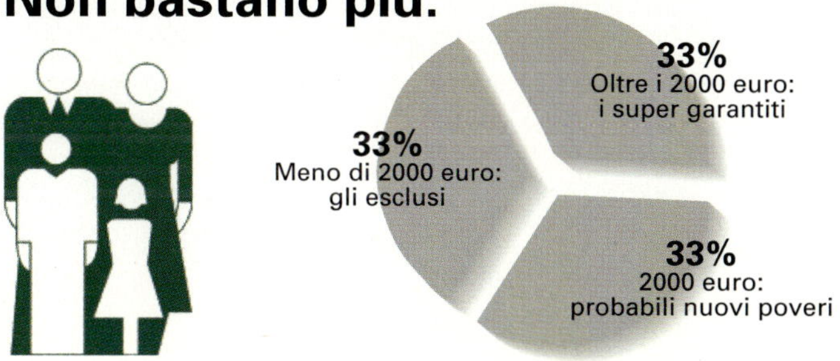

Hanno due figli, vivono in una casa di loro proprietà, lavorano in due e insieme guadagnano duemila euro al mese. Le famiglie di questo tipo in Italia sono sette milioni. Sono famiglie a rischio perché basta un problema, per esempio una malattia o la perdita del lavoro per uno dei due e tutto crolla.

ESERCIZIO 10 In Germania

Quanto guadagna una famiglia media in Germania?
Anche in Germania in una famiglia media lavorano in due?

B2 Al mercato

M.: Ciao Giulia!
G.: Ah, ciao Michela! Anche tu fai la spesa qui?
M.: Eh, sì. Io compro quasi tutto al mercato. Ci sono due o tre bancarelle che hanno prezzi buoni ... Cosa vuoi, bisogna risparmiare un po' ...
G.: È vero, ma oggi anche al mercato ci sono certi prezzi! Due fragole 2,50 euro! E l'insalata poi è carissima!
M.: Anche mia sorella che vive a Stoccarda, quando viene qui a Bergamo, trova la vita molto cara ... quasi più che in Germania.
G.: Eh, oggi vivere è un lusso. È un problema arrivare a fine mese. Sai, io lavoro solo mezza giornata ... ma adesso i ragazzi sono grandi e vorrei trovare un lavoro a tempo pieno.
M.: E Pietro cosa dice? È d'accordo?
G.: Certo che è d'accordo, con i tempi che corrono! Adesso scusa, ma devo andare perché oggi è il suo onomastico e vorrei preparare un pranzo speciale.
M.: Che cosa fai di buono?
G.: Un po' d'antipasto, tagliatelle, petti di pollo e panna cotta.
M.: Mmm! Tanti auguri a Pietro, allora. Ciao.
G.: Grazie mille. Ciao.

ESERCIZIO 11 Vero o falso?

	vero	falso
1. Michela compra quasi tutto al mercato.		
2. Al mercato le fragole costano poco.		
3. La sorella di Michela è tedesca.		
4. Giulia non ha figli.		
5. Giulia non lavora a tempo pieno.		
6. Oggi Giulia non ha molto tempo.		

ESERCIZIO 12 Dove fai la spesa?

Completate il dialogo con le frasi del puzzle.

- Io faccio la spesa al supermercato. Anche tu?
- ______________________________
- Ma al supermercato trovi tutto ...
- ______________________________
- È tenera come dal macellaio, e poi costa meno.
- ______________________________
- Mah, per me è fresca, e poi il supermercato è comodo, risparmio tanto tempo.
- ______________________________
- Mi dispiace, ma non è vero. Al supermercato trovi anche prodotti ottimi.

Trovi? Io non sono molto d'accordo. E anche la verdura non è fresca come al mercato.

Va bene, risparmi tempo, ma i prodotti non sono di prima qualità.

No, io preferisco i negozi piccoli.

D'accordo, ma la carne, ad esempio, com'è?

ESERCIZIO 13 Lei è d'accordo?

1. Un italiano dice: "I tedeschi mangiano troppi salumi."
   Lei: "Sono d'accordo. Anche per me i tedeschi mangiano troppi salumi."
   "Non sono d'accordo perché molti tedeschi sono vegetariani. Noi per esempio non mangiamo carne."
2. "In Germania la pasta è sempre troppo cotta."
3. "Sempre più gente compra negli Hard Discount per risparmiare."
4. "La vita in Germania non è molto cara."

ESERCIZIO 14 Al mercato

Sandro va al mercato e lì trova Aldo …
Fate il dialogo con l'aiuto delle parole sottostanti.

1. (Ciao – qui – mercato)

2. (mia moglie – mare – vacanza – Germania – Monaco – tedesco)

3. (prendere qualcosa)

4. (fare ancora la spesa – anch'io)

5.

6. *Continuate.*

Lezione 7

A1

- Che cosa hai fatto sabato?
- Tante cose:

ho messo in ordine la casa,
ho portato Billy dal veterinario,
ho fatto la spesa per tutta la settimana,
ho tagliato l'erba in giardino,
ho lavato la macchina,
ho cucinato,
ho invitato Marcello a cena.

Anche voi sabato avete fatto una di queste cose?

A2 Tra colleghi di lavoro

- Sai, ieri ho conosciuto un ragazzo simpaticissimo.
- Davvero? E dove?
- Alla festa di mia sorella. Abbiamo ballato ... abbiamo parlato un po' insieme ... Insomma, abbiamo fatto subito amicizia.
- Ah, bene!
- E tu che cosa hai fatto?
- Io ...? Niente di importante. Sono rimasta a casa.
  Ho letto un po', ho ascoltato un CD.
  Poi è venuta Mariella e abbiamo fatto una passeggiata insieme.
  E tu, Giorgio, che cosa hai fatto?
- Beh, io come al solito sono andato a vedere la partita.
- E chi ha vinto?
- Noi: 2 a 0!

Che cosa	hai fatto ha fatto	ieri?

 Sono andata a una festa
e ho conosciuto un ragazzo simpatico.

 Sono rimasto a casa
e ho letto un po'.

ESERCIZIO 1 Combinate.

Bilden Sie Sätze mit folgenden Elementen.

Luisa ed io Carla Gianni Aldo e Rosa Io	è sono ho abbiamo ha hanno	cucinato insieme. telefonato ad un'amica. stata ad un concerto. guardato la televisione. andata al cinema. scritto una lettera. andato allo stadio.

E Lei che cosa ha fatto ieri? E domenica?

A3 Quando è successo?

Nel
1903
1989
1946
1994
1980
1986
1996
1967

È diventata di moda la minigonna.

Madame Curie ha ricevuto il premio Nobel per la fisica.

È caduto il muro di Berlino

È nata la Vespa.

C'è stata la tragedia di Cernobyl.

A Venezia migliaia di persone hanno visitato la mostra del Tiepolo.

Il partito di Nelson Mandela ha vinto le elezioni in Sudafrica.

Lo scrittore Umberto Eco ha avuto un grande successo con il libro "Il nome della rosa".

ESERCIZIO 2 La vita di Riccardo Muti

Completate.

Riccardo Muti _________ (nascere) a Napoli il 28 luglio 1941. _________ (studiare) pianoforte a Napoli e poi _________ (andare) a Milano a studiare composizione. A 26 anni ________ (vincere) il concorso Cantelli ed _________ (diventare) famoso. _________ (essere) direttore dell'Orchestra del Maggio Fiorentino, della New Philarmonie di Londra e dell'Orchestra di Filadelfia. Nel 1973 _________ (avere) con l'Aida un grande successo all'Opera di Vienna e nel 1987 __________ (diventare) direttore musicale della Scala.

7

A4

- Che cosa fai qui?
- Aspetto ...
- Chi aspetti?
- Brando.
- E chi è Brando?
- Il mio cane.
- Io ho 5 anni, e tu quanti anni hai?
- 80.
- E quando è il tuo compleanno?
- Il 25 ottobre.
- Allora vengo alla tua festa.

gennaio febbraio marzo aprile maggio giugno

Quando è	il tuo / il Suo	compleanno?	(Il mio compleanno è) il	primo ... / due ... / venti ...

luglio agosto settembre ottobre novembre dicembre

ESERCIZIO 3 Completate le frasi.

1. Signora, come sta	amica?
2. Carlo, quando è	compleanno?
3. Dottore, ecco	caffè.
4. Ho letto	lettera.
5. Questo è	appartamento.
6. Milano è	città.

A5

- Ieri ho incontrato Anna.
- Ah, è tornata!
- Sì, per un paio di giorni. È venuta a trovare la sua famiglia.
- E come sta?
- Bene, però ha lasciato l'Università e cerca lavoro.
- Ma rimane a Roma?
- Eh sì, sai, vuole rimanere lì perché c'è il suo ragazzo.

Ieri ho incontrato	Anna.
	Giorgio.

È venuta a trovare	la sua famiglia.
	il suo ragazzo.
È venuto a trovare	la sua famiglia.
	il suo amico.

ESERCIZIO 4 Marisa e Giorgio

Completate.

Marisa Moro vive a Verona con _____ famiglia. Tutti i giorni va a Padova per lavoro, perché è segretaria alla biblioteca comunale. Anche Giorgio, _____ ragazzo, abita a Padova. Vive da solo, vicino all'Università. _____ appartamento è piccolo, ma per due persone c'è posto. Marisa però, per il momento, non vuole lasciare _____ città e preferisce vivere ancora con _____ famiglia.

Da leggere

VESPA, SEI UN MITO

Ha compiuto 50 anni la più famosa due ruote italiana.

È entrata tra gli oggetti di culto. Come Coca Cola, maggiolino, polo Lacoste. È diventata famosa quando ha trasportato Audrey Hepburn e Gregory Peck in "Vacanze romane", e poi, ai nostri giorni, Nanni Moretti nel film "Caro diario". Il suo nome? Vespa. Ha appena compiuto 50 anni ma non dimostra la sua età, anzi per lei è iniziata una nuova giovinezza.
Inventata nel 1946 da Corradino Ascanio, ingegnere, ha venduto 15 milioni di esemplari, tutti prodotti dalla Piaggio. Così è nato un mito tutto italiano.
Oggi l'avventura riparte con le nuove Vespa: design anni '50, tinte pastello, benzina verde, prezzi accessibili.

A6 Che lavoro fanno?

1. Faccio l'idraulico. Lavoro in proprio perché mi piace essere indipendente. Guadagno bene ma devo essere sempre a disposizione.
2. Faccio il rappresentante. Viaggio molto e incontro sempre gente nuova. Il problema è che ho poco tempo per me e per la mia famiglia.
3. Sono ragioniera ma sono disoccupata. È difficile trovare lavoro oggi senza una specializzazione. Forse devo cambiare città o fare un corso per programmatori.
4. Sono commesso in un negozio di dischi. Ho la possibilità di conoscere molta gente però guadagno poco. Per me non è il lavoro ideale, vorrei lavorare nel campo pubblicitario.
5. Due anni fa ho lasciato città, lavoro, famiglia e sono venuto a vivere qui. Adesso sono solo, ma sono proprio contento. Lavoro in una fattoria. Produciamo prodotti biologici.
6. Lavoro all'ospedale, sono infermiera. È un lavoro faticoso, ma mi piace aiutare gli altri.

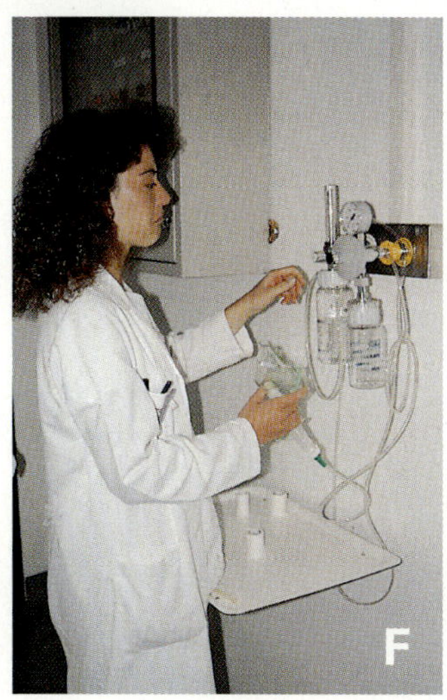

ESERCIZIO 5 Quattro amici

1. Gianni Padini, 40

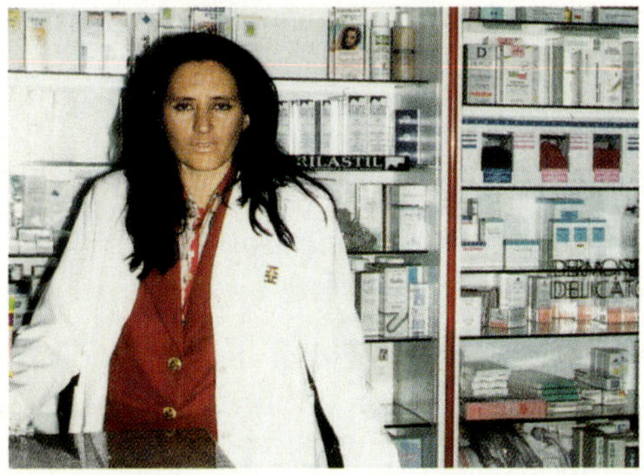

2. Angela Tozzi, 36

3. Carla Valente, 30

4. Sergio Moro, 33

Descrivete i quattro amici e il lavoro che fanno con l'aiuto delle informazioni sottostanti.

meccanico / parrucchiera / impiegato di banca / farmacista
lavoro interessante / monotono / faticoso / difficile
molto / poco tempo libero
guadagna molto / poco / abbastanza

Esempio: Si chiama Gianni Padini, ha 40 anni.
È meccanico e guadagna molto, però il suo lavoro è faticoso.

ESERCIZIO 6

Marta e Luigi parlano del proprio lavoro.

Hören Sie, was die beiden Personen erzählen, und beantworten Sie die Fragen.

1. Chi è contento del proprio lavoro?
2. Chi è contento dello stipendio?
3. Chi ha tempo libero?

Marta Sempio, maestra elementare

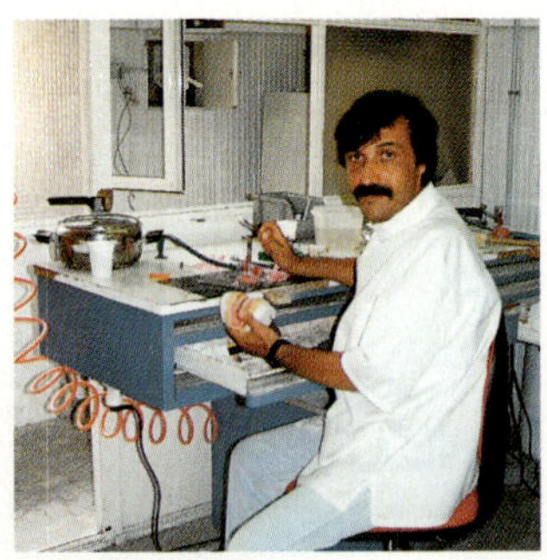

Luigi Cusatelli, odontotecnico

B Ha paura di perdere il suo grande amore

– RISPOSTE PRIVATE –

L'AMORE A SETTANT'ANNI

Ho un amante sposato, con figli grandi. Vive con la moglie, donna bella, intelligente, ambiziosa, violentemente gelosa (più per orgoglio, credo, che per amore), con un grande concetto di sé.
Un anno fa mi confessò che mi amava e desiderava da sempre, ma che le circostanze e le allora troppo diverse condizioni economiche e sociali gli avevano impedito di farsi avanti. Io sono vedova, con figli sposati, vivo sola in una grande città. La moglie ha scoperto
tutto ed è successo la fine del mon
frontato, a questo punto, il giudizi
parenti in cambio di qualche anno
dice che non potrebbe vivere sen
suoi figli e senza il rispetto della ge
rebbe di sicuro se lasciasse la sua
74 anni. Non si scandalizzi... (Fran

Ma quale scandalo, Francesca. An
plimenti: saper vivere alla sua età
così intensa e con tanta freschezz
tamente, di un privilegio rarissim
di questo genere, mi creda, non v
buiti a caso dalla vita... Lei mi ch
arbitro tra di voi, se ha ragione Le
pagno. In una relazione amoros
non impossibile, tagliare col colte
dal torto. Specialmente se la quest
di più>. Col cuore sono sicurame
a Lei, pronta a sfidare il mondo
ancora così piena di forza e di vo
Ma comprendo anche le ragioni d
modestamente, di accettare quello
anche se è lontano da quello che <vorrebbe> dare. Da chi, insomma, a 74 anni, non se la sente di sbaragliare tutta la sua vita.

di CARLA LOMBARDI

MI SONO DIPLOMATA E ADESSO?

Sono molto confusa, ho avuto un buon voto di esami e adesso mi si pone il problema università. Cioè, io mi prenderei ancora un po' di tempo per pensarci, ma i miei genitori hanno già cominciato a ossessionarmi perché vogliono che mi iscriva a Economia e Commercio. Secondo loro, solo questa facoltà mi permetterà di trovare lavoro un domani. A me ovviamente non va: ho fatto il classico e mi

bene, con passione e soprattutto tieni presente una cosa: una <filosofa> preparata e che in più sa le lingue e conosce le nuove tecnologie (Internet e affini) diventa appetibile per diverse realtà lavorative.

HA PAURA DI PERDERE IL SUO GRANDE AMORE

Penso di aver incontrato l'amore con la A maiuscola. È bello, buono, gentile. Io ho trent'anni e lui ventotto. Io sono figlia di operai, lui di un ingegnere. Io ho studiato solo fino alla terza media, lui è laureato in ingegneria e lavora in una multinazionale, dove io sono impiegata. Dovrei essere felice, invece non lo sono completamente perché ho paura di perdere quest'uomo meraviglioso. Perché uno così è innamorato proprio di me?

Mariangela, Milano

Forse perché l'amore è cieco. Ed è bello per questo. Non deve avere paura: è possibile perdere anche il cinquantenne noioso e brutto.

7

ESERCIZIO 7 Il ragazzo di Mariangela

Drei Freundinnen von Mariangela äußern sich über deren Freund. Was stimmt in ihren Aussagen? Was stimmt nicht? Was könnte stimmen, wir wissen es allerdings nicht?

Il ragazzo di Mariangela è buono e simpatico. È ingegnere. Ha un lavoro molto interessante e guadagna bene, ma è così brutto!

Il ragazzo di Mariangela è bello, buono, gentile, ma purtroppo è disoccupato.

Il ragazzo di Mariangela si chiama Marco. La sua famiglia abita a Como ma lui lavora a Milano. Mariangela ha conosciuto Marco in ufficio.

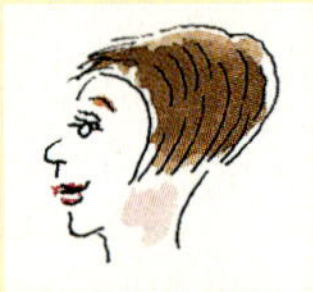

ESERCIZIO 8 Parliamo di Mariangela.

Il ragazzo di Mariangela incontra un amico.

Completate il dialogo.

- Sai, ho una nuova ragazza.
- Ah, e come si chiama?
- ______________________________
- Com'è?
- ______________________________
- Quanti anni ha?
- ______________________________
- Che cosa fa?
- ______________________________
- E tu sei innamorato?

____

ESERCIZIO 9 Che cosa facciamo oggi?

È arrivato un amico italiano che non conosce ancora bene la città dove abitate.
Preparate insieme un programma e fate il dialogo.

il cabaret

Deichgraf
Klassisch, hanseatisch speisen.
Hamburger und internationale Spezialitäten, Priorität Fisch.
Das älteste Restaurant in der historischen Deichstraße unter gleicher Leitung.
Geöffnet Mo.–Fr. 11.00–23.00 Uhr
Sa. 18.00–23.00 Uhr
oder nach Vereinbarung.
Gesellschaftsräume bis 50 Pers.
Party-Service
Deichstraße 23, 20459 Hamburg
Telefon (040) 36 42 08

ristorante tipico

NEW YORK HAT DAS BÖRSEN-VIERTEL. LONDON HAT DAS PARLAMENTS-VIERTEL. PARIS HAT DAS KÜNSTLER-VIERTEL. NUR HAMBURG - HAMBURG HAT DAS HANSE-VIERTEL. EINE VIERTEL MEILE

shopping, slemming smiling.

HANSE-VIERTEL
DAS SCHÖNSTE VIERTEL HAMBURGS

il quartiere anseatico

»electrum«
DAS MUSEUM DER ELEKTRIZITÄT

Klinikweg 23, Nähe U-Bahnhof Hamburger Str., ☎ 63 96 36 41
Geöffnet: Di–So 9–17 Uhr, Eintritt frei.
Mo geschlossen

Entwicklung der Elektrizität von der ersten Dynamomaschine und kunstvollen Haushaltsgeräten über die Vorläufer unserer HiFi-Radios bis zu den Anfängen der Datenverarbeitung.

Sonderausstellung:

Alles elektrisch bis **1.12.**
Die Werbung der Elektrizität von 1890 bis 1960

il museo dell'elettricità

Der „Rote Doppeldecker" Hotelbus
Hotels mit dem Bus-Signet im „Hotelverzeichnis" (ab Seite 63) bieten die Möglichkeit, eine Stadtrundfahrt direkt ab Hotel zu beginnen.
Abfahrtszeiten und Preise erfragen Sie bitte an der Rezeption.

Auskünfte über Stadt-, Hafen-, Sonder-, Charter- und Transferfahrten mit der „Hummelbahn" und den „Roten Doppeldeckern" erteilt : ☎ 040/792 89 79

Rundfahrten mit dem klimatisierten Doppeldeckerbus
Und bei gutem Wetter mit unserem blau-weißen Open air-Cabrio-Doppeldecker. Täglich ab Hauptbahnhof, Ausgang Kirchenallee. Erklärungen in dt. und engl. Sprache. Informationen und Fahrkarten am Bus, im Hotel oder bei der Tourist Information. Info: ☎ 22 71 06-0

la visita guidata

23. November
Sonnabend

KLASSIK, OPER, BALLETT

La Traviata, Oper von Giuseppe VERDI in italienischer Sprache; Musik. Ltg.: Maurizio Barbacini; Insz.: Folke Abenius; Staatsoper, 19.30

Hamburger Orchestergemeinschaft Dir.: Mihkel Kütson; Sol.: M.S. von Bekker (Violine); Werke von ARENSKY, LALO und MENDELSSOHN, Musikhalle, Großer Saal, 20.00

Giuseppe Verdi: „Quattro pezzi sacri" + Frank Martin: „Requiem" Ltg.: Ekkehard Richter; mit der Hamburger Camerata, Kantorei und dem Neuen Frauenchor St. Nikolai sowie Solisten, St. Nikolai, 18.00

Viva la Mamma, Oper von Gaetano DONIZETTI; Musik. Ltg.: Malte Kroidl; Insz.: Manfred Wenninger, Allee Theater 20.00

Giuseppe Verdi: „Messa da requiem", Ltg.: Ingo Müller; mit dem Orchester St. Georg, der jungen kantorei st. georg, dem Hugo-Distler-Chor sowie Solisten, St. Georgskirche am Hauptbahnhof, 20.00

Eine musikalische Sternenreise rund um die Welt, Andreas Chr. Junge (Gitarre), Rahlf Hansen (Erzählung); Werke von ALBÉNIZ, TARREGAS u.a., Planetarium, 20.00

Steinway Klavierspiel-Wettbewerb für Kinder und Jugendliche unter 17 Jahren, Musikhalle, Großer Saal, 15.00

Mondschein Ensemble für Neue Musik Prag Dir.: M. Pudlák; Werke von KAPR, KOPELENT u.a., Musikhalle, 20.00

Frank Bungarten Klass. Gitarre; Werke von RODRIGO, VILLA-LOBOS u.a., AGMA 001, 20.30

il concerto
l'opera
il balletto

Espressioni utili per il dialogo:

Hai voglia di ...	No grazie, preferisco ...
Ti piace ...	Sì, molto. / No, non mi piace.
Perché non ...	Sì, vengo volentieri.
Allora andiamo ...	Grazie, ma non ho voglia di ...
Prendiamo il tram perché ...	Prendiamo il tram o andiamo a piedi?
Andiamo a piedi perché ...	Va bene.
È vicino/lontano. / È ...	Dov'è?

ESERCIZIO 10 Una lettera a un'amica

Scrivete una lettera a un'amica in Italia e raccontate che avete conosciuto Mario, un ragazzo italiano. Dite chi è, che cosa fa, ecc.

una settimana fa – in un ristorante italiano – ragazzo italiano, Mario – 30 anni – arrivato a Amburgo un mese fa – impiegato al Consolato – famiglia in Italia – senza amici – in Germania altra mentalità – desidera imparare il tedesco – domenica – cinema insieme.

LEZIONE 8

A1

- Che ore sono?
- Sono le sette e un quarto.
- Accidenti, com'è tardi. Devo proprio andare.

Sono le otto e mezzo. Il signor Martini è in ufficio.

Sono le nove meno un quarto. La signora Martini è in classe.

Sono le dieci e dieci. Il signor Martini beve un cappuccino al bar.

È mezzogiorno. Il signor Martini legge la posta.

È l'una. La signora Martini prepara il pranzo.

ESERCIZIO 1 Che ore sono?

A2

- Sei libera stasera?
- Sì, perché?
- Ho due biglietti per il Piccolo. Vuoi venire?
- Sì, volentieri. Che cosa danno?
- Goldoni: "Arlecchino servitore di due padroni".
- Ah, bello! A che ora comincia?
- Alle otto e mezzo.
- Così presto? Mi vieni a prendere?
- Ma certo. Alle sette e mezza va bene?
- Sì, benissimo.

A che ora	comincia?	Alle otto e mezzo/mezza.
	finisce?	Alle undici.

ESERCIZIO 2 Guardiamo il programma della televisione.

- A che ora comincia Quark Speciale?
- Comincia alle nove meno un quarto.
- E a che ora finisce?
- Alle dieci e cinque.

A che ora comincia
La signora in giallo?
E Medicina 33?
E il TG1 Sport?

RAI UNO

Telegiornali ore: 6.30, 7.00, 7.30, 8.00, 8.30, 9.00, 9.30, 11.30, 12.30, 13.30, 18.00, 20.00, 23.00, 0.15

6.00	**EURONEWS** [5778993]
6.45	**UNOMATTINA** - Con Melba Ruffo e Amedeo Goria [48025622]
9.45	**UN NEMICO DEL POPOLO** - Film (1977). Regia di George Schaefer. Con Steve Mc-Queen, Bibi Andersson [7584871]
11.35	**E.N.C./PRESA DIRETTA** - Telefilm [34431054]
12.25	**CHE TEMPO FA** [6404603]
12.35	**LA SIGNORA IN GIALLO** - Telefilm [10895161]
13.55	**TG1 ECONOMIA** [6439852]
14.05	**LE RAGAZZE DI JIMMY** - Film (1987). Regia di William Richert. Con River Phoenix, Meredith Salenger [1650332]
15.45	**SOLLETICO ESTATE** - Conducono Elisabetta Ferracini e Mauro Serio [8529448]
15.50	**SPIDERMAN** [729332]
16.25	**BIKER MICE DA MARTE** [9626535]
17.30	**LE SIMPATICHE CANAGLIE** - Telefilm **APPUNTAMENTO AL CINEMA** [36871]
17.50	**OGGI AL PARLAMENTO** [9604158]
18.10	**COLOMBA SOLITARIA** - Telefilm [4214968]
19.50	**CHE TEMPO FA** [3449719]
20.30	**TG1 SPORT** [98158]
20.45	**QUARK SPECIALE** - Scoperta ed esplorazioni sul pianeta terra (3a puntata) - Un programma di Piero Angela [413264]
22.05	**L'OCA SELVAGGIA COLPISCE ANCORA** - Film (1980). Regia di Mc Laglen. Con Gregory Peck, Roger Moore [9132590]

RAI DUE

Telegiornali ore: 11.45, 13.00, 16.00, 17.15, 18.20, 19.35, 20.30, 23.40

7.45	**QUANTE STORIE! NEL REGNO DELLA NATURA** [6177448]
8.10	**BABAR** [6088500]
8.35	**L'ALBERO AZZURRO** [8680887]
9.05	**BLOSSOM** - Telefilm [3474448]
9.30	**POPEYE** [9790]
10.00	**UN MEDICO TRA GLI ORSI** - Telefilm [873018]
11.30	**MEDICINA 33** [3326]
12.00	**LA GRANDE VALLATA** - Telefilm [436806]
13.30	**METEO 2** [16790]
13.35	**QUANTE STORIE FLASH** [124603]
14.15	**GIANNI IPPOLITI E' TEMP'ESTIVO** [6525603]
14.25	**...E L'ITALIA RACCONTA** - Conduce Paolo Limiti [9489500]
14.30	**ECOLOGIA DOMESTICA** [94500]
14.45	**QUANDO SI AMA** - Soap opera [738210]
15.10	**SANTA BARBARA** - Soap opera [45944564]
17.50	**IN VIAGGIO CON SERENO VARIABILE** [497351]
18.05	**TGS Sportsera** [851535]
18.20	**METEO 2** [3280429]
18.30	**UN CASO PER DUE** - Telefilm [8216158]
19.35	**TGS LO SPORT** [890264]
19.50	**Go-Cart** - Conduce Maria Monsè [6932784]
20.50	**ANGELICA ALLA CORTE DEL RE** - Film (1964). Regia di Bernarde Borderie, con Michele Mercier [246264]

ESERCIZIO 3 Un invito

Avete due biglietti per
- il circo (domani alle 20.30).
- la partita (domenica alle 14.00).
- il concerto (stasera alle 21.00).
- il torneo di tennis (sabato alle 15).
- il balletto (giovedì alle 20.00).
- l'Opera (sabato alle 20).

Invitate un amico/un'amica, un collega/una collega.

A3

- Sabato, se è una bella giornata, possiamo andare a pescare. Ti va?
- Mi dispiace, ma non posso, ho già un impegno con un mio collega.
- E domenica?
- Domenica la mia ragazza vuole partecipare alla gara in bicicletta …
- Ah, sì, la Tuttinbici …
- Perché non venite anche tu e tua moglie, dai!
- Mah, vediamo. Se veniamo ti telefono.

Ha già un impegno per Hai da fare	sabato? domenica? …?

Sì, vado	a pescare a teatro a un concerto a cena fuori a giocare a biliardo a ballare al cinema	con	un mio collega. una mia amica. il mio ragazzo. la mia ragazza. mio marito. mia moglie.

ORE	LUNEDI 10	MARTEDI 11	MERCOLEDI 12	GIOVEDI 13	VENERDI 14	SABATO 15	DOMENICA 16
8:00							
9:00					Architetto Carlucci		
10:00						Giampaolo	Tuttinbici
11:00							
12:00							
13:00	Pranzo dott. Berti			BOLOGNA			
14:00							
15:00		Telefonare a Piero					
16:00							
17:00							
18:00		Oculista					
19:00							
20:00			Circolo degli scacchi		Concerto		Il Mulino Anna e Fabio

ESERCIZIO 4 La vostra settimana

Che impegni avete per questa settimana? Con chi?

COMUNE DI PAVIA

DOMENICA 19 MAGGIO

6ª TUTTINBICI

6° CENTENARIO DELLA CERTOSA

Manifestazione ciclistica per singoli, gruppi e famiglie, nel Parco dei Visconti

Partenza: ORE 10.00 Arrivo: ORE 12.00

Quota di iscrizione: € 6,00 comprensivi di omaggi, premi a sorpresa e pranzo

Il ricavato della manifestazione va al GRUPPO VOLONTARI DELLA C.R.I. DI PAVIA

A4

- Come mai non siete venuti ieri?
- Abbiamo dovuto accompagnare i bambini in gita con il CAI. Com'è stata la manifestazione in bicicletta?
- Veramente divertente. Siamo tornati a casa stanchi ma abbiamo passato una bella giornata.

Come mai non siete venuti? / venute?

Abbiamo dovuto accompagnare Gianni in gita.
Siamo andati a trovare un amico.

Abbiamo dovuto lavorare fino alle dieci.
Siamo andate a giocare a tennis.

ESERCIZIO 5 Che cosa dicono?

Ieri siamo andati a giocare a tennis.
Continuate.

1.

2.

3.

4.

5.

6.

A5

- Signora Balestrini, che piacere rivederLa! Come sta?
- Molto bene, grazie. Sono appena tornata da Praga.
- Ah, che bello! Senta, perché non viene a casa nostra sabato sera?
  Diamo una festa per la laurea di mia figlia.
  Così possiamo parlare un po'.
- Vengo proprio volentieri. A che ora?
- Verso le otto. Le va bene?
- Benissimo. Allora, grazie per l'invito e complimenti a Sua figlia.

Perché non viene	a casa nostra da noi a casa mia da me	stasera?	Grazie, volentieri. Mi dispiace, ma non posso. Mi dispiace, ho già un impegno.

8

ESERCIZIO 6 Un incontro

Completate il dialogo.

Sie treffen Herrn Zanetti. Sie begrüßen ihn und fragen, wie es ihm geht.

____

____

Molto bene, grazie. Sono appena tornato da Londra.

Sie freuen sich mit ihm und fragen ihn nach dem Grund seiner Reise.

____

____

Sono andato a trovare alcuni amici inglesi.

Sie schlagen vor, am Freitagabend zusammen essen zu gehen.

____

____

Buona idea, così possiamo parlare un po'.

Sie machen einen Vorschlag: um acht Uhr gegenüber der "Bar Motta".

____

____

Per me va benissimo. D'accordo.

A6

- Allora vieni anche tu alla festa sabato sera?
- Sì, certo ... non vorrei proprio mancare ... ma che cosa regaliamo a Cristina?
- Non so proprio ... Tu hai qualche idea?
- Le possiamo regalare uno zainetto.
- Sì, perché no?

Che cosa regaliamo	a Cristina? a Ennio?
	ai nonni? alle bambine?

Le Gli	regaliamo	uno zainetto. una penna stilografica.
Gli	regaliamo	un CD. due biglietti per il circo.

ESERCIZIO 7 Un regalo per tutti

Completate il dialogo con i pronomi.

- Che cosa regaliamo a Giuseppe per il suo onomastico?
- Perché non _____ regaliamo una radiosveglia?
- Sì, perfetto! E a Marcella, per il suo compleanno?
- _____ regaliamo un CD di Lucio Dalla. Cosa dici?
- Perché no? E a Mariuccia per il primo giorno di scuola?
- Se _____ regaliamo un libro di Astrid Lindgren sei d'accordo?
- Sì, sì, certo. E a papà e mamma quando tornano da Vienna?
- _____ prepariamo un pranzo speciale.

8

A7

- Buonasera, signora. Prego, si accomodi.
- Grazie. Questo è un regalino per Sua figlia.
- Che pensiero gentile! Venga, andiamo in salotto, così Le presento mio marito e Cristina. Massimo! È arrivata la signora Balestrini.
- Buonasera, signora. Molto lieto.
- Piacere.

A8

- Signora Balestrini, questa è mia figlia. Cristina, ti presento la signora Balestrini.
- Buonasera, signora.
- Buonasera, finalmente ci conosciamo. Complimenti per la Sua laurea.
- Grazie signora, ma mi dia del tu, per favore.

Signora Balestrini, Signor Bianchi,	Le presento mio marito.	Buonasera. Piacere. Molto lieto.
Francesco,	ti presento Paola. questa è Cristina.	Ciao.

ESERCIZIO 8 Piacere!

In gruppi di tre persone fate le presentazioni. Presentate:

- alla signora Bersani vostro marito /vostra moglie
- alla vostra collega Aurelia il vostro amico Giuseppe
- al signor Meola vostra figlia Fiorella
- ad un amico vostra cugina Mariuccia

A9

- Signora, grazie per la bellissima serata.
- Grazie a Lei per essere venuta.
- È stata proprio una bella festa. Le telefono nei prossimi giorni. Arrivederci.
- Arrivederci e buonanotte.

Grazie per	l'invito. la bellissima serata.	Non c'è di che. Grazie a Lei per essere venuto/venuta.

ESERCIZIO 9 Un sabato insieme

Sie möchten mit B., einem Freund, gemeinsam etwas unternehmen.

A.: Sie schlagen vor, am Samstag essen zu gehen.
- ins Theater zu gehen.
- ins Kino zu gehen.
- fischen zu gehen.

B.: Sie lehnen ab, weil Sie schon eine Verabredung haben.
- weil Sie arbeiten müssen.
- weil Sie keine Zeit haben.

A.: Sie schlagen einen anderen Tag vor.

B.: Sie lehnen wieder ab und machen einen Gegenvorschlag.
- sagen, dass Sie noch nicht zusagen können und anrufen werden.
- stimmen zu.

A10

13 luglio 97

Cara Cristina,
molte grazie per l'invito, purtroppo però non posso venire alla tua festa.
Ti mando questi fiori come piccolo pensiero.
Ti auguro ogni bene.

Un affettuoso saluto.
Alessandra

ESERCIZIO 10 Risposta ad un invito

Sie haben von Herrn Bianchi, einem guten Bekannten, eine Einladung zu einem Fest erhalten. Sie schreiben ihm, dass Sie leider nicht kommen können, weil Sie für eine Woche nach Deutschland fahren. Sie fügen noch hinzu, dass Sie sich nach Ihrer Rückkehr telefonisch melden werden.

Da leggere

FIORI

quali mandare:
- fiori tutti bianchi per nozze, battesimi e comunioni
- mazzi allegri e inodori per neomamme e ammalate
- fiori di campo per onomastici e compleanni "giovani"
- roselline per un invito a pranzo
- due gardenie o un mazzolino di violette insieme all'oggetto che restituiamo: un modo per dire grazie

come mandarli:
- mandare i fiori in anticipo per aiutare la padrona di casa a rallegrare l'ambiente
- accompagnare i fiori con il nostro biglietto da visita o con un biglietto bianco e scrivere una frase semplice: "Grazie per l'invito" o "Auguri affettuosi"

attenzione alle piccole "gaffe":
- scegliamo fiori dello stesso tipo e di un colore predominante: i "mazzi misti" vanno bene solo per le miss
- le rose devono essere sempre in numero dispari
- agli attori e alla gente di spettacolo non bisogna mai regalare garofani: portano sfortuna!
- agli uomini non bisogna regalare fiori, al massimo una pianta
- mai regalare crisantemi!

Da: Si fa, non si fa, Le guide pratiche di Grazia, 1996

B Una visita

Il signor Belli telefona alla moglie:

Chiara: Pronto!
Roberto: Chiara?
Chiara: Ah, sei tu, Roberto.
Roberto: Sì, sono io. Ti telefono perché è arrivato il mio collega tedesco ... sai, per il nuovo programma che non funziona tanto bene.
Purtroppo domani deve già ripartire ...
Chiara: Ho capito: stasera devi andare a cena con lui.
Roberto: Eh, sì, sai, è qui da solo ... Senti, o andiamo tutti al ristorante o vengo con lui a casa.
Chiara: Lo sai che il martedì sera la baby sitter non può venire e non voglio lasciare i bambini da soli. Venite voi qui ... Ma che cosa preparo? Devo anche finire un lavoro urgente ...
Roberto: Ma non devi fare mica un pranzo luculliano! L'importante è stare insieme ...
Chiara: Sì, sì, è vero ... beh, posso preparare un po' di pasta perché ho il sugo già pronto e poi una fettina di carne con l'insalata. Tu cosa dici?
Roberto: Va benissimo! Sei proprio un tesoro!
Chiara: Eh, sì, lo so. Ma non venite prima delle otto perché devo mettere a letto i bambini.
Roberto: Sta' tranquilla.

La sera in casa Belli:

Roberto: Ciao, Chiara, ti presento il signor Schneider. Hans, questa è mia moglie.
Hans S.: Piacere.
Chiara: Piacere.
Hans S.: Tante grazie per l'invito, signora.
Chiara: Non c'è di che. A me fa sempre piacere avere ospiti. Prego, si accomodi.
Roberto: Hans, ti posso offrire un aperitivo? Ti va un bicchiere di prosecco?
Hans S.: Grazie, molto volentieri.
Chiara: Ma Lei parla proprio bene l'italiano: complimenti!
Hans S.: Grazie, molto gentile. Cosa vuole, noi lavoriamo molto con l'Italia e così ho dovuto imparare la lingua. E poi mia moglie ed io siamo innamorati del vostro paese. Siamo venuti tante volte a passare le vacanze qui.
Chiara: Ah sì, e dove siete stati?
Hans S.: Un po' dappertutto ... in Valle d'Aosta, in Toscana, in Calabria ... e adesso pensiamo di comprare una casa in Liguria.
Chiara: Ah, che bella idea!
Roberto: Hans, prendi ancora un po' di prosecco?
Hans S.: No, grazie, basta così.
Chiara: Allora possiamo andare a tavola, è pronto.
....
Chiara: Buon appetito.
Roberto: Grazie, altrettanto.
Hans S.: Grazie, altrettanto.

ESERCIZIO 11 Tutto quello che sappiamo.

Scrivete tutte le informazioni che avete su Chiara, Roberto e il signor Schneider. Poi, prima a due e poi a quattro, confrontate e completate quello che avete scritto.

ESERCIZIO 12 Una lettera

Una settimana dopo il signor Schneider scrive a Roberto e a Chiara una breve lettera dalla Germania. *Che cosa scrive?*

ESERCIZIO 13 Come Carlo passa la serata.

Raccontate.

LEZIONE 9

A1

- Buongiorno, professore. Anche Lei si alza presto, però!
- Sì, la mattina, quando mi sveglio, non posso restare a letto, ho bisogno di uscire.
- Così porta fuori anche il cane.
- Eh, sì. Poi mi fermo al bar, faccio colazione e compro il giornale.
- Buona giornata, allora, arrivederci.

	tu		ti alzi?
E		quando	
	Lei		si alza?

	presto.
Mi alzo	tardi.
	alle ...

A2

Sono le sette. Il palazzo si sveglia.

a) I Picone si alzano. Anna prepara la colazione, Pietro si veste.
b) Eugenia Grandi è in bagno e si lava.
c) In casa Torriani suona la sveglia, ma Federica continua a dormire.
d) Il professor Parri è già uscito.

ESERCIZIO 1 Trovate la risposta giusta.

1. A che ora ti alzi la mattina?
2. Pietro, la colazione è pronta!
3. Come mai ti alzi così presto?
4. Dov'è Federica?
5. Fai colazione la mattina?
6. È già uscito il professore?

a) Perché comincio a lavorare alle 7.
b) Prendo solo un caffè.
c) Mi alzo alle 8.
d) Sì, si sveglia sempre presto e va fuori.
e) Mi vesto e vengo.
f) È ancora a letto.

ESERCIZIO 2 E voi?

E voi a che ora vi alzate di solito la mattina? E la domenica?
E che cosa fate appena alzati?

A3

- Allora, come vi trovate a Torino?
- Bene. Io ho un buon lavoro, mia moglie ha ripreso a studiare … guarda, ci siamo abituati anche al clima!
- E la bambina?
- Eh, la bambina all'inizio non si è trovata molto bene, ha avuto un po' di problemi a scuola, ma ora va meglio …

Come	ti sei	trovato trovata	a Roma? in Italia?
Come	vi siete	trovati trovate	…?

Bene.
Abbastanza bene, però …
Non molto bene, perché …
Male, …

ESERCIZIO 3 Che cosa ha fatto oggi Elena.

Stamattina si è alzata alle 7.30, poi …
Continuate.

- Stamattina alzarsi
- lavarsi
- fare colazione

- accompagnare il bambino a scuola
- andare a lavorare

- tornare a casa
- preparare il pranzo

- mangiare con il bambino.
- Nel pomeriggio tornare a lavorare

- uscire dall'ufficio
- fermarsi a fare la spesa

- preparare la cena

- andare al cinema

E voi, come avete passato la giornata?

A4 La famiglia di Eugenia Grandi

I miei nonni e i loro figli

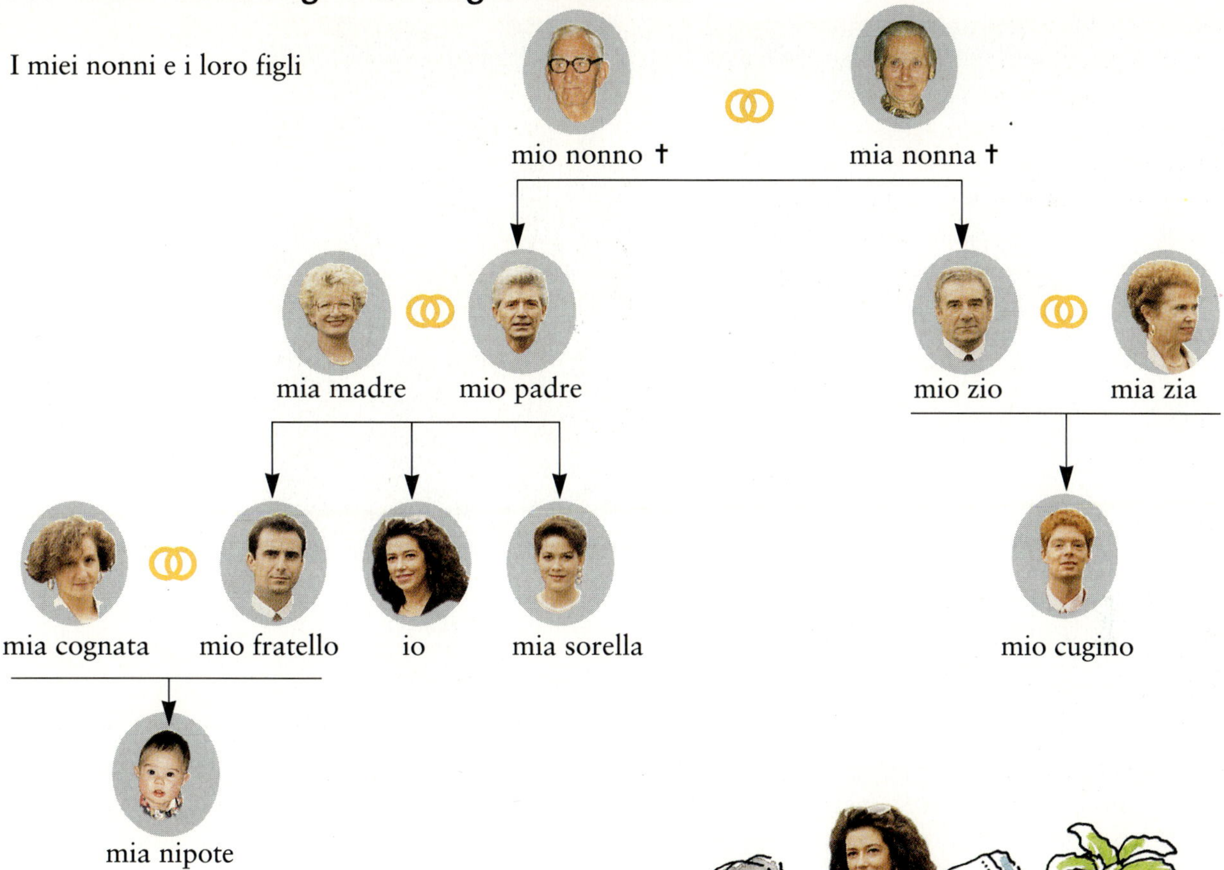

A5

- Signorina, come si trova qui da noi? Non si sente un po' sola?
- No, mi piace vivere in città. Poi spesso il fine settimana vado a casa dai miei.
- Dove stanno i Suoi genitori?
- In un paese vicino a Novara, non è lontano.
- È figlia unica?
- No, ho un fratello e una sorella, ma mio fratello e io ci vediamo poco, perché non andiamo molto d'accordo.

Dove stanno	i Suoi / i tuoi	genitori?
	le Sue / le tue	sorelle?

I miei genitori	stanno	vicino a …
Le mie sorelle		a Novara.
		in Italia.
		…

ESERCIZIO 4 Un matrimonio in famiglia

La prima a sinistra è sua zia ... *Continuate.*

ESERCIZIO 5 La mia famiglia

Completate con: la mia, le mie, i miei, mio, suo, il suo, sua, i suoi, i loro.

_____ famiglia viene dalla Valtellina. _____ nonni sono arrivati a Milano nel 1950. Lì sono nati _____ figli: _____ padre e poi _____ zie, zia Livia e zia Patrizia. La zia Livia si è sposata quattro anni fa e vive a Lodi insieme con _____ suoceri perché _____ marito non vuole lasciare l'azienda agricola della _____ famiglia. La zia Patrizia invece studia ancora. Vive a Monza con _____ ragazzo.

ESERCIZIO 6 La vostra famiglia

Lei ha fratelli, sorelle, figli, nipoti?
Parlate della vostra famiglia.

A6

- Allora, quando arrivano i tuoi parenti di Napoli?
- Domani mattina. Alle nove li vado a prendere alla stazione.
- Anche noi abbiamo un ospite questa settimana. Martedì arriva un vecchio amico di mio marito. Io non lo conosco ancora. Sono proprio curiosa di vedere che tipo è. Mio marito dice che è molto simpatico.

Conosci	la signora Rossi? Mario? i Rossi? le sorelle di Mario?

No, non	la lo li le	conosco.

ESERCIZIO 7 Conosci Maria?

Completate.

1. Conosci Maria? – Sì, _____ (conoscere) bene.
2. Vuoi un caffè? – Sì, _____ (prendere) volentieri.
3. Prepari tu gli spaghetti? – No, _____ (preparare) Anna.
4. Chi accompagna Giorgio alla stazione? – _____ (accompagnare) io.
5. Sono ancora a scuola le bambine? – Sì, ma ora _____ (andare a prendere).
6. Hai già portato fuori il cane? – No, _____ (portare) subito.
7. Quando vedi i Torriani? – _____ (vedere) domani.

ESERCIZIO 8 Chi lo fa?

Es.: ● Chi lava la macchina in casa Sua?

● La lava mio marito.

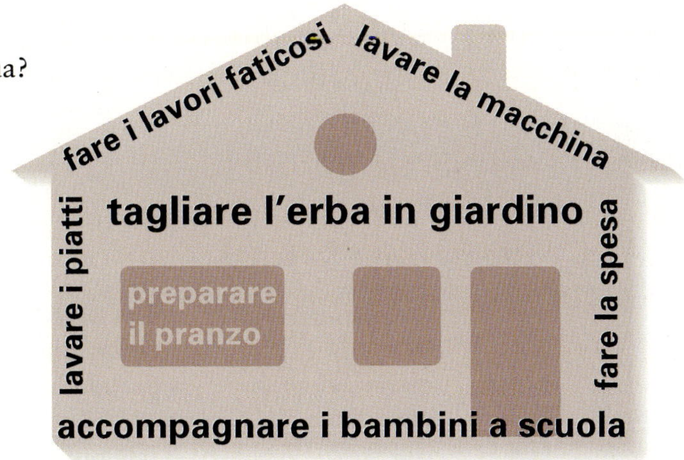

ESERCIZIO 9 Due vecchi amici

Riccardo e Filippo si incontrano dopo tanto tempo e parlano delle loro famiglie.

Ascoltate il dialogo e fate una crocetta sulla casella giusta.

	vero	falso
1. Filippo è sposato con Catia.	☐	☐
2. Filippo ha tre figli maschi.	☐	☐
3. Riccardo ha un figlio che vive con lui.	☐	☐
4. Filippo è nonno.	☐	☐
5. I figli di Filippo non vivono più in famiglia.	☐	☐

A7

- Ma, professore, parte?
- Sì, vado a trovare mio figlio.
- Allora La accompagno alla stazione.
- No, grazie, ho già chiamato un taxi.
- Però La posso aiutare a portare giù le valigie.
- Ah, mi fa un piacere, perché sono proprio pesanti.
  La ringrazio tanto.

Professore, Signora, Signor Rossi,	La posso	accompagnare? aiutare?
Mario, Carla,	ti posso	accompagnare? aiutare?

Sì, grazie, molto gentile. La ringrazio, ma non c'è bisogno. No, grazie.
Sì, grazie, mi fai un piacere. Sì, ti ringrazio tanto. No, grazie.

ESERCIZIO 10 Ricostruite le frasi.

1. Dottore,		posso aiutare	per la bellissima serata.
2. Signorina,	ti	piace vivere	alla stazione.
3. Marco,	vi	accompagno io	a portare le valigie.
4. Livia, Aldo,	La	aiutiamo	nei prossimi giorni.
5. Stefania,	Le	ringrazio	la signora Comini.
6. Signor Gucci,		presento	a portare su la borsa?
7. Signora,		telefono	in città?

ESERCIZIO 11 Un compleanno

Trovate i pronomi giusti.

Oggi è il compleanno di Maria / di Carlo:

_____ compro un libro e un disco,

_____ scrivo un biglietto,

_____ invito a cena e

_____ presento i miei genitori.

B Dalla parte del padre

Continuare a fare il padre dopo la fine di un matrimonio non è facile, ma è possibile.

La storia di mio figlio Marco è come quella di tanti altri bambini di oggi. Marco è figlio di genitori separati. Cristina, sua madre, ed io ci siamo separati dopo cinque anni di convivenza, quando Marco aveva due anni e mezzo*. Su un punto ci siamo messi subito d'accordo: l'interesse del bambino. Abbiamo regolato tra di noi anche l'aspetto economico, senza bisogno di giudici. Marco è rimasto a vivere con Cristina. All'inizio sono ritornato da loro due o tre volte alla settimana per farlo mangiare ed addormentare. Mi è successo spesso di addormentarmi con lui e poi di svegliarmi alle tre di notte e tornare a casa mia. Dopo un anno Cristina ed io abbiamo deciso di fargli conoscere il mio appartamento, poi Gaia, la mia nuova compagna. Qui Marco ha la sua cameretta. Viene da noi almeno due giorni alla settimana e due week-end al mese.
Marco deve sapere chi sono la sua mamma e il suo papà, questa è la cosa veramente importante. E Marco sa che può sempre e comunque contare su di noi, anche se non stiamo più insieme.

**als Marco zweieinhalb war*

ESERCIZIO 12 È vero?

	Sì	No	Forse
1. Molti bambini sono figli di genitori separati.			
2. I genitori di Marco non hanno ancora parlato dell'aspetto economico.			
3. Dopo la separazione Marco e il padre si sono visti solo due volte.			
4. Marco si sveglia spesso alle tre di notte perché vuole tornare a casa.			
5. Il padre di Marco ha un appartamento molto grande.			
6. Marco conosce la compagna di suo padre.			
7. Marco non ha problemi a scuola.			
8. Marco e suo padre adesso si vedono ogni settimana.			

ESERCIZIO 13 Marco racconta.

"Mi chiamo Marco. Ho sei anni. Il mio papà e la mia mamma non vivono più insieme. Io adesso ..."

Continuate.

ESERCIZIO 14 Chi può dire che cosa?

padre Cristina Marco Gaia

"Molti altri bambini vivono come Marco, perché il loro padre, come il mio compagno, si è separato."
"Mio marito ed io non abbiamo avuto bisogno di giudici."
"A volte sono tornato a casa mia dopo le tre di notte."
"Il lunedì e il martedì dormo nella mia nuova cameretta."
"Per fortuna Marco è rimasto a vivere qui con me."
"Ho conosciuto Marco. È un bambino molto simpatico."
"Marco sa che non sono la sua mamma, ma stiamo lo stesso molto bene insieme."
"Ho deciso di portare Marco nel mio nuovo appartamento."

ESERCIZIO 15 Sì o no alla famiglia?

Io preferisco vivere da solo. Sono stato sposato una volta e mi basta. Adesso faccio come voglio, senza tanti compromessi.

Antonio, 35 anni, divorziato

Io preferisco vivere con altre persone e rimanere libera e indipendente. Così, mi trovo molto bene.

Nicoletta, 30 anni, vive con altre persone

Io sono contento di avere una famiglia. È bello tornare a casa e ritrovare la moglie e i figli.

Piero, 50 anni, sposato

Io sono molto contenta della mia vita, anche se lavoro tanto. Certo che avere dei figli e lavorare è stressante, però io preferisco così, perché per me il lavoro è importante.

Rosanna, 38 anni, sposata

Che cosa pensate del modo di vivere di Antonio, di Nicoletta, di Piero e di Rosanna?

Lezione 10

A1

Per le vostre vacanze
prendete il treno.

FERROVIE DELLO STATO

Che cosa posso fare quest'anno in ferie?

Cambia vacanza:
Scopri l'agriturismo,
vivi a contatto con la natura
mangia prodotti genuini,
va' a cavallo
e dormi di più.

ESERCIZIO 1 Le vacanze di un amico

Completate con i seguenti verbi: telefonare, prenotare, portare, prendere, chiedere, venire.

Un vostro amico non ha ancora deciso dove andare in vacanza. Questo è il vostro consiglio: se hai voglia, _____ in vacanza con noi in Basilicata. Ti do il numero di telefono dell'albergo dove andiamo. _____ la mattina presto e _____ di parlare con il signor Manzi che mi conosce bene. _____ subito, così trovi ancora posto. _____ solo la mezza pensione, così possiamo andare anche a mangiare fuori. _____ anche la bicicletta.

ESERCIZIO 2 Che cosa rispondono?

a) (venire) a casa mia stasera
b) (leggere) qualcosa
c) (prendere) un gelato
d) (rimanere) a pranzo qui
e) allora (mangiare) un toast

A2

Se	ami / amate	la natura	non danneggiare / non danneggiate	i fiori.

ESERCIZIO 3 Un consiglio

Non leggere troppo! *Continuate.*

1.

2.

3.

4.

5.

6.

A3

Vorrei un francobollo per	la Svezia. il Belgio. gli Stati Uniti.

- Vorrei spedire questa lettera per posta prioritaria.
- È tutto?
- No, anche quattro cartoline e quattro francobolli, due per l'Italia e due per il Messico.

A4

Foggia, 3 giugno 2001

Cara Mara, caro Giacomo,

qui è già quasi estate e fa molto caldo. Noi purtroppo non possiamo andare a Vieste, perché Armando deve andare negli Stati Uniti per lavoro e io lo accompagno. Però abbiamo una bella proposta da farvi: perché non passate voi le vacanze nella nostra casa? È vicinissima al mare, per arrivare alla spiaggia ci vogliono solo cinque minuti. L'acqua è molto pulita, potete fare il bagno tranquillamente.
Allora, vi piace l'idea? Scrivete o telefonate presto.

Tanti cari saluti

Laura e Armando

P.S. Che tempo fa da voi?

Quanto ci vuole	da qui	per andare al mare?	Ci vuole mezz'ora.
	da Sondrio	per andare in Puglia?	Ci vogliono otto ore.

ESERCIZIO 4 Ci vuole o ci vogliono?

Completate con l'espressione giusta.

1. ● Scusi, è lontana la stazione? ● No, a piedi _____ solo 10 minuti.
2. ● Sulla pastasciutta _____ il parmigiano? ● Certo!
3. ● Sai, sabato Paola dà una festa per il suo compleanno. ● Allora _____ un regalo speciale.
4. ● Quando arriviamo a Bologna? ● _____ ancora un'ora.
5. ● Quanti tortellini _____ per quattro persone? ● Beh, quattro etti.

A5

FAX FAX FAX FAX

Carissimi,
accettiamo con entusiasmo la vostra proposta e vi ringraziamo tanto. Possiamo prendere le ferie in luglio e rimanere a Vieste per tre settimane. Qui il tempo è bruttissimo, piove da tre giorni e fa ancora freddo. Non vediamo l'ora di ritornare in Puglia anche se questa volta purtroppo non ci possiamo incontrare.
Vi telefoniamo presto.

Un abbraccio

Mara e Giacomo

Che tempo fa da voi? / a Sondrio? / a Palermo? / ...?

C'è il sole.
Fa caldo.
Piove.
Fa freddo.

A6

- Quando siete ritornati?
- Tre giorni fa.
- E allora, vi è piaciuta la Puglia?
- Sì, ci è piaciuta molto. Ci sono delle spiagge bellissime.
- Ma siete stati sempre al mare?
- No, no, abbiamo visto tanti posti interessanti, Vieste, le Grotte di Castellana, Lecce, e poi abbiamo mangiato anche molto bene.
- Insomma è stata una bella vacanza.
- Sì, proprio bella. E tu, quando vai in ferie?
- Fra quindici giorni.

Vi è piaciuta la Puglia?
Ti è piaciuto il posto?

Sì, ci è piaciuta molto.
No, non mi è piaciuto.

ESERCIZIO 5 Vacanze in Puglia

- Ti è piaciuta Peschici?
- Sì, mi è piaciuta.

- Ti sono piaciute le spiagge della Puglia?
- Sì, mi sono piaciute.

Continuate.

1. Castel del Monte

2. Le Isole Tremiti

3. Il Gargano

4. La chiesa di San Leonardo

5. I Trulli di Alberobello

ESERCIZIO 6 Rispondete con "da", "fa" o "fra".

1. Quando va in vacanza, signora? – (15 giorni)
2. Da quanto tempo si trova in Italia? – (3 mesi)
3. Ingegnere, quando è venuto a Firenze la prima volta? – (5 anni)
4. Quando hai incominciato a studiare l'italiano? – (1 anno)
5. Quando arrivano i tuoi suoceri? – (3 settimane)
6. Da quanto tempo conosci i Bianchi? – (sempre)
7. Quando sono venuti a casa vostra i Rossi? – (tanto tempo)

ESERCIZIO 7 Che progetti avete per le vacanze?

Fra dieci giorni vado in vacanza …

Continuate.
(Puglia / camper / un mese / mare / bagni / Castel del Monte / grotte di Castellana …)

E adesso parlate dei vostri progetti.

ESERCIZIO 8 Le vacanze sono finite.

Un mese fa siamo stati …

Continuate.
(Val d'Aosta / macchina / quindici giorni / passeggiate nei boschi / trovare funghi / tempo sempre bello / mangiare bene …)

E adesso parlate delle vostre vacanze.

ESERCIZIO 9 Cara …, caro …

Scrivete una cartolina dalle vacanze.

ESERCIZIO 10 Bagni Nettuno

Leggete il cartello, ascoltate il testo, e poi rispondete alle domande.

Che cosa prende la signora?
Quali altre informazioni chiede al bagnino?

B Mare o montagna?

Padre: Sentite, ma dove andiamo quest'anno in vacanza?

Valentina: Che domanda! Al mare, dove siamo sempre andati.

Padre: Ma dai, basta mare! C'è troppa gente, troppa confusione!

Valentina: Ma se è proprio questo il bello! Anche tutti i miei amici vanno al mare ...

Padre: Ma io quest'anno vorrei finalmente andare in montagna.

Valentina: Voi andate pure! Io non vengo.

Padre: Ah, no? E cosa fai? Resti a casa?

Valentina: No, vado con i Baldini a Palinuro. La mamma di Giorgio mi ha già invitato.

Padre: E di passare le vacanze con noi non ti importa, eh? Voi figli siete proprio dei grandi egoisti! Ha sedici anni e vuole andare in vacanza con Giorgio. Roba da matti!

Madre: Ma su, Piero ... non ha mica detto che va da sola con Giorgio. Ci sono anche i suoi genitori. Li conosci anche tu. E poi Giorgio è un bravo ragazzo.

Padre: Cosa c'entra questo? Non mi dire che anche tu sei d'accordo! Tu, mia cara, in vacanza vieni con noi, senza tante storie!

Valentina: Ecco come sei tu. Quando non sai più cosa dire fai l'autoritario: non andare lì, non andare là ... ma papà, non capisci che i tempi sono cambiati?

Padre: Sì, in peggio, però!

Madre: Senti, Piero, perché non andiamo anche noi a Palinuro? Così i ragazzi stanno insieme e sono contenti. E noi anche.

Padre: Ma lo sai che il mare non mi è mai piaciuto. Io lavoro tutto l'anno e quando sono in vacanza vorrei stare tranquillo, rilassarmi, fare delle passeggiate, mangiare bene.

Madre: Ma guarda che vicino a Palinuro ci sono delle colline molto belle e tanti boschi, tanto verde. Tu fai le tue passeggiate e noi andiamo in spiaggia.

Padre Mah, vediamo ... ho già capito che alla fine faccio sempre quello che volete voi.

ESERCIZIO 11 Rispondete alle domande.

- Dove vogliono passare le vacanze il padre, la madre e la figlia?
- Com'è il rapporto tra madre e figlia?
  E tra padre e figlia?

ESERCIZIO 12 In famiglia

Ricostruite il dialogo.

Dove andiamo in vacanza?

a) Vado con la famiglia di Giorgio a Palinuro.

b) ... il mare non mi è mai piaciuto.

c) Ma papà, non capisci che i tempi sono cambiati?

d) ... quest'anno vorrei finalmente andare in montagna.

e) ... vicino a Palinuro ci sono delle colline molto belle ...

f) Roba da matti!

g) Ha sedici anni e vuole andare in vacanza con Giorgio.

h) Senti, Piero, perché non andiamo anche noi a Palinuro?

i) Io non vengo.

l) ... alla fine faccio sempre quello che volete voi.

ESERCIZIO 13 Al telefono

Giorgio   Allora, vieni con noi a Palinuro?
Valentina   Io vorrei venire, però ...
mio padre dice che ...
mia madre dice che ...
ma, Giorgio, sai che cosa faccio se loro decidono di andare in montagna? Io ...

Che cosa racconta Valentina?

ESERCIZIO 14 Vorrei andare a ...

Volete passare le vacanze in Italia. Dite quali posti preferite e perché.

LEZIONE 11

A1

- Buongiorno, vorrei sapere quali treni ci sono per Roma.
- Per Roma c'è un Intercity ogni ora oppure c'è il pendolino. Quando vuole partire?
- Domani mattina abbastanza presto.
- Beh, c'è il pendolino delle 7.55. Arriva a Roma alle 12.20.
- È necessaria la prenotazione?
- Sì, e bisogna pagare anche il supplemento speciale.
- Ah! E a che ora parte l'Intercity?
- Il primo Intercity parte alle 8.00.
- Quanto tempo ci mette?
- Circa 5 ore. Arriva a Roma alle 12.55.
- Grazie.

ESERCIZIO 1 Partenze

A che ora parte il treno per ...?
Quanto tempo ci mette? A che ora arriva?

Guardate il tabellone e fate il dialogo.

PARTENZE
ABFAHRTEN / DEPARTURES / SALIDAS / DÉPARTS

7.35	R	10863	2		Bergamo (8.35)	FERMA IN TUTTE LE STAZIONI.
7.55	ETR500	9413 BRUNELLESCHI	1-2 R	BOLOGNA C.LE (9.33) - FIRENZE S.M.N. (10.32)	Roma Term. (12.20)	R Prenotazione obbligatoria dei posti
8.00	IC	541 CROCE	1-2 R	BOLOGNA C.LE (9.47) - FIRENZE S.M.N. (10.52) ROMA TERM. (12.55)	Napoli C.le (15.00)	Sospeso nei pre-festivi e nei festivi. 1ª classe sett. A.
8.00	IC	1541 CROCE	1-2 R	BOLOGNA C.LE (9.47) - FIRENZE S.M.N. (10.52) ROMA TERM. (12.55) - NAPOLI P.G. (15.01) NAPOLI MERG. (15.13)	Napoli C.Fleg. (15.19)	Si effettua nei festivi e nei pre-festivi. 1ª classe sett. A.
8.05	IC	607 CIDNEO	1-2 R	BRESCIA (8.51) - DESENZANO D.G. (9.09) VERONA P.N. (9.30) - VICENZA (10.01) PADOVA (10.21) - VENEZIA MESTRE (10.43)	Venezia S.L. (10.55)	1ª classe sett. C.
8.05	IC	1502 F. JUVARA	1-2 R	NOVARA (8.42) - VERCELLI (8.55) TORINO P.S. (9.34)	Torino P.N. (9.45)	1ª classe sett. A.
8.05	iR	2125	1-2	MILANO ROG. (8.16) - LODI (8.32) PIACENZA (8.53) - BOLOGNA C.LE (10.25)	Ancona (13.15)	Si effettua nei festivi. Ferma anche a Fiorenzuola (9.07), Fidenza (9.16), Parma (9.29), Reggio Emilia (9.45), Modena (9.59), Castel S.Pietro T. (10.52), Imola (10.59), Castelbolognese (11.06), Faenza (11.12), Forlì (11.22), Cesena (11.34), Rimini (11.57), Riccione (12.09), Cattolica S.G. (12.16), Pesaro (12.29), Fano (12.39), Marotta (12.47), Senigallia (12.55), Falconara M.ma (13.05). 1ª classe sett. A.
8.05	iR	2125	1-2	MILANO ROG. (8.16) - LODI (8.32) PIACENZA (8.53) - PARMA (9.29)	Bologna C.le (10.25)	Si effettua nei giorni lavorativi. Ferma anche a Fiorenzuola (9.07), Fidenza (9.16), Reggio Emilia (9.45), Modena (9.59). 1ª classe sett. A.
8.10	E	1201	2 R	BOLOGNA C.LE (10.34)	Firenze S.M.N. (11.44)	Si effettua il sabato dal 9/11 al 21/12, dal 4/1 al 22/3, giornalmente dal 22/12 al 24/12. R Prenotazione obbligatoria per i viaggiatori provenienti dall'estero. Posti a sedere di sola 2ª classe. s-d-t3 — 2 da Dortmund Hbf a Firenze S.M.N. s-d-t3 — 2 da Frankfurt a/M Hbf a Firenze S.M.N. da Chiasso a Firenze S.M.N.
8.10	D	1729	2	PAVIA (8.35) - VOGHERA (8.54) TORTONA (9.08) - GENOVA P.P. (10.00) ARENZANO (10.32) - SAVONA (10.50)	Albenga (11.25)	Si effettua l'1/11, il 3/11, il 29/12, il 6/1, nei festivi dal 31/3. Ferma anche a Varazze (10.40), Finale L.M. (11.03), Pietra L. (11.10), Loano (11.15).
8.15	D	2590	1-2	MONZA (8.27) - LECCO (8.54) VARENNA (9.15) - BELLANO (9.20) COLICO (9.36) - SONDRIO (10.10)	Tirano (10.40)	Ferma anche a Morbegno (9.50), Tresenda (10.29). 1ª classe sett. C.
8.15	iR	2091	1-2	MILANO L.TE (8.21) - TREVIGLIO (8.44) ROMANO (8.54) - CHIARI (9.05) ROVATO (9.12) - BRESCIA (9.23)	Verona P.N. (10.10)	Ferma anche a Desenzano d.G. (9.42), Peschiera d.G. (9.52). 1ª classe sett. A.
8.15	iR	2183	1-2	MILANO ROG. (8.26) - PAVIA (8.43) GENOVA P.P. (10.05) - SAVONA (10.55)	Ventimiglia (13.05)	Ferma anche a Voghera (9.00), Tortona (9.13), Arquata S. (9.32), Varazze (10.46), Finale L.M. (11.10), Pietra L. (11.18), Loano (11.27), Albenga (11.35), Alassio (11.42), Diano M. (12.05), Imperia On. (12.11), Taggia (12.37), S.Remo (12.46), Bordighera (12.57). 1ª classe sett. A.
8.20	D	2653	1-2	MILANO L.TE (8.25) - MILANO ROG. (8.32) LODI (8.49) - CREMONA (9.26)	Mantova (10.13)	Ferma anche a Codogno (9.05), P.te d'Adda (9.13), Piadena (9.47), Bozzolo (9.53), Marcaria (9.58), Castellucchio (10.05). 1ª classe sett. A.
8.20	iR	2008	1-2	RHO (8.34) - NOVARA (8.59) VERCELLI (9.12) - SANTHIÀ (9.24) CHIVASSO (9.41) - TORINO P.S. (9.56)	Torino P.N. (10.07)	Servizio di ristoro sospeso il sabato. Ferma anche a Magenta (8.44). 1ª classe sett. C.
8.23	R	20353	2		Voghera (9.43)	Si effettua nei giorni lavorativi; sospeso il 29/3. FERMA IN TUTTE LE STAZIONI.

Cambio
Biglietteria
Sala d'attesa
Deposito bagagli
Gabinetti
Prenotazioni

A2

- Vorrei prenotare due posti di seconda classe sull'Intercity delle 8.00 per Roma.
- Per quando?
- Per domani.
- Fumatori o non fumatori?
- Non fumatori e possibilmente vicino al finestrino.

A3

- Due biglietti di andata e ritorno per Perugia, seconda classe.
- 112 euro.
- È diretto o devo cambiare?
- Deve cambiare a Firenze. Se non arriva in ritardo c'è subito la coincidenza.

ESERCIZIO 2 All'ufficio informazioni di Genova

Sie erkundigen sich, ob es einen Abendzug nach Reggio Calabria gibt.
- ______________________________
- C'è un treno alle 18.41 e poi un altro alle 19.57.

Sie möchten wissen, ob der spätere Zug Liegewagen hat.
- ______________________________
- Sì, ha cuccette e vagoni letto.

Sie fragen, wie lange der Zug braucht.
- ______________________________
- Arriva alle 7.10, quindi ci mette più o meno 11 ore.

Sie möchten wissen, wo Sie einen Platz im Liegewagen reservieren können.
- ______________________________
- Allo sportello prenotazioni, però deve fare prima il biglietto.

Sie bedanken sich.
- ______________________________
- Prego.

ESERCIZIO 3 Alla stazione di Roma

Leggete le domande, ascoltate e rispondete.
1. Quanto ritardo ha l'espresso 218?
2. Da quale binario parte il treno regionale per Frascati?
3. Su quale binario arriva il diretto proveniente da Livorno?
4. Che cosa deve fare il signor Morgia?

Quest'offerta è rivolta ai clienti delle Ferrovie dello Stato che da Roma desiderano raggiungere agevolmente le località marine del golfo di Napoli senza macchina, e con i soli mezzi pubblici. Il servizio si effettua per l'andata con treni che partono nell'arco della mattinata, e per il ritorno con treni serali.

A4 Per strada

- Scusi, mi può cambiare un euro in due monete da 50 centesimi?
- Aspetti che guardo ... se le ho, volentieri ... sì, eccole.
- Grazie.
- Prego, non c'è di che.

ESERCIZIO 4 Eccolo, eccola

a) *Mettete in ordine e fate dei minidialoghi.*

Es.:
- La patente, prego.
- Eccola.

1. Lo scontrino, per favore.
2. Dov'è la posta di oggi?
3. Il passaporto, per favore.
4. Hai già comprato i biglietti?
5. Hai tu le chiavi di casa?
6. Biglietto, prego.
7. Mi dai la tua carta telefonica, per favore?
8. Mi fa vedere il supplemento speciale?

A. Eccolo.
B. Sì, eccoli.
C. Eccola.
D. Sì, eccole.

b) *Dove sono le persone che parlano?*

Al bar / in ufficio ...

Continuate.

Ecco le otte monete coniate dall'Italia

1 centesimo

2 centesimi

5 centesimi

10 centesimi

20 centesimi

50 centesimi

1 euro

2 euro

A5

SU DUE RUOTE!

Meno rumorosi, meno inquinanti, più veloci. In Italia sono circa 6 milioni i ciclomotori in circolazione ed è Roma la "città dei motorini" per eccellenza.

- Per andare a lavorare, Lei che cosa prende?
- Io, in città, non guido volentieri. Vado in tram, è più comodo e poi non ho problemi di parcheggio.
- Io vengo da fuori e prendo il treno perché è meno caro, e poi non inquina.
- Io prendo la macchina perché è più veloce. È vero che l'autobus costa meno però bisogna aspettare troppo.
- Io vado in motorino, così sono più indipendente, ed evito il traffico.

ESERCIZIO 5 E Lei che cosa prende?

Per andare a fare la spesa, prendo l'autobus perché è più pratico.

Continuate.

Per andare	in centro				comodo
	al lavoro / a scuola				veloce
	a lezione d'italiano			più	caro
	alla stazione	prendo	perché è		pratico
	in vacanza			meno	sicuro
	al mercato				economico
	a fare una gita				inquinante
	da ...				stressante

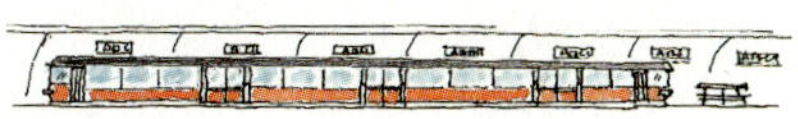

A6

- Vorrei andare all'isola d'Elba. Quali possibilità ci sono?
- Vuole portare anche la macchina?
- Sì, certo.
- Beh, da Piombino c'è un traghetto ogni ora.
- E quanto tempo impiega?
- Circa un'ora.
- Un aliscafo non c'è? Sa, io ho solo un giorno a disposizione.
- Sì, c'è, però non può portare la macchina. Per raggiungere l'Elba con l'auto il mezzo più rapido è il catamarano.
- E quanto tempo ci mette?
- Solo trenta minuti.

ESERCIZIO 6 La vostra pubblicità

Completate con: bello, verde, caldo, affascinante , famoso, pulito, fine.

a) Ti aspettiamo a Venezia, la città ________ del mondo.

b) Cercate il mare ________?
Il sole ________?
La sabbia ________?
Il Gargano vi offre questo, e molto di più.

c) A Siena, la piazza ________ d'Italia vi invita al Palio.

d) Venite alle Egadi, le isole ________ del Tirreno.

e) Visitate l'Umbria, la regione ________ d'Italia.

ESERCIZIO 7 Un consiglio da amico

Una coppia di amici italiani viene a trovarvi fra una settimana.

Quale albergo / ristorante / teatro / cinema / mezzo di trasporto / … della vostra città gli potete consigliare?

Fate una lista di tutto quello che può essere utile perché stasera vi telefonano per avere delle informazioni.

Es.:
- Quale albergo ci consigli?
- Dunque, l'albergo più bello e più elegante è il Mariott, ma è molto caro.
- No, non vogliamo spendere troppo.
- Beh, allora …

Continuate.

A7 Alla stazione di servizio

- Il pieno, per favore. Senta, per andare a Tortona, che strada devo prendere?
- Le conviene prendere l'autostrada. Continui sempre dritto fino al secondo semaforo, poi giri a sinistra e prenda la statale. Dopo due o tre chilometri vede il casello.

Senta,
per andare a ...?
Scusi,

Prenda la statale,
continui dritto fino al secondo incrocio e poi
vada ...

Mi dispiace, non lo so, chieda a un vigile.

ESERCIZIO 8 Trovate la risposta giusta.

1. Controllo anche l'olio, signora?
2. Per andare a Caserta, devo prendere l'autostrada?
3. Vorrei una carta telefonica.
4. Mi può aiutare a mettere su la valigia?
5. Scusi, per andare alla stazione?
6. È chiuso il museo?
7. A che ora parte il treno per Urbino?
8. Vorrei prenotare una cuccetta sul treno delle 21.07 per Francoforte.

a) Non lo so, guardi il tabellone delle partenze.
b) Prenda la prima strada a destra e continui sempre dritto.
c) Mi dia il Suo biglietto, per favore.
d) No, continui pure su questa strada.
e) No, grazie, faccia solo il pieno.
f) Ma certo. Lasci, faccio io.
g) Mi dispiace, sono finite. Provi qui all'edicola.
h) Oggi sì. Torni domani mattina.

ESERCIZIO 9 Un italiano a Salisburgo

Guardate la pianta della città e rispondete.

Es.: ● Scusi, per andare al Castello di Mirabell?
● Prenda la prima a sinistra ...

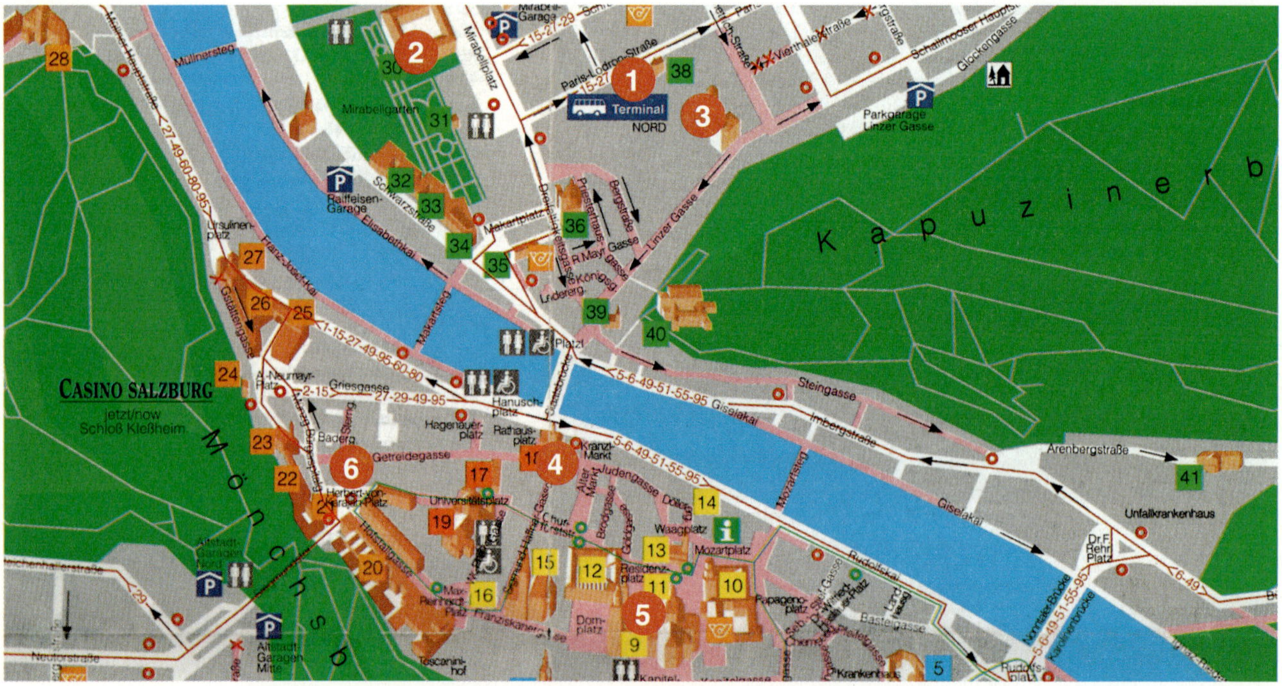

Dove siete	Stazione degli autobus 1	Castello di Mirabell	Chiesa di S. Sebastiano	Municipio	Duomo
Dove vuole andare il turista italiano	Castello di Mirabell 2	Chiesa di S. Sebastiano 3	Municipio (Rathaus) 4	Duomo - Residenzplatz 5	Getreidegasse 6

A8

Ascoltate le informazioni di Onda Verde e leggete poi il testo seguente. Che cosa non corrisponde?

La via Emilia è chiusa al traffico nel tratto Fiorenzuola – Fidenza a causa di un incidente. Sull'autostrada A 4 in direzione Venezia il traffico è bloccato per ingorghi. Le vetture provenienti da Nord e dirette a Napoli possono continuare il viaggio sull'autostrada A 1 senza rallentamenti. Al Brennero ci sono molte auto in coda per il rientro dalle ferie dei turisti stranieri.

ESERCIZIO 10 Prima della partenza

Antonio è pronto per partire, la nonna gli dice
- di fare attenzione al traffico e di non andare forte con la moto
- di fare una pausa quando è stanco
- di prendere un caffè e di mangiare qualcosa
- di telefonare quando arriva
- di salutare la mamma e il papà

Esempio: Allora Antonio, fa' attenzione al traffico ...
Continuate.

ESERCIZIO 11 Buone vacanze!

Prima delle ferie la radio Le consiglia
- di preparare le valigie con calma
- di non partire il primo giorno di ferie
- di chiudere bene a chiave la porta di casa
- di dare la chiave ad un amico o ad un vicino
- di lasciare anche il numero di telefono dell'albergo
- di ascoltare con attenzione le informazioni di "Onda verde"

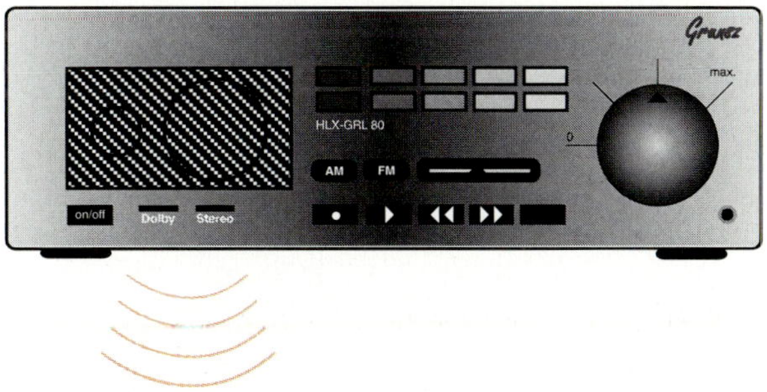

Per cominciare bene le Sue ferie, prepari le valigie con calma, ...
...
e ... buone vacanze!

B

Paese che vai, taxi che trovi.

I più sporchi a New York, i più costosi a Tokyo, i più pericolosi a Seul

In poco più di un secolo di esistenza, il taxi ha dato vita in tutto il mondo a una cultura del trasporto fatta di usi, mezzi e abitudini diversi da paese a paese. Ecco alcuni esempi:

SEYCHELLES – Motore animale

Sono senza dubbio i taxi più ecologici del mondo: sull'isola di La Digue tutti i trasporti, compresi quelli di persone, sono effettuati con carri trainati da buoi, per evitare gli inquinanti gas di scarico. Possono circolare solo alcuni autobus e c'è un solo taxi a motore.

LONDRA – In taxi–moto contro gli ingorghi

I taxi londinesi non sono più rigorosamente neri: oggi circolano anche vetture di colori sgargianti. Ma per muoversi negli ingorghi del traffico la linea aerea Virgin ha lanciato la taxi-moto da e per l'aeroporto.

BOLOGNA – Tutta la città sul video

Computer sui taxi di Bologna che ricevono, via satellite, tutte le informazioni utili per il cliente, dai ristoranti aperti agli alberghi che hanno ancora camere disponibili. Chi va alla stazione o all'aeroporto può sapere in anticipo se il treno o l'aereo che deve prendere sono in ritardo e di quanto.

FILIPPINE – Musica assordante

Nelle Filippine le numerose jeep che gli americani hanno lasciato alla fine della seconda guerra mondiale sono usate oggi come taxi. Sono dipinte a colori sgargianti e personalizzate con ciondoli, amuleti, immagini religiose. L'autista ha sempre l'autoradio ad altissimo volume e parte solo quando tutti i posti sono occupati.

CITTÀ DEL MESSICO – Attenti all'inflazione

In Messico ci sono due tipi di taxi: comode berline climatizzate, oppure i più comuni ed economici maggiolini Volkswagen gialli. Questi ultimi però non rispettano l'indicazione del tassametro a causa dell'inflazione, che fa salire rapidamente le tariffe: l'autista calcola di volta in volta il prezzo.

ESERCIZIO 12 Quali frasi sono giuste?

Alle Seychelles

a) gli animali hanno un motore.
b) i taxi non inquinano.
c) le persone viaggiano solo in autobus.

A Città del Messico

a) il prezzo dei taxi segue l'inflazione.
b) ci sono taxi con l'aria condizionata.
c) a maggio i taxi sono tutti gialli.

A Londra

a) c'è molto traffico.
b) ci sono taxi molto colorati.
c) ci sono taxi a due ruote.

A Bologna

a) i taxi ricevono informazioni via satellite.
b) i clienti lasciano spesso i computer sui taxi.
c) i treni e gli aerei sono sempre in ritardo.

Nelle Filippine

a) gli americani viaggiano in jeep.
b) i tassisti sono molto religiosi.
c) i taxi non trasportano persone singole.

ESERCIZIO 13 Dove?

Ascoltate che cosa dicono le persone in taxi e indovinate in quale città si trovano.

ESERCIZIO 14 Raccontate.

- In quali occasioni prendete il taxi nella vostra città? Come vi comportate durante il viaggio, parlate volentieri con il tassista o preferite stare zitti?
- Quali sono invece le vostre esperienze in taxi all'estero?

LEZIONE 12

A1

- Scusi, mi può indicare una buona trattoria qui vicino?
- Vada al Boscaccio, è proprio qui, sulla strada per Todi.
- Ma si spende molto?
- No, non tanto. E si mangia bene.
- Grazie.

Come si mangia al Boscaccio?	Bene. Piuttosto bene. Male.
Si spende molto da Gianni?	No, non si spende tanto. No, si spende poco. Sì, è piuttosto caro.

ESERCIZIO 1 Una domenica tipica

Che cosa si fa dopo il pranzo in Italia?
Si prende il caffè, poi ...

La sera

12

A2 In trattoria

- Che cosa c'è di buono oggi?
- Come primo abbiamo gli gnocchi fatti in casa.
- Bene, allora un piatto di gnocchi.
- Prima Le porto un po' di antipasto?
- No, grazie.
- E da bere, che cosa prende?
- Mi porti mezzo litro di vino rosso.

A3 Al ristorante

- Come secondo che cosa prendete?
- Io prendo il brasato con i funghi, e tu?
- Non lo so ancora. Il brasato, che cos'è?
- È carne di manzo, cotta nel vino.
- No, preferisco una bistecca.
- Come la vuole? Al sangue o ben cotta?
- Ben cotta.
- E tu che cosa prendi?
- Io prendo il pesce. Lo storione alla griglia com'è?
- È ottimo, e poi non ha lische.

Come	antipasto, primo, secondo, contorno,	che cosa	prende? prendete?
E da bere …			

Mi Ci	porti …

LISTA DELLE VIVANDE

Antipasti

Antipasto all'italiana
Caprese
Insalata di mare

Prosciutto e melone

Primi piatti

Pasta e fagioli
Penne al ragù
Tagliatelle ai funghi porcini
Gnocchetti di patate al pomodoro e basilico
Risotto alla marinara
Spaghetti alla polpa di granchio

Secondi piatti

Carne

Spezzatino d'agnello
Bistecca alla fiorentina
Fegato alla veneziana
Involtini di vitello alla salvia
Scaloppine al limone

Pesce

Pesce spada alla griglia
Branzino al sale
Sogliola alla mugnaia
Fritto misto

Contorni

Insalata mista
Patate arrosto
Finocchi al burro
Carciofi fritti

Formaggi assortiti

Frutta

Frutta di stagione
Macedonia

Dessert

Zuppa inglese
Torta di mandorle
Semifreddo all'amaretto

ESERCIZIO 2 La macedonia, che cos'è?

Fate le domande e scegliete la risposta giusta.

1. La macedonia
2. E la caprese
3. E le penne al ragù
4. E la zuppa inglese
5. E lo spezzatino
6. E la sogliola alla mugnaia?

che cos'è?
che cosa sono?

a) È un dolce con la crema.
b) Sono piccoli pezzi di carne cotti nel vino e nel pomodoro.
c) È un pesce infarinato e fritto nel burro.
d) È frutta fresca tagliata a pezzetti con liquore, zucchero e limone.
e) È un antipasto fatto di mozzarella, pomodoro e basilico.
f) Sono un tipo di pasta corta con un sugo di carne e pomodoro.

ESERCIZIO 3 Al ristorante

Guardate la lista a pag. 109, scegliete e ordinate.

Da leggere

DA FIORE

CALLE DEL SCALETER, SAN POLO 2202, VENEZIA; TEL. 041/721308; CHIUSO DOMENICA E LUNEDÌ; COPERTI 45; FERIE: AGOSTO E DAL 25 DICEMBRE AL 15 GENNAIO; CARTE DI CREDITO: TUTTE; COSTO DI UN PASTO TIPO (VINO ESCLUSO): 93 EURO.

È veneziano il numero uno.

Un giornalista dell'Herald Tribune lo ha messo – unico italiano – tra i migliori dieci ristoranti del mondo, e i turisti stranieri fanno la coda.

Dal '78 Maurizio e Mara Martin (è lei che sta ai fornelli) sono a San Polo, dieci minuti a piedi dalla stazione ferroviaria, dieci da piazzale Roma. Mara è autodidatta, ha imparato a cucinare dalla nonna. La nonna non aveva* un ristorante – precisa Maurizio – però quando si ritrovano la domenica le famiglie numerose, minimo una quarantina di persone, è quasi come avere un ristorante. Brava la nonna, ma bravissima la nipote: la leggerezza dei fritti, l'intelligenza degli accostamenti parlano da soli. Da Fiore è stata per circa 80 anni una "cicchetteria", un'osteria dove si beveva** un bicchiere di vino. I Martin un po' alla volta hanno trasformato il locale in un ristorante d'alta classe che propone pietanze raffinate ma non trascura le ricette lagunari.

* hatte
** man … trank

A4

- Senta, ci porta ancora un po' di vino?
- Una caraffa da mezzo litro va bene?
- Sì, grazie.
- Desiderate altro?
- Sì, ci porti un po' di frutta.

Desidera altro?	Sì, mi porti	un po' di pane. ancora un po' di vino. un altro po' di formaggio.
	No, mi porti	il conto.

A5

- Cameriere, può controllare il conto, per favore? Noi abbiamo preso la frutta e non il dolce.
- È vero, scusi, c'è un errore.

XAR RICEVUTA FISCALE
Art. 1 D.M. 13.10.79

N. 9594/98

da Bagoga

Ristorante Grotta Santa Caterina

di FAGNANI PIERINO

Volte Basse - SOVICILLE (Siena)

VIA DELLA GALLUZZA, 28 - VIA DELLA MACINA, 1 - SIENA

Telefono (0577) 28.22.08 - Fax 27.11.79

Part. IVA: 00118450527 - Cod. Fisc.: FGN PRN 48P01 F402K

3 Cop. e pane	Bread	Pain	Brot	€ 3
Vino	Wine	Vin	Wein	5,20
Minerale	Mineral water	Eau minerale	Mineral wasser	2
Antipasto	Hors d'oeuvre	Hors d'oeuvre	Vorspeisen	
Minestra	Soup	Soupe	Suppe	14,60
Carne	Meat	Viend	Fleisch	20,40
Pesce	Fish	Poisson	Fische	10,20
Contorno	Vegetable	Légume	Gemüse	
Formaggio	Cheese	Fromage	Käse	
Dolce	Dessert	Dessert	Nachspeisen	9,30
Frutta	Fruit	Fruit	Obst	
Caffè	Coffee	Cafe	Kaffee	
Bar	Bar	Bar	Bar	
Varie	Extra	Extra	Extra	
Servizio	Service	Service	Bedienung	6,47
			TOTALE	
			I.V.A.	
			TOTALE Corrispettivo (IVA inclusa)	71,17

GRAFICHE BRUNO di L. Baccheschi & C. S.n.c. - 53035 Monteriggioni (SI) Via Montarioso, 14 - Tel. (0577) 51.609/52.560 - Fax (0577) 50.630 Partita IVA 00825240526 - Autorizz. Min. n. 585719 del 30/4/1993.

Data

N. progressivo attribuito

12

A6 A cena da Enrico

- Beh, Enrico, allora che cosa hai preparato?
- Dunque, per antipasto dei crostini e delle alici marinate.
- Mmm...
- Poi risotto alle erbe e spiedini di pesce con insalata mista. Come dessert c'è della macedonia di frutta con gelato.
- Ma Enrico, sei un cuoco eccezionale!
- Eh, lo dicono tutti! Però bisogna apparecchiare ancora la tavola. Chi mi aiuta?

Che cosa hai preparato?	Dunque ...	dei crostini, degli spaghetti al pesto, dell'arrosto di vitello, della macedonia.

ESERCIZIO 4 Che cosa si mangia stasera?

Completate con: di, del, della, dei, delle.

- Senti, Gabriella, ho invitato Giorgio e Francesca a cena. Ti dispiace?
- No, ma che cosa prepariamo?
- Non abbiamo _____ carciofini sott'olio, _____ olive e _____ salame di tacchino?
- Sì, c'è anche _____ pasta di olive nere. Possiamo fare _____ tartine.
  Poi posso fare le scaloppine al limone con un po' _____ insalata mista.
- Buona idea. E alla fine possiamo offrire un po' _____ formaggio e _____ frutta.
- Benissimo. Allora cominciamo a preparare.

ESERCIZIO 5 Che cosa preparate di buono?

Domenica avete ospiti a pranzo. Che cosa preparate di buono?

A7 Apparecchiamo la tavola

il bicchiere da acqua
il bicchiere da vino
il cucchiaino
il piatto
il coltello
il tovagliolo
il cucchiaio
la forchetta
la tovaglia

ESERCIZIO 6 I regali di Silvia e Marco

Silvia e Marco tra un mese si sposano. Hanno già ricevuto dei regali. Che cosa?

ESERCIZIO 7 Di che cosa si parla?

Ascoltate i due dialoghi.

Dove si svolgono? Di che cosa si tratta?

Prendete nota e per ogni dialogo fate almeno due domande al vostro vicino.

A8 Risotto alle erbe

- Che cosa hai messo nel risotto?
- Un po' di burro, noce moscata, pepe, un po' di erbe fini …
- C'è anche la cipolla?
- No, la cipolla non c'è perché so che a te non piace.
- Oh, grazie, non la digerisco proprio!
- Però ci ho messo la rucola, che dà un po' di sapore.
- Ah, benissimo, a me piace tanto.
- Anche a me.

A te piace la rucola?	Sì, a me piace. No, a me no.
E a voi?	A noi invece sì.

ESERCIZIO 8 Completate.

Inserite i seguenti pronomi con preposizioni: a lui, con me, da me, da loro, con noi.

- Vieni a mangiare __da me__ stasera?
- No, stasera torna Sandro, non posso.
- Beh, lo dici anche ______ e venite insieme.
- Ma sai, ha già detto che vuole passare la serata ______ e adesso non posso cambiare programma.
- Va bene, ho capito.
- Senti, però noi domenica andiamo a fare una gita sul Trasimeno. Perché non vieni ______?
- Grazie, ma domenica è l'anniversario di matrimonio dei miei genitori e allora vado ______.

ESERCIZIO 9 Un cuoco eccezionale

Anche voi siete bravi in cucina come Enrico?
Quando preparate gli spaghetti ad esempio, che sugo fate?

Raccontate.

B

L'osteria e la trattoria, due locali tradizionali

Le osterie sono nate come luoghi di vendita del vino, dove i clienti andavano* per passare alcune ore in allegria, bere un buon bicchiere di quello "giusto" e fare una partita a carte. Il lato gastronomico era** secondario: solo un paio di piatti o salumi e formaggi per far da "base" al vino, per non andare a casa troppo allegri. La vera osteria era un luogo dell'anima, oltre che del corpo: un ambiente accogliente e familiare dove era possibile incontrare la gente più diversa: il ladruncolo e il poliziotto, lo scrittore e il musicista, il ricco e il povero.

L'osteria di questo tipo però non esiste quasi più. Solo in qualche quartiere di periferia o in piccoli paesi esistono ancora osterie che hanno mantenuto la loro funzione sociale di punto d'incontro, dove si parla del lavoro dei campi, delle donne o di politica e dove c'è ancora il piatto del giorno e il vino sfuso.

La trattoria invece è ancora oggi un locale piuttosto diffuso dove si va per mangiare, non tanto per stare insieme e passare il tempo. In questo caso non è il vino il principale protagonista, ma il cibo. Importante è la figura del proprietario, che deve ispirare simpatia e offrire una cucina rigorosamente locale, accompagnata da vini della zona. La trattoria è diversa dal ristorante per scelta e per clientela. Si va in trattoria per mangiare cose genuine e senza pretese, ma molto gustose. I piatti offerti dalle trattorie sono di solito legati alle stagioni e sono spesso delle specialità della casa.

Molti locali però portano questo nome e sono invece normali ristoranti, a volte anche costosi. Così può succedere che, entrati in una trattoria, restiamo, se non proprio delusi, almeno sorpresi: invece di trovare il proprietario che ci consiglia i piatti della casa, vediamo camerieri in giacca bianca che subito ci domandano se abbiamo prenotato un tavolo.

ESERCIZIO 10 È vero?

Dite quali frasi sono giuste e quali no.

1. Nelle osterie il vino è più importante delle cose da mangiare.
2. Nelle osterie i clienti si fermano solo per poco tempo.
3. Le osterie si trovano solo nelle grandi città.
4. Nella trattoria tradizionale il proprietario di solito è presente nel locale e consiglia i clienti.
5. La trattoria offre molti piatti esotici.
6. Alcuni locali chiamati trattorie sono in realtà costosi ristoranti.

* gingen
** war

ESERCIZIO 11 Il locale ideale

Qual è il vostro locale ideale ...?

- per festeggiare un compleanno con gli amici
- per invitare la moglie/la ragazza, il marito/il ragazzo
- per mangiare con tutta la famiglia
- per mangiare qualcosa prima della partenza del treno
- per parlare un po' con gli amici dopo il cinema
- ...

ESERCIZIO 12 Invito

Invitate un vostro compagno o una vostra compagna a venire con voi in un ristorante che conoscete. Spiegate perché questo locale vi piace e ci andate volentieri.

LEZIONE 13

A1

bianco
nero
grigio
marrone
arancione
rosso
rosa
viola
blu
azzurro
celeste
verde chiaro
verde scuro
giallo

in tinta unita · *a quadri* · *a righe* · *scozzese*

A2

- Vorrei provare la giacca da 115 euro che è in vetrina.
- Che taglia ha?
- La 44.
- Eccola. La provi pure.
- Mi sembra un po' stretta e poi è troppo corta. Mi fa vedere la taglia più grande?
- Mi dispiace, ma non ce l'ho. Sa, questi sono gli ultimi saldi. Se vuole vedere un altro modello …
- No, grazie, non importa.

Vorrei vedere / provare il vestito che è in vetrina.

Mi fa vedere la taglia più grande?

Eccolo, lo provi pure.

Aspetti che guardo …
Mi dispiace, ma non ce l'ho.

ESERCIZIO 1 Vorrei provare …

Fate il dialogo e chiedete di provare gli altri capi esposti in vetrina.

ESERCIZIO 2 Per favore, mi dia un consiglio!

Una persona vi chiede un consiglio. Nelle risposte utilizzate l'imperativo e i pronomi personali e date del Lei.

Esempio: ● Marco viene a passare il fine settimana da me. Cosa posso fare per fargli piacere?
● Lo accompagni al museo d'arte moderna.

Continuate.

Quali alternative potete consigliare?

- accompagnare Marco al museo d'arte moderna
- fargli vedere il centro città
- mostrargli i grandi magazzini
- invitarlo a mangiare al ristorante
- preparargli per cena delle specialità tedesche
- accompagnarlo al concerto di Jeff Healey
- portarlo a teatro a vedere un musical

Il fine settimana dopo l'ospite è Cristina. Quali consigli date?

A3

- Ti piace questo maglione?
- Sì, ma è troppo lungo, quello rosso ti sta meglio, e con i pantaloni che hai va benissimo.
- Davvero? Allora prendo quello. Quanto viene?
- 28 euro.
- Mi fa un po' di sconto?
- No, guardi, non è possibile. Se va in negozio lo paga il doppio.

Ti piace questo maglione? Ti piacciono questi pantaloni?	Sì, ma quello rosso ti sta meglio. No, preferisco quelli neri.

ESERCIZIO 3 Questo o quello?

Fate il dialogo.

- Ti piace questo impermeabile?
- Sì, ma quello nero ti sta meglio./ No, preferisco quello nero.

Continuate.

A4

- Guarda quei sandali di vernice come sono belli!
- Sì, perché non li provi?
- È proprio il mio numero. Come mi stanno?
- Bene. E poi costano poco.
- Quasi quasi li prendo. Però non so se mi bastano i soldi.
- Non ti preoccupare, ti presto io 50 euro.

Guarda	quei sandali quelle calze	come sono	belli! belle!
	quel maglione quella borsa	com'è	bello! bella!

ESERCIZIO 4 Erika ed io

Completate con: quel, quello, quella, quelle.

- Erika, guarda ... negozio, è nuovo. Andiamo a vedere se c'è qualcosa di bello.
- Sì. Guarda ... sciarpa di lana, com'è carina!
- E ... calze colorate!!! ... azzurre mi piacciono proprio.
- Perché non le compri? Con il vestito che abbiamo comprato insieme vanno benissimo.
- Ah sì, ... blu. Vieni, chiediamo quanto costano.

ESERCIZIO 5 Cosa ti metti ...?

– se piove e c'è vento?
– se è una bella giornata di sole?
– se è inverno e fa molto freddo?

A5 In un negozio di calzature

- Cerco un paio di scarpe nere, eleganti.
- Ha già visto qualcosa in vetrina?
- Sì, quelle con il tacco alto da 95 euro.
- Che numero porta?
- Il 38.

....

- Come vanno?
- Mah, non sono molto comode. Mi faccia vedere qualcos'altro, per favore.

....

- Guardi se Le piace questo modello con il tacco più basso.
- Sì, sì ... sì queste sono più comode, ma quelle mi piacciono di più. Sono indecisa. Senta, ... ci penso.

Le piace questo modello?	Sì, è proprio bello. Non tanto. Mi faccia vedere qualcos'altro. Mi sembra troppo sportivo. Sì, ma quello mi piace di più.

ESERCIZIO 6 Il cliente difficile

In un negozio di abbigliamento Lei prova un cappotto ma non è proprio quello che cerca.

Fate il dialogo con il commesso.

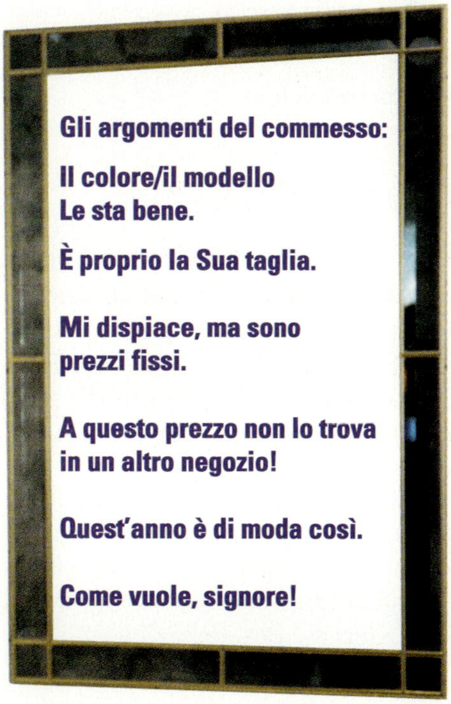

A6

- Oggi pomeriggio sono andata in città a fare spese.
- E dove?
- Alla Rinascente.
- Fammi vedere che cosa hai comprato!
- Questi pantaloni. Ti piacciono?
- Belli! Provali! Voglio vedere come ti stanno.

Come mi	sta questo vestito? stanno queste scarpe?	Bene,	prendilo! comprale!

ESERCIZIO 7 Fammi vedere!

Completate con l'imperativo e i pronomi, dove sono necessari, e poi fate il dialogo.
(dire, fare, guardare, provare, prendere)

Stefania	**Giuliana**
Hai trovato qualcosa di bello in città?	Sì, e non ho speso tanto!
__________ vedere che cosa hai comprato!	__________! Ti piace?
Un abito da sera! Che eleganza! Ma __________, quanto ti è costato?	78,50 euro, però è un saldo.
Così poco? Ti dispiace se lo provo?	No, no, ___________ pure. Sai che ti sta proprio bene?
Allora lo compro anch'io.	Sì, però ___________ di un altro colore.

ESERCIZIO 8 Che fare?

Es.:
- Mario, dove possiamo comprare la pasta fresca, al panificio o al supermercato?
- Compratela al panificio, è più buona/migliore.

- Ragazzi, che cosa regaliamo al babbo?
- Regaliamogli una sciarpa!

Continuate.

1. Roberto, cambiamo i soldi in albergo o in banca?
2. Signora, cosa Le porto come aperitivo?
3. Ragazzi, quando vi dobbiamo telefonare?
4. Carlo, quando invitiamo Eva e Mara?
5. Lascio le scarpe nella scatola o le metto in una busta, signora?
6. Franco, che cosa possiamo regalare ai tuoi figli, dei libri o dei soldi?

B

LA MIGLIORE AMICA DI UN UOMO

Una striscia di seta per esprimere fantasia, creatività, condizione sociale, sogni e desideri: al suo unico ornamento lui affida l'immagine che vuol dare di sé

È ancora l'accessorio più venduto e anche quello più regalato: ma è possibile regalare una cravatta ad un uomo? Perché no? Bisogna però conoscerlo bene, sapere esattamente com'è e come vuole apparire. Perché questa piccola striscia di stoffa, preferibilmente di seta, che lui porta al collo gli permette di esprimere creatività e fantasia , la voglia di farsi notare o di passare inosservato. La cravatta è quindi qualcosa di molto personale ed è per questo che tanti uomini preferiscono comprarla da soli.
Molte volte attraverso i suoi disegni e i suoi colori si vuole segnalare di appartenere a un gruppo, a una "classe", a una scuola, a un partito, a una corporazione. La cravatta come status symbol insomma: dimmi che cravatta porti e ti dirò chi sei. E anche se sei al passo con i tempi: perché le cravatte, anche le più classiche, quelle di Hermès o di Gucci, di anno in anno hanno un piccolo particolare, un piccolo dettaglio che segna la stagione.
Scelto il colore e il disegno, la forma e la dimensione, ognuno poi la cravatta l'annoda a modo proprio. E qui le variazioni sono infinite: largo o stretto, morbido o stringato, grande o piccolo, il nodo della cravatta resta comunque "una cosa da uomo".

Chi lavora nel campo della pubblicità di solito porta il papillon.

Cravatta vistosa, magari viola su camicia blu: è un architetto.

Cravatta blu a piccolissimi pois bianchi? O è un politico o è un manager.

ESERCIZIO 9 Che cosa è falso?

Einige Aussagen stimmen mit dem vorangegangenen Text nicht überein. Welche?

1. Se non si conosce bene un uomo è difficile regalargli una cravatta.
2. La cravatta non dà informazioni sulla personalità dell'uomo che la porta.
3. I disegni e i colori della cravatta spesso hanno un significato particolare.
4. La cravatta classica non cambia negli anni.
5. Ognuno annoda la cravatta secondo il colore e il disegno.
6. Gli architetti preferiscono cravatte color pastello.

ESERCIZIO 10 La cravatta al collo

Avete comprato queste cravatte. Dite a chi le regalate.

ESERCIZIO 11 Per la conversazione

1. Lei ha i Suoi colori preferiti o segue la moda?
2. Quali accessori sono importanti per Lei?
3. In Italia si segue molto la moda. E nel Suo paese?

ESERCIZIO 12 Tu segui la moda?

Due amiche, Anna e Adriana, hanno idee diverse sulla moda.

Anna

- segue la moda perché le piace
- passa volentieri il tempo nei negozi
- per lei una persona che segue la moda ha più successo
- è al passo con i tempi

Adriana

- preferisce spendere i soldi per altre cose
- non ha molto tempo
- per lei la moda non è importante per avere successo
- anche se non segue la moda non si sente fuori dal tempo

Adriana: Tu segui la moda?

Anna: ________________

Fate il dialogo.

ESERCIZIO 13 La vostra opinione

1. A teatro si va in lungo o in abito elegante.
2. La sposa deve vestire di bianco.
3. Per un funerale è adatto un abito nero.
4. Oggi l'abbigliamento femminile e quello maschile si assomigliano sempre di più.

Lezione 14

A1 Chi abbiamo fatto a pezzi?

Il nostro personaggio dice di sé: "… ho voglia di andare sul palco, di divertirmi e di far divertire … metto insieme melodie italiane e soul music …"

Leggete le brevi descrizioni e cercate di capire chi è.

Testa: piuttosto grossa, con capelli lunghi da artista. Normalmente porta il cappello.

Faccia: larga e aperta, con barba e baffi.

Bocca: grande, espressiva, con labbra carnose. Importante è la voce: forte e roca contemporaneamente.

Occhi: piccoli, rotondi, chiari, regolarmente nascosti da un paio di occhiali scuri.

Mani: grosse, sempre in movimento. Sono la parte più espressiva del suo corpo.

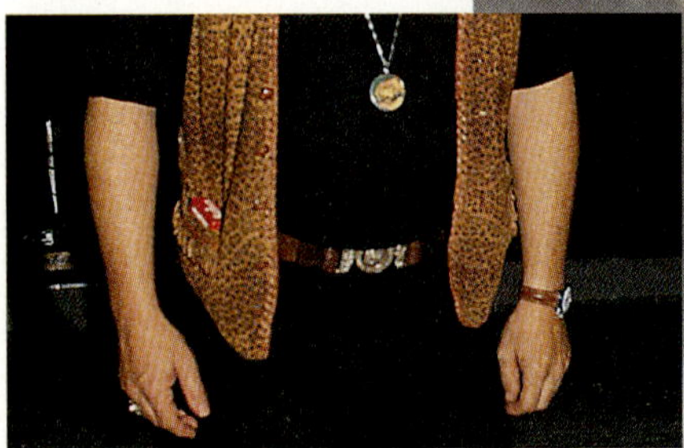

Braccia: muscolose e forti.

Gambe: non troppo lunghe, ma hanno fatto tanta strada.

Spalle: robuste, ricoperte di solito da un gilè.

Piedi: non stanno mai fermi, battono il ritmo.

A2 In farmacia

- Vorrei qualcosa contro il mal di testa.
- Le viene spesso?
- Ogni tanto …
- Ha altri sintomi?
- No …
- Allora prenda queste pastiglie.
- Queste le ho già prese. Non ha qualcosa di più forte?
- Provi queste allora, sono efficaci. Ma se non passa, Le consiglio di andare dal medico.

Prenda	queste pastiglie.
	questo sciroppo.

Queste le ho già prese.

Questo l'ho già preso.

ESERCIZIO 1 Questo l'ho già visto.

- Anna, perché non andiamo a vedere questo film?
- Questo l'ho già visto.

- Carlo, hai già letto questi libri?
- No, questi non li ho ancora letti.

Continuate.

1. Franca, perché non prendi queste capsule contro il raffreddore?
2. Perché non provi questo sciroppo?
3. Hai già sentito questi CD?
4. Ha già provato questo modello?
5. Signora, perché non legge questa rivista mentre aspetta?
6. Ha già visto questi cataloghi delle vacanze in montagna?

ESERCIZIO 2 In via Garibaldi

In una casa di via Garibaldi alle 9 di sera.

Completate le risposte con i pronomi personali e mettete i verbi nella forma appropriata.

ESERCIZIO 3 Le pastiglie, chi le ha prese?

La signora Pulcino non trova più le pastiglie che ha comprato stamattina in farmacia. In casa sua c'è anche un cane e un suo nipote di 6 anni.
Cosa è successo?
Le ha dimenticate in farmacia? Le ha perse?

Fate altre ipotesi.

Per un SALUTARE CONSIGLIO *chiedi al tuo* FARMACISTA.

FEEL GOOD

Ti accoglie cordialmente, è dotato di grande comunicativa ma soprattutto è forte di un'approfondita preparazione scientifica.

È il tuo Farmacista. Giorno dopo giorno, e anche di notte, nelle farmacie di turno, svolge il suo indispensabile ruolo di trait d'union fra te e il farmaco.

Ti dà consigli qualificati per risolvere le piccole patologie. Ti offre suggerimenti preziosi per affrontare i tuoi problemi di salute.

Se cerchi un buon consiglio chiedilo al miglior consigliere: il tuo Farmacista.

La salute
a portata di mano.

Campagna promossa a cura di ***Federfarma*** *e FOFI.*

A3 Al pronto soccorso

- Ciao, senti, sono al pronto soccorso.
- Al pronto soccorso? Che cosa è successo?
- Gianna è scivolata e si è rotta un braccio.
- È una brutta frattura?
- Sembra di no, ma sai, sono un po' preoccupata.
- Devo venire da voi?
- No, non è necessario. Adesso le fanno l'ingessatura e poi torniamo a casa. Ti ritelefono più tardi.
- Va bene. Richiamami!

Che cosa è successo?	Gianna	è scivolata si è fatta male si è rotta il polso le hanno fatto una radiografia e l'hanno ingessata.

ESERCIZIO 4 Che cosa è successo?

Una vostra amica italiana vi telefona e vi racconta che suo figlio/sua figlia si è fatto/fatta male.

- Ciao, Clara, come stai?
- Beh, insomma, ora va meglio ...
- Perché, che cosa è successo?
- Sai, stamattina Stefano è andato a giocare a pallone con gli amici e ...

Fate il dialogo secondo l'esempio e con l'aiuto delle parole sottostanti.

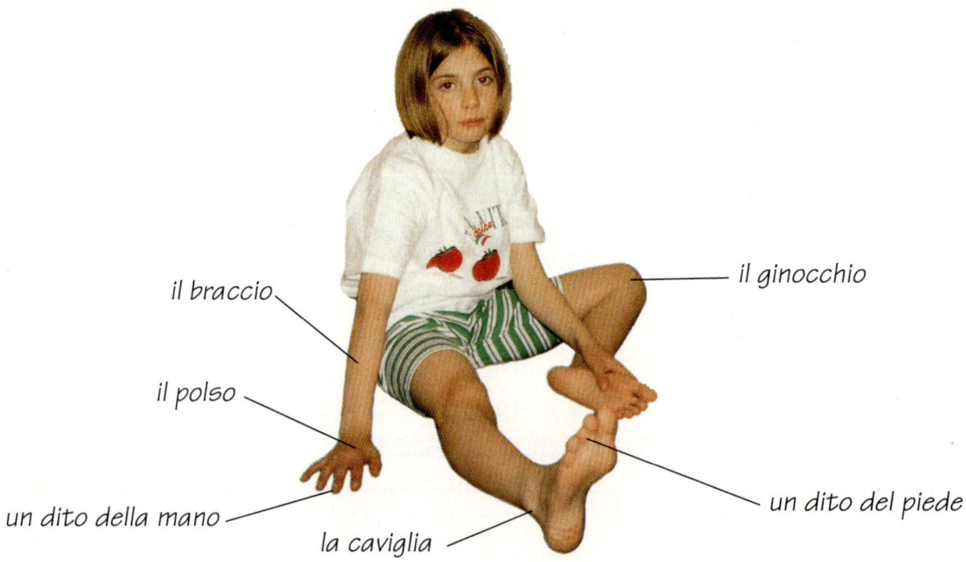

A4

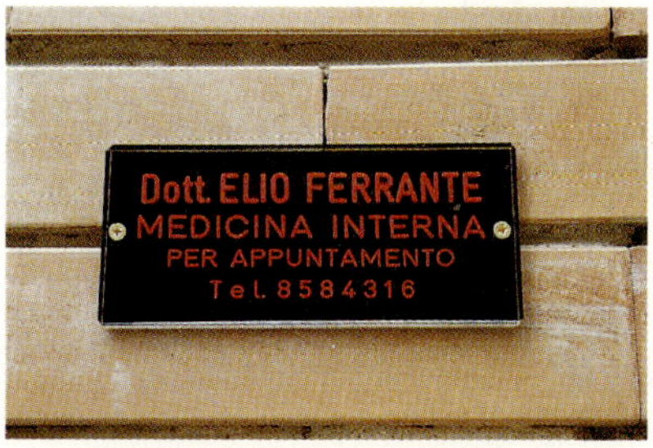

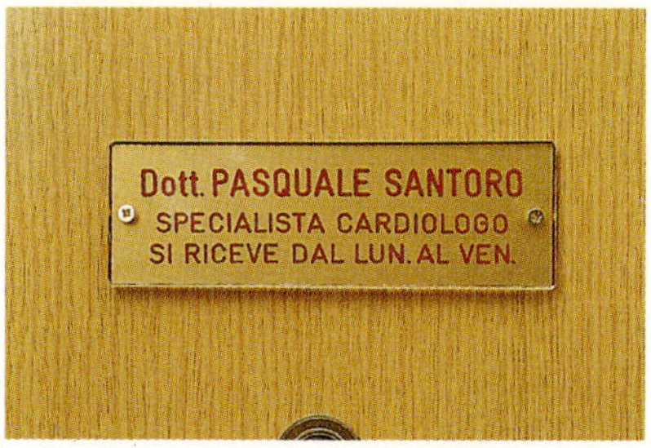

- Pronto, signorina, c'è il dottore?
- Mi dispiace, il dottore adesso non c'è: è in ospedale.
- Avrei bisogno di una visita. Mi può dare un appuntamento?
- Domani pomeriggio alle 16, Le andrebbe bene?
- Sì, benissimo, grazie.

Avrei bisogno di una visita.	Potrebbe venire alle 11?
Mi può dare un appuntamento?	Le andrebbe bene domani alle 16?

ESERCIZIO 5 Che cosa farebbe al posto mio?

- Per rilassarti, che cosa faresti?
- Io andrei a fare la sauna.

ESERCIZIO 6 Idee diverse

Mio marito ed io abbiamo deciso di comprare una macchina nuova. Io comprerei una macchina comoda e pratica, mio marito invece preferirebbe una macchina sportiva e veloce.

Continuate.

1. Mia figlia fra un mese si sposa. Io ....  lei invece ... 

2. Stasera mio figlio ... 

io invece ... 

3. Quest'estate io... 

la mia amica invece ... 

4. Domenica prossima mia moglie 

io invece ... 

Juventus-Roma

A5 Dal medico

- Che cosa si sente?
- Mi fa male la gola, ho la tosse e un po' di febbre.
- Vediamo ... apra la bocca ... adesso si spogli ... respiri a lungo ... tossisca!
- Che cosa ho, dottore?
- È solo una leggera bronchite e la gola è un po' infiammata. Le prescrivo delle capsule.
- Quante ne devo prendere?
- Tre al giorno, dopo i pasti.

Le prescrivo	delle capsule.
	uno sciroppo.

Quante ne devo prendere?
Quanto ne devo prendere?

ESERCIZIO 7 Che cosa ti ha ordinato il medico?

- Che cosa ti ha ordinato il medico contro il mal di testa?
- Delle compresse.
- Quante ne devi prendere?
- Due al giorno.

Contro la tosse:	uno sciroppo, un cucchiaino dopo i pasti una tisana alla malva, 2 tazze al giorno
Contro la sinusite:	due capsule, 4 volte al giorno
Contro la bronchite:	antibiotici, 2 al giorno, un' ora prima dei pasti
Per prevenire il raffreddore:	pastiglie effervescenti di vitamina C, una al giorno
Contro il dolore di stomaco:	compresse masticabili, 4 volte al giorno tra i pasti

A6

- Mio figlio in questi giorni non sta bene.
- Si vede … ma come mai?
- Non lo so, non mangia. Lo vorrei portare da un pediatra … Lei conosce qualcuno qui?
- Mi dispiace, ma non conosco nessuno. Provi a chiedere in farmacia. Lì lo sanno senz'altro.

Hai qualcosa contro	la tosse? il mal di stomaco?
Mi può consigliare un bravo	pediatra? dentista?

No, purtroppo	non ho niente.
	non conosco nessuno.

ESERCIZIO 8 Una madre preoccupata

Completate le frasi con "niente", "nessuno" e con le preposizioni, dove sono necessarie.

Mio figlio, da una settimana,
non vuole vedere …
non racconta più …
non legge …
non mangia …
non telefona …
e litiga con tutti.
Forse non sta bene.

ESERCIZIO 9 Una risposta negativa

Scegliete tra i verbi sottostanti e completate secondo l'esempio.

- Le posso offrire un aperitivo?
- No, grazie, non prendo niente.

1. Conosce qualcuno in questa città?
2. Devo comprare qualcosa?
3. È venuto qualcuno stamattina?
4. Hai fatto qualcosa di bello domenica?
5. È successo qualcosa?
6. Hai preso qualcosa contro il mal di denti?

NO

avere bisogno
conoscere
succedere
venire
fare
prendere

B

PER VOCE SOLA

di Beppe Severgnini

VA' DOVE TI PORTA IL NASO

Ogni città ha un suo odore. Gregory Corso, un artista americano, ha scritto addirittura una poesia sul tema. Noi, viaggiatori comuni, dovremmo lasciarci guidare, come lui, anche dall'olfatto.

Ci sono molti modi di viaggiare: con i piedi, con la testa, con gli occhi, con la bocca e con il naso. Con i piedi ci muoviamo per città e montagne; con la testa, su libri e riviste; con gli occhi, dovunque (anche in televisione). Il gusto è il mezzo di trasporto dei buongustai: loro non vanno dove li porta il cuore, ma dove li conduce lo stomaco. Il viaggio olfattivo, tra tutti, è il più sofisticato e coraggioso: occorre riconoscere gli odori del mondo, che non sempre sono profumi. Tutti conosciamo la forza evocativa di un profumo. La vacanza in Sardegna, per molti, comincia sul ponte del traghetto, il mattino presto, quando la terra manda l'odore di rosmarino e di mirto.
Venticinque anni fa Gregory Corso, un poeta americano, ha scritto una poesia dal titolo "Qual è l'odore di Berlino?" che dice così:

Ogni città ha il suo odore.
New York sa di scarpe nuove
Parigi sa di cinematografo
Londra sa di carcere correzionale
Stoccolma di biancheria lavata
Atene di terra battuta
Barcellona di rosso
Amsterdam di budino di mele
Venezia di umanità
E Berlino?
Non conosco l'odore di Berlino.

Non è necessario condividere queste impressioni. Per Gregory Corso, poeta beat, Londra ha l'odore del carcere correzionale; per me invece, sa di moquette umida, di birra e di vernice. New York sa di vento e di McDonald's. Parigi, di vino e di carta. Stoccolma ha l'odore dell'acqua fredda. Atene sa di gas di scarico. Barcellona, di mare e roba da mangiare. Amsterdam di velluto. Su Venezia sono d'accordo con Gregory Corso. Su Berlino, come lui, mi astengo.
Insomma, ognuno può divertirsi in questo gioco, basta iniziare dalle città più facili ...

ESERCIZIO 10 Qual è la risposta giusta?

1. L'odore è
   a) l'aria che si respira.
   b) quello che si sente con il naso.
   c) un'atmosfera speciale.

2. Un buongustaio è
   a) una persona che mangia molto.
   b) una persona che si veste con buon gusto.
   c) una persona che mangia solo cose buone.

3. Un viaggio olfattivo è
   a) un viaggio fatto con il naso.
   b) un viaggio fatto con gli occhi.
   c) un viaggio fatto con la testa.

4. La forza evocativa è
   a) un profumo che dà forza.
   b) la capacità di richiamare qualcosa alla memoria.
   c) un profumo che tutti conosciamo.

5. La biancheria è
   a) un colore.
   b) un sapone per lavare tessuti bianchi.
   c) qualcosa di tessile che si usa in cucina, in camera da letto e in bagno.

6. Il budino è
   a) un dolce.
   b) un piccolo Budda.
   c) una qualità di mele.

ESERCIZIO 11 Raccontate.

Conoscete almeno una città di cui si parla nel testo? Che odore ha per voi?

ESERCIZIO 12 Io andrei ...

Se vi piace

in quali luoghi andreste?

LEZIONE 15

A1 Affittasi

Affittiamo ultimo piano ampio monolocale arredato termoautonomo. 365 euro mensili

- Ecco, questo è il monolocale. Come vede è una bella camera grande, ben arredata. Ha due finestre ...
- Sì, vedo, c'è molta luce.
- E poi è a due passi dal centro.
- Oltre all'affitto ci sono altre spese?
- Beh, la luce, l'acqua e il gas sono extra, però il riscaldamento è autonomo.
- Sì, infatti, questo è un bel vantaggio.
- Qui poi c'è l'angolo cottura.
- Sì, va bene, lo prendo.

È	proprio	una bella camera! un bell'appartamento!
Sono	proprio	delle belle tende! dei bei quadri!

ESERCIZIO 1 Ho trovato casa!

Fate delle frasi con i sostantivi e gli aggettivi.

Camera – casa – servizi – cucina – via – strada – appartamento – villa – balcone – posto – zona

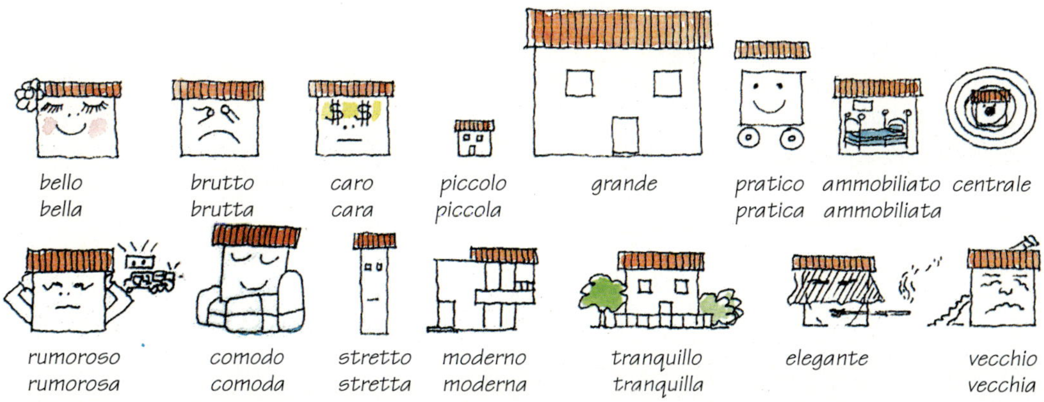

Esempio: Ho trovato una bella casa grande in una zona tranquilla.

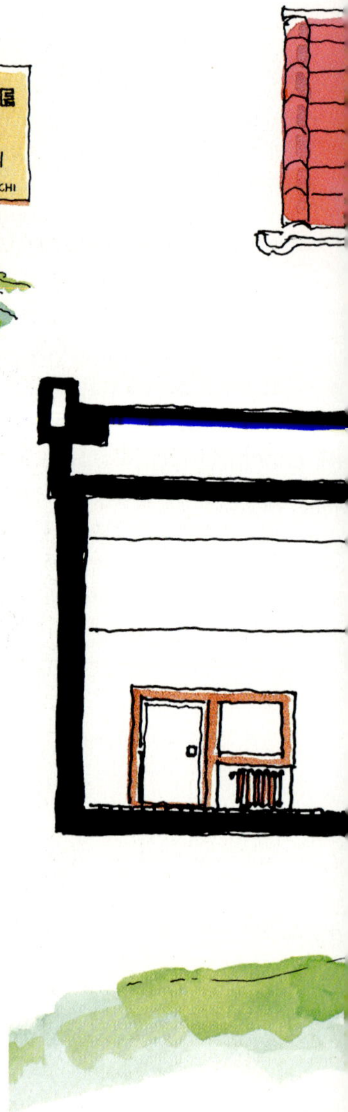

A2

- La casa, come vede, è quasi finita. Ormai c'è tutto:
  finestre, porte, pavimenti;
  davanti e dietro è previsto il giardino …
- Possiamo vedere l'interno?
- Ma certo, prego, venga.

A3

- Ecco, qui c'è la cucina, lì, a sinistra, il soggiorno con l'angolo pranzo …
- Quella porta là, in fondo, dove dà?
- Sul giardino. Lì, a destra, c'è un bagno e sopra ci sono le camere da letto e un altro bagno.
- Bene, però io avrei bisogno anche di uno studio.
- Guardi, sotto, accanto alla cantina, c'è una stanza piuttosto luminosa. Per uno studio potrebbe andare bene.

Dov'è	il soggiorno il bagno lo studio il garage il giardino	?	Là, in fondo. Sopra, al primo piano. Sotto, accanto alla cantina. Davanti alla casa. Dietro la casa.

ESERCIZIO 2 Che confusione!

15

A casa nostra ci sono stati i ladri. Guardate come hanno lasciato la camera!
La lampada è nell'armadio, ...

Continuate e usate le preposizioni su, sotto, in, dietro, davanti a.

ESERCIZIO 3 Abbiamo traslocato.

Ascoltate la cassetta due volte. Leggete adesso questo breve testo e sottolineate le affermazioni che non corrispondono al contenuto del dialogo.

Milena incontra Elena e le racconta che lei e Franco hanno traslocato e sono andati ad abitare in un appartamento a sud della città. Lo hanno visto e lo hanno affittato subito perché è un bell'appartamento grande, solo la cucina è piccola e poco luminosa. Nel palazzo non abitano altre famiglie, c'è solo uno studio medico. Milena invita Elena a casa sua per sabato sera.

A4

VIVERE IN PROVINCIA

Chi cerca un modo di vivere tranquillo, chi crede ancora nei contatti umani e non vuole rinunciare a fare quattro passi in centro o ad incontrare gli amici in piazza, sceglie di vivere in piccole o medie città: a Lucca, Parma, Mantova, per esempio. Città ancora a misura d'uomo, che hanno conservato le proprie tradizioni storiche e culturali.

ESERCIZIO 4 Che o chi?

Completate questo dialogo tra due colleghi di lavoro.

- ... cerca casa oggi in centro città, non sempre la trova. La trova solo ... è disposto a pagare molto.
- L'appartamento ... ho comprato io è fuori città, infatti. Certo, ... ha sempre vissuto in città, all'inizio si sente spaesato. E inoltre ... non ha la macchina ha difficoltà ad andare al lavoro.
- Ah, non sarebbe proprio il tipo di vita ... mi piacerebbe fare.

ESERCIZIO 5 Vivere in città

Avete idee diverse sulla vita in città.

Leggete i pro e i contro e poi fate il dialogo.

PRO

- la sera si può uscire e fare tante cose
- non si perde molto tempo per andare a lavorare
- ci sono tanti negozi, si ha molta scelta
- la città offre una ricca vita culturale
- è facile avere contatti
- ...

CONTRO

- non c'è tranquillità
- c'è traffico e l'aria è inquinata
- i prodotti non sono genuini
- ci sono poche zone verdi
- la vita è cara
- ...

ABITARE

A5 Dove vorreste abitare?

Vorrei comprarmi una casa in collina, possibilmente vicino ad Urbino, con una bella terrazza e un po' di terra intorno.

Vorrei abitare in città, in un quartiere del centro storico. Così potrei uscire quando voglio, andare alle mostre, a teatro ... Gli appartamenti, però, hanno dei prezzi incredibili.

Vorremmo comprarci una villetta a schiera un po' fuori città. Ci piacerebbe in una zona tranquilla. Non dovrebbero mancare però i servizi pubblici e le piste ciclabili.

Dove vorrebbe / vorreste abitare?

Vorrei abitare vicino al centro.
Vorremmo comprarci una villetta fuori città.
Ci piacerebbe avere una casa in campagna.

ESERCIZIO 6 La casa ideale

Che tipo di casa vorrebbe comprarsi?
E la sua famiglia?

15

ESERCIZIO 7 Completate.

Completate le frasi con i verbi e i pronomi necessari.

Esempio: Ho deciso di comprarmi (comprarsi) una casa in montagna.

1. Se andate in montagna, dovete ... (portarsi) un maglione.
2. È da molto tempo che non li vediamo. Proviamo a ... (telefonare) stasera.
3. Se vuoi venire con noi, devi ... (alzarsi) presto.
4. Rosanna ha già tanti CD, ma vorrebbe ... (avere) di più.
5. Oggi è il compleanno di Giancarlo e ci piacerebbe ... (fare) un regalo.
6. Signorina, vorrei telefonare a Potenza, può ... (dire) il prefisso?
7. Se venite anche voi al cinema, possiamo ... (incontrarsi) in Piazza Dante alle 8.
8. Il pane non basta. Bisogna ... (comprare) ancora un po'.

A6

In una casa di ringhiera

Simonetta, Nadia, Donatella ed io siamo arrivate insieme in questa casa di ringhiera, affacciata sui cortili, nel cuore della Milano dei Navigli. A Milano non si trovano facilmente appartamenti in affitto e i pochi disponibili sono cari. Ma noi abbiamo avuto fortuna, e abbiamo trovato questa casa sui cortili che è un mondo a sé. Qui si trova tutto il tessuto sociale della metropoli: donne che abitano da sole, filippini che abitano in gruppi familiari, arabi che vivono in gruppi di maschi, milanesi doc ed emigrati di più lunga data. E a piano terra gli artigiani: fabbri, falegnami, carrozzieri, argentieri, fabbricanti di bigiotteria ...

Oggi in centro non si	trova	un appartamento libero.
	trovano	appartamenti in affitto.

ESERCIZIO 8 Come si fa?

Cercate i verbi che mancano e fate delle frasi.

Esempio: Se non si trovano appartamenti in affitto, si cerca di comprare qualcosa.

1. Se non si trova casa in centro, ... in periferia.
2. Se si abita in periferia, ... la spesa al supermercato.
3. Se si è senza macchina, ... i mezzi pubblici.
4. Se si preferisce la tranquillità, ... in campagna.
5. Se si ama la buona cucina, ... solo prodotti genuini.
6. Se si vuole vivere a lungo, ... molta verdura.

Da leggere

Milano, città invivibile

È ormai diventata una città invivibile dove si sentono spaesati anche i milanesi. Andare a piedi in città è una sofferenza, un pedone a Milano è una sorta di sottouomo da schiacciare anche sui marciapiedi. Circolare in auto vuol dire subire le aggressioni continue dei guidatori di furgoncini, che trasportano merci, caricano e scaricano in tutte le ore del giorno, lasciano un camioncino in mezzo alla strada e se protesti ti minacciano. Tutti suonano il clacson senza ragione. Sono scomparse le osterie, sostituite dalle tavole calde dei bar. Rischia di svuotarsi anche lo stadio di San Siro. I milanesi? Davanti alla tivù o fuori città per il week-end. Prostitute, travestiti e spacciatori popolano la notte. E poi c'è qualcuno che ti chiede perché sei spaesato.

Adattato da un articolo di Giorgio Bocca apparso sul *Venerdì di Repubblica*

B Intervista a Stefano, 26 anni.

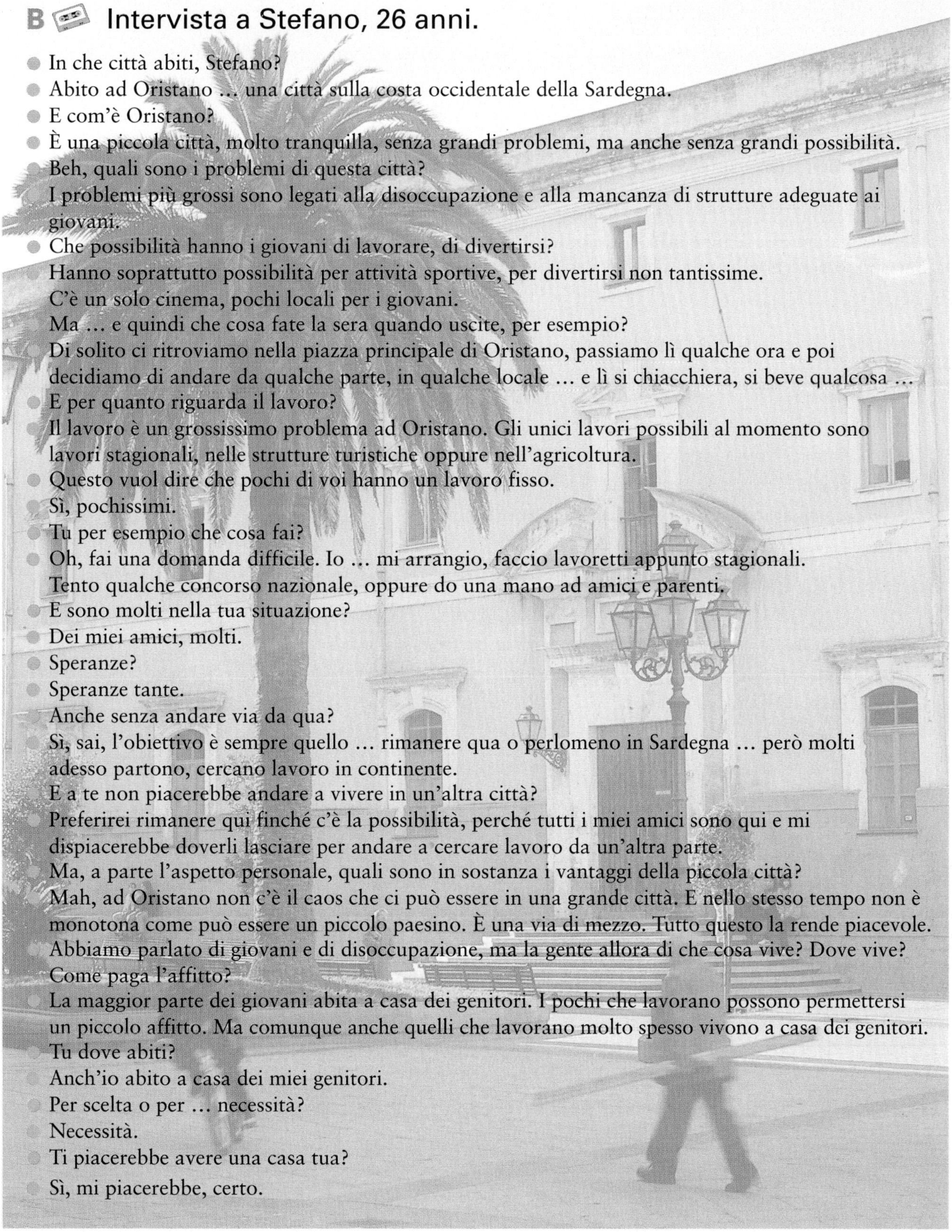

- In che città abiti, Stefano?
- Abito ad Oristano … una città sulla costa occidentale della Sardegna.
- E com'è Oristano?
- È una piccola città, molto tranquilla, senza grandi problemi, ma anche senza grandi possibilità.
- Beh, quali sono i problemi di questa città?
- I problemi più grossi sono legati alla disoccupazione e alla mancanza di strutture adeguate ai giovani.
- Che possibilità hanno i giovani di lavorare, di divertirsi?
- Hanno soprattutto possibilità per attività sportive, per divertirsi non tantissime. C'è un solo cinema, pochi locali per i giovani.
- Ma … e quindi che cosa fate la sera quando uscite, per esempio?
- Di solito ci ritroviamo nella piazza principale di Oristano, passiamo lì qualche ora e poi decidiamo di andare da qualche parte, in qualche locale … e lì si chiacchiera, si beve qualcosa …
- E per quanto riguarda il lavoro?
- Il lavoro è un grossissimo problema ad Oristano. Gli unici lavori possibili al momento sono lavori stagionali, nelle strutture turistiche oppure nell'agricoltura.
- Questo vuol dire che pochi di voi hanno un lavoro fisso.
- Sì, pochissimi.
- Tu per esempio che cosa fai?
- Oh, fai una domanda difficile. Io … mi arrangio, faccio lavoretti appunto stagionali. Tento qualche concorso nazionale, oppure do una mano ad amici e parenti.
- E sono molti nella tua situazione?
- Dei miei amici, molti.
- Speranze?
- Speranze tante.
- Anche senza andare via da qua?
- Sì, sai, l'obiettivo è sempre quello … rimanere qua o perlomeno in Sardegna … però molti adesso partono, cercano lavoro in continente.
- E a te non piacerebbe andare a vivere in un'altra città?
- Preferirei rimanere qui finché c'è la possibilità, perché tutti i miei amici sono qui e mi dispiacerebbe doverli lasciare per andare a cercare lavoro da un'altra parte.
- Ma, a parte l'aspetto personale, quali sono in sostanza i vantaggi della piccola città?
- Mah, ad Oristano non c'è il caos che ci può essere in una grande città. E nello stesso tempo non è monotona come può essere un piccolo paesino. È una via di mezzo. Tutto questo la rende piacevole.
- Abbiamo parlato di giovani e di disoccupazione, ma la gente allora di che cosa vive? Dove vive? Come paga l'affitto?
- La maggior parte dei giovani abita a casa dei genitori. I pochi che lavorano possono permettersi un piccolo affitto. Ma comunque anche quelli che lavorano molto spesso vivono a casa dei genitori.
- Tu dove abiti?
- Anch'io abito a casa dei miei genitori.
- Per scelta o per … necessità?
- Necessità.
- Ti piacerebbe avere una casa tua?
- Sì, mi piacerebbe, certo.

ESERCIZIO 9 Che cosa è falso?

Nel testo seguente alcune affermazioni non corrispondono al contenuto dell'intervista. Quali?

Stefano abita ad Oristano, una piccola città al centro della Sardegna. I giovani lì fanno una vita molto tranquilla: la sera si incontrano di solito in piazza per decidere come passare la serata. Le possibilità per divertirsi sono tantissime: possono andare in qualche locale a bere qualcosa, o in uno dei cinema del centro per vedere un bel film. Il grande problema di Oristano è la mancanza di lavoro, Stefano però ha un'occupazione fissa: lavora nel campo turistico da un suo parente. Anche se molti giovani lasciano la Sardegna per cercare lavoro nell'Italia del Nord, Stefano vorrebbe rimanere per sempre ad Oristano: lui di questa città trova piacevole anche il caos. Purtroppo però non ha una casa tutta sua e questo gli dispiace.

ESERCIZIO 10 Secondo voi

1. Quali sono le "strutture adeguate ai giovani"?
2. Quali sono le "strutture turistiche"?
3. Quali sono i "lavori stagionali"?
4. Che cos'è un "concorso nazionale"?
5. Che cosa significa "mi arrangio"?

ESERCIZIO 11 Raccontate.

– Tra le città in cui avete abitato qual è la vostra preferita e perché?
– In quale città italiana, europea o del mondo vi piacerebbe abitare e perché?
– Vi piacerebbe abitare su un'isola?

ESERCIZIO 12 La vostra città

Fate una breve descrizione scritta della vostra città: architettura, caratteristiche, problemi, vita culturale ecc. .

LEZIONE 16

A1 Sciare in Abruzzo

Neve sicura da dicembre a marzo
110 km di piste di sci alpino
Piste di fondo
Scuola di sci
Impianti di risalita per tutte le esigenze
Cabinovie e seggiovie modernissime
Gare sportive
Alberghi aperti tutto l'anno
Manifestazioni folcloristiche
Possibilità di escursioni a stretto contatto con la natura

ESERCIZIO 1 I desideri degli sciatori

Completate con le forme di "tutto" *e l'articolo.*

Gli sciatori sono felici se ... seggiovie funzionano, così possono andare dove vogliono, se ... piste sono aperte, anche quelle nere, se c'è abbastanza neve per ... tempo; se non devono mangiare nello stesso posto ... giorni, se ... sere possono fare qualcosa di diverso e se ... gruppo va d'accordo.

A2

- Sei già stato al Parco Nazionale d'Abruzzo?
- Sì, ci sono stato l'anno scorso, in estate. È molto bello.
- Davvero? Io non ci sono mai stata.
- Potremmo andarci insieme quest'inverno a sciare.

Conosci / Conosce l'Abruzzo?	No, non ci sono mai stato. Sì, ci sono stato l'anno scorso.

ESERCIZIO 2 È già stato a Siena?

Es.:

- È già stato a Siena?
- Si, ci sono andato due anni fa.
- Quanto tempo c'è rimasto?
- Tre giorni.

Continuate.

Dove	Quando	Quanto tempo
Siena	due anni fa	tre giorni
Sardegna	l'estate scorsa	due settimane
Orvieto	in settembre	un paio di giorni
Umbria	l'anno scorso	un mese e mezzo
Roma	mai	–
Lago Trasimeno	nel ...	quindici giorni

A3 In una baita

- Oggi con questa neve è un piacere sciare! Eh, la discesa libera è veramente eccezionale …
- Sì, hai ragione. Però io adesso preferisco il fondo. È più rilassante della discesa. E poi si è più a contatto con la natura.

Il fondo è	più rilassante meno pericoloso	della discesa.

ESERCIZIO 3 Il calcio o il basket?

Fate delle frasi con "più" *o* "meno".
Esempio: Il calcio è più popolare del basket.

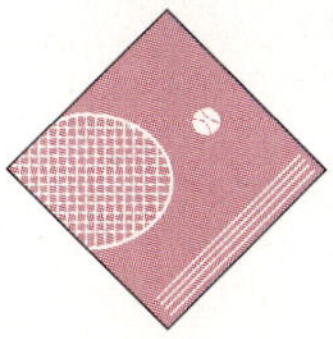
tennis

nuoto

jogging

trekking

scherma

golf

vela

inline skating

sci

pesca

popolare
impegnativo
pericoloso
interessante
rilassante
facile
difficile
monotono
faticoso

ESERCIZIO 4 Telefonata all'azienda di soggiorno

Ascoltate il dialogo e rispondete alle domande.

1. Di quale località si parla?
2. Gli impianti di risalita sono in paese?
3. Quando sono aperti?
4. Quali altre attività si possono praticare nella zona?

A4

- Che cosa fa nel tempo libero?

- In estate, quando ho qualche ora libera, dopo l'ufficio per esempio, scendo con il deltaplano. Certo, il mio hobby è un po' rischioso, ma è un gran divertimento vedere il mondo dall'alto.

- Il mio hobby è il "fai da te". Ogni ora libera la passo in cantina, che è come un'officina con tutti gli attrezzi. Che cosa faccio? Soprattutto cose utili per la casa. Poi, per avere un po' di movimento, ogni sabato pomeriggio faccio qualche chilometro in bicicletta, col bello e col brutto tempo.

- Io mi sono iscritta all'associazione "Italia Nostra". Durante il tempo libero partecipo attivamente alle iniziative di questa associazione. Il nostro scopo è di tutelare il patrimonio culturale e naturale italiano.
Per sensibilizzare la gente organizziamo visite guidate ai monumenti, conferenze e tante altre manifestazioni.

Che cosa fate nel tempo libero?	Quando ho qualche ora libera scendo con il deltaplano. Ogni giorno faccio qualche chilometro in bicicletta. Colleziono monete antiche.

ESERCIZIO 5 Come i giovani trascorrono il tempo libero.

Completate con "qualche" *o* "qualcuno".

- Ragazzi, come passate il tempo libero?
- Andiamo a _____ concert_ rock, facciamo _____ gioc_ al computer, telefoniamo a _____, leggiamo _____ fumett_ o usciamo con _____ragazz_.

ESERCIZIO 6 Secondo me

Dite la vostra opinione.

1. Per mantenersi in forma, bisogna fare ginnastica ogni giorno.
2. Oggi tutti possono fare dello sport.
3. I giovani amano il rischio.
4. Le iniziative private a tutela dell'ambiente non portano a grandi risultati.

A5

16

- Senti, perché non andiamo in collina domenica pomeriggio? C'è la festa dell'uva.
- Mah, non so ... c'è sempre tanta gente!
- Sì, però è meglio andare fuori che restare in casa tutto il giorno. E poi potremmo comprare un po' di frutta e del vino.

È meglio andare	in collina	che	restare a casa.
	a piedi		in macchina.

ESERCIZIO 7 Preferenze

È meglio fare una passeggiata che passare la domenica in casa.
Il tennis mi piace più del golf.
Fate delle frasi come sopra.

1. andare al ristorante	–	fare da mangiare
2. la moto	–	la macchina
3. andare a sciare	–	andare in un paese caldo
4. viaggiare di giorno	–	viaggiare di notte
5. la campagna	–	la città
6. alzarsi tardi	–	alzarsi presto
7. il cinema	–	la televisione

A6 Previsioni del tempo

E la temperatura riprende a diminuire.

ESERCIZIO 8 Vero o falso?

Che tempo fa in Italia?

	vero	falso
1. Nevica in Toscana ed Emilia al di sopra dei 600 metri.	☐	☐
2. Nebbia sull'Appennino.	☐	☐
3. Nuvoloso in Val Padana.	☐	☐
4. Molto mosso il mar Tirreno.	☐	☐
5. Sereno sulla Sicilia e la Calabria.	☐	☐
6. Piove sulle regioni meridionali.	☐	☐

A 7 All'aeroporto

...

- Sono qui all'aeroporto, ma Lorenzo non è ancora arrivato. Hanno cancellato il volo.
- Come mai?
- Per il brutto tempo. Ci sarà nebbia a Milano.
- E adesso che cosa fai?
- Aspetto qui, prenderà il prossimo volo. Ma tu se telefona avvertimi.

Come mai	l'aereo non parte? la seggiovia non è in funzione? i traghetti non partono?	Ci sarà nebbia. Su nevicherà. Ci sarà mare grosso.

ESERCIZIO 9 Ci sarà nebbia!

Quale supposizione corrisponde alle domande fatte?

Es.:
- Come mai la nave non parte?
- Ci sarà mare grosso.

1. Come mai l'aereo non parte?
2. Come mai i nonni non sono ancora arrivati?
3. Come mai quest'anno Carlo non va a sciare?
4. Perché stasera non vengono al cinema?
5. Come mai l'autostrada è chiusa?
6. Strano! Davide non ha telefonato stasera.

a. Avranno qualche impegno.
b. Ci sarà nebbia.
c. Sarà per un incidente.
d. Telefonerà domani mattina.
e. Arriveranno con l'ultimo treno.
f. Avrà troppo lavoro.

B

Una grande passione

"Chiamami Max. Max e basta. Qui tutti mi conoscono così."
"D'accordo."
Max ha trent'anni, vive ancora con i suoi e fa il dentista ad Alessandria. Durante la settimana la sua vita scorre normale: trapano, poltrona e camice bianco. E di sera tanti libri perché c'è una specializzazione da prendere. Poi al venerdì Max, quando è uscito l'ultimo paziente, posa il trapano, appende il camice e scende in garage. E la sua vita cambia. "Il fine settimana sto con gli amici, con la moto e con me stesso. Quello vero." dice. Max è un biker. Un motociclista ribelle. Uno di quelli che vediamo sfrecciare sulle strade, in gruppi, vestiti tutti allo stesso modo: jeans, giubbotto di cuoio nero e la "pezza", cioè lo stemma della banda, del gruppo, cucito sulla schiena. La sua pezza rappresenta un biker arrabbiato con la scritta: "Evil side", che vuol dire più o meno "Dalla parte del male". È il nome della sua banda, della sua tribù. In Italia ci sono circa 150 – 160 tribù o bande di bikers, con migliaia di motociclisti: la metà di questi si trova in Piemonte, Veneto e Lombardia.
Nelle tribù ci trovi di tutto: l'operaio e il manager, il dottore e il contadino. Gente diversa, insomma. Ma con una passione in comune: la vita da strada, "solo io, la moto, gli amici. Almeno una volta ogni tanto. Almeno un sabato e una domenica." Un po' di tempo preso da vite che di solito scorrono piane, normali. "Bellissimo, viaggi dappertutto." racconta Max. "Voli. Divori la strada. E fai cose che la gente normale non farà mai."
E Mad Dog, un altro biker, aggiunge: "Io con la moto ci parlo. La curo più di me stesso. Le regalo tempo, amore, energie. Ma ne vale la pena. La moto non ti delude mai ...: se si ferma è colpa tua. Vuol dire che hai sbagliato qualcosa."

ESERCIZIO 10 La settimana di Max

Raccontate.

1. Lunedì mattina …

2. Lunedì sera …

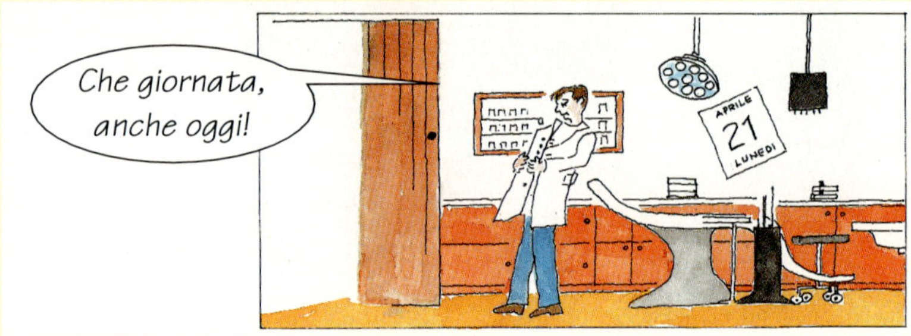

3. Martedì, mercoledì, giovedì …

4. Venerdì sera …

5. Sabato …

ESERCIZIO 11 Secondo voi

1. "Max ha trent'anni, vive ancora con i suoi ..."
   Trovate normale questo? O nel vostro paese è diverso?

2. "Uno di quelli che vediamo sfrecciare sulle strade ..."
   Che cosa fanno "quelli" il fine settimana?

3. "Gente diversa, insomma. Ma con una passione in comune: ..."
   In che cosa consiste la diversità e che cosa ha in comune questa gente?

ESERCIZIO 12 Per la conversazione

1. La motocicletta è la grande passione di Max.
   Qual è la vostra passione o il vostro hobby?

2. Ci sono dei momenti in cui la vostra vita cambia?

3. Fate parte anche voi di qualche organizzazione, circolo o associazione?

Lezione 17

A1

- Papà, questo con i baffi era tuo nonno?
- Sì, nonno Giulio.
- E com'era?
- Come in fotografia: alto e forte.
- E costruiva violini, vero?
- Sì, era liutaio. Costruiva violini e altri strumenti e quando non aveva troppo lavoro faceva anche sedie e tavoli per i vicini. Tutti lo trovavano molto simpatico. Mentre lavorava cantava sempre arie d'opera.
- E viveva in campagna?
- Sì, però veniva spesso a trovarci. Passavamo sempre le feste insieme ed io gli volevo molto bene.

Com'era il nonno?	Era alto e forte. Aveva i baffi. Cantava sempre arie d'opera. Tutti lo trovavano simpatico.

ESERCIZIO 1 Era ...

Descrivete una persona della vostra infanzia con l'aiuto delle parole seguenti:
essere, avere, fare, lavorare, vivere, abitare, amare ...

ESERCIZIO 2 Quando ero bambino ...

Come festeggiavate il Natale da bambini?

Guardate il disegno e raccontate.
Qualche settimana prima di Natale il nonno preparava l'albero.
La sera del 24 ci ritrovavamo tutti a casa dei nonni ...

ESERCIZIO 3 Le nonne di ieri

1. Come passavano la giornata?
2. Cosa facevano nel loro tempo libero?
3. Come vivevano? (da sole, con i figli, in case grandi, piccole, ecc.)
4. Qual era il loro ruolo nella famiglia?

E le nonne di oggi?

A2 Ricordi

Vivevamo a Bergamo, nel cuore della città vecchia, e là, almeno allora, i regali ai bambini, per tradizione, non li porta Gesù Bambino e nemmeno Babbo Natale o Santa Klaus, li porta invece Santa Lucia, il 13 dicembre. Il 12 si lasciava sulla soglia una tazza di latte con qualche pezzo di pan secco per il suo asinello: la mattina dopo il pane e il latte non c'erano più e al loro posto c'era una piccola montagna di regali: un miracolo per me. Un sogno. E la mia vita scorreva come un sogno a occhi aperti, un gioco bellissimo.

Mariuccia Mandelli (Krizia), *da:* "C'era una volta un bambino. Ritratti e autoritratti d'infanzia". 1996

ESERCIZIO 4 Le feste e i regali

Quando eravate bambini, in quali occasioni ricevevate regali?

Per la Befana
Per Natale
Per il vostro onomastico
Per il vostro compleanno
Per Santa Klaus
...

? Da chi?

Raccontate.

B Le feste ieri e oggi

Non si può parlare di feste popolari senza guardare al passato, alla storia che c'è dietro quello che vediamo noi oggi.
Prendiamo il Carnevale: la sua storia è vecchia di secoli. I Romani celebravano il 17 dicembre il dio Saturno. In quel giorno il mondo era capovolto: gli schiavi avevano il diritto di mangiare con i padroni, le case erano aperte a tutti. Per le strade e per le piazze attori improvvisati rappresentavano gli spiriti dei morti: avevano il viso coperto da una maschera e portavano un abito bianco, il colore del lutto. L'anno moriva, così, in un clima di gioia misto ad angoscia.

Anche le feste religiose hanno origini molto antiche. I presepi viventi e le scene della passione di Cristo che noi oggi possiamo vedere in tante parti d'Italia, erano, durante il Medio Evo, la sola forma di teatro possibile.

Dietro le feste storiche c'è sempre una situazione o un personaggio del passato che si vuol far rivivere. Ecco il ricordo che diventa realtà: con il Palio degli Asini la città di Alba ripropone ogni anno con ironia la rivalità che esisteva nel medioevo con la vicina Asti. E Assisi, il primo maggio, fa un salto indietro nella storia e torna al Rinascimento; e festeggia come allora l'arrivo della primavera.

Ma quando si parla di feste non bisogna dimenticare le sagre paesane che sono un'occasione per ritrovarsi e divertirsi, e per far conoscere a chi viene da fuori i prodotti locali. Anche se hanno origini e tradizioni diverse, le sagre hanno molti elementi in comune: la gente che arriva dai paesi vicini per vedere e farsi vedere, le bancarelle dove si possono comprare tante cose, i tavoli all'aperto dove si mangia e si beve, le gare a premi, la banda, i fuochi artificiali e il ballo in piazza.

ESERCIZIO 5 Che cosa è falso?

Alcune affermazioni non corrispondono al testo precedente. Quali?

In molte città d'Italia tante feste di oggi hanno una tradizione antica. Già i Romani festeggiavano il Carnevale.
Il 17 dicembre non era un giorno come gli altri: i padroni, per esempio, avevano il diritto di mangiare con gli schiavi e, per la strade, gli spiriti dei morti, vestiti di bianco, il colore della gioia, davano una rappresentazione come attori improvvisati. Non solo il Carnevale, ma anche le feste religiose hanno una storia vecchia di secoli: i presepi viventi erano una delle tante forme di teatro del 1200.
Ma veniamo ad oggi. Ad Alba ogni anno si corre il Palio degli Asini per ricordare la lunga amicizia tra Alba ed Asti. Ad Assisi, in primavera, si festeggia il Rinascimento con una gara di salti. Molte poi sono le sagre in città, dove, in un clima di allegria, si provano i prodotti locali, si rivedono gli amici, si conosce gente nuova. Le banche sono aperte e vendono tante cose, c'è sempre una banda che organizza gare a premi e in piazza si balla intorno a fuochi artificiali.

ESERCIZIO 6 E ora raccontate voi ...

1. Il Carnevale è tra le grandi feste dell'anno. Come lo festeggiate voi? Vi piace mascherarvi?
2. Forse, quando siete stati in vacanza in Italia, avete visto qualche festa popolare: che tipo di festa era?
3. Avete notato qualche differenza tra le feste popolari italiane e quelle del vostro paese?
4. C'è una festa nella vostra città / regione che vi piace particolarmente? Quale?

ESERCIZIO 7 Proverbi

"Natale con i tuoi, Pasqua con chi vuoi."
"L'Epifania tutte le feste porta via."
"Di Carnevale ogni scherzo vale."

Che cosa significano questi proverbi?
Il primo proverbio corrisponde alle vostre abitudini?

Alphabet und Anmerkungen zur Aussprache

A [a]	E [e]	I [i]	M ['ɛmme]	Q [ku]	U [u]	Y ['ipsilon]
B [bi]	F ['ɛffe]	J [i 'lu̯ŋɡɑ]	N ['ɛnne]	R ['ɛrre]	V [vu]	Z ['dzɛːta]
C [tʃi]	G [dʒi]	K ['kappa]	O [o]	S ['ɛsse]	W [vu 'doppia]	
D [di]	H ['akka]	L ['ɛlle]	P [pi]	T [ti]	X [iks]	

	Stellung	Laut		Beispiele
c	vor *e, i:*	[tʃ]	wie in *tsch*üss	cena ['tʃeːna], cinema ['tʃiːnema] ciao [tʃaːo], cioccolato [tʃokko'laːto]
	sonst:	[k]	wie in *K*ur	casa, corso, cura, crema, amico
ch		[k]		che, anche, chi, amiche
g	vor *e, i:*	[dʒ]	wie in *G*in	gelato [dʒe'laːto], Gina ['dʒiːna] giorno ['dʒorno], mangiare [man'dʒaːre]
	sonst:	[g]	wie in *G*ast	gara, gusto, grazie, lungo
gh		[g]		ghiaccio, funghi, spaghetti
gl		[ʎ]	etwa *lj* wie in Mi*ll*ion	famiglia, biglietto, figli
gn		[ɲ]	etwa *nj* wie in Ko*gn*ak	signora, ogni, Bologna
h			*h* ist stumm	hotel; ho, hai, ha; chi, che
qu		[ku̯]	(das *u* ist leicht hörbar)	questo, acqua, qui
r		[r]	Zungen-R (gerollt)	rosa, arancia, mare
sc	vor *e, i:*	[ʃ]	wie in *Sch*irm	scena ['ʃɛːna], sciroppo [ʃi'rɔppo] lasciare [laʃ'ʃaːre], sciopero ['ʃɔːpero]
	sonst:	[sk]	wie in *Sk*ala	scale, scusi, sconto, tedesco
sch		[sk]		scherzo, Ischia, tedeschi
v		[v]	wie in *V*ase	vero, vario

- *S* ist stimmlos wie in *was* oder stimmhaft wie in *Sonne*: sole ['soːle], rosa ['rɔːza]
- *Z* ist stimmlos oder stimmhaft: zucchero ['tsukkero], zero ['dzɛːro]
- Die Vokale *e* und *o* sind offen oder geschlossen:
  Berna ['bɛrna], Merano [me'raːno] – Modena ['mɔːdena], Roma ['roːma]
- Bei Vokalverbindungen (z. B. *ae, au, ei, eu, ie*) behalten beide Vokale ihren eigenen Laut:
  aereo [a'ɛːreo], pausa ['pauːza], Lei ['lɛːi], Europa [eu'rɔːpa], siete ['si̯ɛːte]

Lektionsbegleitende Grammatik

Lezione 1

1 Die Verben *essere, chiamarsi, stare* (Präsens Singular)

io	ich
tu	du
lui	er
lei	sie
Lei	Sie

	essere		sein
	Sono	Lisa.	Ich bin Lisa.
	Sei	Franco?	Bist du Franco?
Chi	è?		Wer ist das?
	È	Lei il signor Tocci?	Sind Sie Herr Tocci?

Im Italienischen wird das Verb gewöhnlich ohne die Personalpronomen *io, tu, lui* usw. gebraucht.

Bei der höflichen Anrede an eine Einzelperson verwendet man das Verb in der 3. Person Singular.

	chiamarsi		heißen		stare		sich befinden
	Mi chiamo	Lisa.	Ich heiße Lisa.		Sto	bene.	Es geht mir gut.
Come	ti chiami?		Wie heißt du?	Come	stai?		Wie geht es dir?
Come	si chiama?		Wie heißt er/sie?	Come	sta?		Wie geht es ihm/ihr?
			Wie heißen Sie?				Wie geht es Ihnen?

Hinweis:
Chiamarsi (wörtlich „sich nennen") ist ein reflexives Verb. (Näheres in § 53)

2 Der Gebrauch von *io, tu, Lei* ...

1. Chi è Roberto?	–	(Sono)	**io.**	(Das bin)	**ich.**
Come ti chiami?	–	Angela, e	**tu?**	..., und	**du?**
Come si chiama?	–	Franco Gerri, e	**Lei?**	..., und	**Sie?**
2. **Io** mi chiamo Piero,					**Ich** heiße Piero,
lui si chiama Roberto,					**er** heißt Roberto
e **lei** si chiama Annarita.				und	**sie** heißt Annarita.
È **Lei** la signora Pugi?				Sind	**Sie** Frau Pugi?

Die Personalpronomen *io, tu,* usw. sind immer stark betont.
Man verwendet sie
1. ohne Verb;
2. beim Verb nur zur Hervorhebung der Person, sonst werden sie weggelassen.

3 Der bestimmte Artikel im Singular (I)

Im Italienischen gibt es zwei grammatische Geschlechter:
Maskulinum (männlich) und Femininum (weiblich).

Maskulinum			Femininum		
il	signore	der Herr	la	signora	die Dame
il	ragazzo	der Junge; der Freund	la	ragazza	das Mädchen; die Freundin
il	libro	das Buch	la	parola	das Wort
il	nome	der Name	la	lezione	die Lektion

Der bestimmte Artikel im Singular hat die Formen
- *il* für das Maskulinum,
- *la* für das Femininum.
(Weitere Formen werden in § 8 und § 29 behandelt.)

Im Italienischen wird der bestimmte Artikel im Allgemeinen wie im Deutschen gebraucht.
Beachten Sie jedoch folgende Abweichung:

È	il	signor Rodari?	Ist das	Herr Rodari?
È Lei	la	signorina Guidi?	Sind Sie	Fräulein/Frau Guidi?
No, sono	la	signora Spiga.	Nein, ich bin	Frau Spiga.
Aber: Buongiorno,		signora (Spiga).	Guten Tag,	Frau Spiga.
Come sta,		signor Rodari?	Wie geht es Ihnen,	Herr Rodari?

Vor *signor/signora/signorina* + Name steht der bestimmte Artikel, außer bei der Anrede.

Beachten Sie:

–

il signore il signor	Rodari

Signore wird vor einem Namen zu *signor* verkürzt.

– Frauen werden oft nur mit *signora* bzw. *signorina* angeredet, auch wenn der Name bekannt ist: Buongiorno, signora/signorina.
Signorina ist eine in Italien (noch) häufig verwendete Anrede für junge Mädchen/Frauen.

Was Sie vielleicht sonst noch wissen wollen ...

no – non

Tu sei Claudia, vero? – **No,** io sono Laura.	**Nein,** ich bin Laura.

Non sono Claudia, sono Laura.	Ich bin **nicht** Claudia, ich bin Laura.
Oggi **non** sto molto bene.	Heute geht es mir **nicht** besonders.

Die Verneinung *non* steht vor dem Verb. (Näheres in § 17)

4 Örtliche Beziehungen: *di, a, in*

1. Franco è	di	Bologna.	von/aus Bologna			
Claudia è	di	Amburgo.				
2. Adesso Claudia è	a	Bologna.	in Bologna	Claudia è	in	Italia.
Luigi abita	a	Ravenna.		Ravenna è	in	Emilia-Romagna.

1. Will man angeben, woher jemand ist, verwendet man vor dem Namen der betreffenden Stadt bzw. Ortschaft die Präposition *di*.
2. Will man angeben, wo sich jemand/etwas befindet, verwendet man
   – vor Namen von Städten und Ortschaften die Präposition *a*,
   – vor Namen von Ländern und Regionen die Präposition *in*.

5 Verben auf *-are*

Die Verben werden nach der Endung des Infinitivs in drei Konjugationsgruppen eingeteilt. Bei den Verben auf *-are* handelt es sich um die größte Gruppe.

		lavorare arbeiten			abitare wohnen		studiare studieren	
io ich		Lavoro	in banca.		Abito	a Torino.	Studio	architettura.
tu du	Dove	lavori?		Dove	abiti?		Studi	o lavori?
lui er								
lei sie	Dove	lavora?		Dove	abita?		Studia?	
Lei Sie								
noi wir		Lavoriamo	in banca.		Abitiamo	a Verona.	Studiamo	informatica.
voi ihr		Lavorate	a Milano?	Dove	abitate?		Studiate	o lavorate?
loro sie	Dove	lavorano?			Abitano	a Urbino.	Studiano	matematica.

Hinweis:
Auf die nicht hervorgehobenen Verbformen wird in den folgenden Lektionen eingegangen.

Weitere Verben auf *-are*:

parlare	sprechen	telefonare	telefonieren
imparare	lernen	continuare	weitermachen
guardare	(an)schauen	trovare	finden
fumare	rauchen	chiamarsi	heißen

Beachten Sie:
- Die Betonung liegt in der Regel auf der vorletzten Silbe: lavorare, lavoro, lavori ...
  Einige Verben auf *-are* (z.B. *abitare, telefonare, continuare*) werden im Präsens Singular jedoch auf der drittletzten Silbe betont:
  telefono, telefoni, telefona (Aber: telefoniamo, telefonate).
- Bei Verben, die ein *i* vor der Infinitivendung *-are* haben (z.B. *studiare*), fällt das (unbetonte) *i* mit der Endung *-i* zusammen: studi, (studiamo).

6 Die Verben *essere, stare, fare*

			essere		
io	ich		Sono	Giampiero.	Ich bin/heiße Giampiero.
tu	du		Sei	di Napoli?	Bist du aus Neapel?
lui/lei	er/sie	Di dov'	è?		Woher ist er/sie?
Lei	Sie				Woher sind Sie?
noi	wir		Siamo	a Roma.	Wir sind in Rom.
voi	ihr	Dove	siete?		Wo seid ihr?
loro	sie	Lisa e Piero	sono	in Germania.	Lisa und Piero sind in Deutschland.

	stare			fare	
	Sto	bene		Faccio	un corso di italiano a Roma.
Come	stai?		Che cosa	fai	qui?
Come	sta?		Che cosa	fa	a Urbino?
	Stiamo	bene.		Facciamo	un corso di italiano.
	State	bene?	Che cosa	fate	qui?
Come	stanno	Anna e Paolo?	Lisa e Piero	fanno	un corso di tedesco a Monaco.

7 Substantive und Adjektive

Maskulinum			Femininum		
il	treno	der Zug	la signora	die Dame	o - a
il	libro	das Buch	la banca	die Bank	
il	signore	der Herr	la classe	die Klasse	e
il	nome	der Name	la professione	der Beruf	

Substantive auf *-o* sind im Allgemeinen männlich.

Substantive auf *-a* sind im Allgemeinen weiblich.

Substantive auf *-e* sind männlich oder weiblich.

Il ragazzo di Lisa ...	La ragazza di Enzo ...	
è straniero.	è straniera.	o - a
americano.	americana.	
molto simpatico.	molto simpatica.	
francese.	francese.	e
proprio gentile.	proprio gentile.	

Es gibt Adjektive, die im Singular die Endung *-o* für das Maskulinum und die Endung *-a* für das Femininum haben.

Andere Adjektive haben für beide Geschlechter im Singular die Endung *-e*.

8 Der bestimmte Artikel (II)

	Maskulinum		Femininum	
vor Vokal	l'	italiano	l'	università
vor (stummem) *h*	l'	**hotel**		
vor *s* + Konsonant	lo	spagnolo		
	lo	studente		

Der bestimmte Artikel im Singular hat die Form
- *l'* vor Wörtern, die mit Vokal bzw. (stummem) *h* beginnen;
- *lo* vor männlichen Substantiven, die mit *s* + Konsonant beginnen. (Ebenso vor *z* und den Lauten [ʤ] und [j]: lo zoo/shock/yoga)

Beachten Sie folgende Abweichung vom Deutschen beim Gebrauch des Artikels:

Sono qui per imparare	l'	italiano.	Ich bin hier, um		Italienisch zu lernen.
Carlo impara	il	tedesco	Carlo lernt		Deutsch
e	lo	spagnolo.	und		Spanisch.

9 Aussagesatz und Fragesatz

1. Aussagesatz und Fragesatz ohne Fragewort

Subjekt	Verb	Ergänzung		Satzmelodie	
Barbara	è	tedesca.			Aussage
Barbara	è	tedesca?			Frage
	È	tedesca	**Barbara?**		

Beachten Sie:

È libero questo posto?
Ist dieser Platz frei?

Die Gruppe Verb + Ergänzung wird im Italienischen nicht getrennt.

2. Fragesätze mit Fragewort

Chi è?	wer?	**Dove** abita?	wo?
Che cosa fa qui Lisa?	was?	**Di dov'**è Maria?	von wo/woher?
Come si chiama la signora?	wie?	**Come mai** è qui?	wieso?

In Fragesätzen mit Fragewort ist die Satzstellung meist: Fragewort – Verb – Subjekt. Das Subjekt kann aber auch vor dem Fragewort stehen: Maria di dov'è?

Beachten Sie:
Dove wird vor *è* zu *dov'* verkürzt: Dov'è Sandro?

LEZIONE 3

10 Verben auf *-are, -ere, -ire*

Neben den Verben auf *-are* (§ 5) gibt es zwei weitere Konjugationen: Verben auf *-ere* und *-ire*.

	-are	-ere	-ire	
	lavorare	prendere	sentire	preferire
io	lavoro	prendo	sento	prefer**isco** [-isko]
tu	lavori	prendi	senti	prefer**isci** [-iʃʃi]
lui/lei/Lei	lavora	prende	sente	prefer**isce** [-iʃʃe]
noi	lavoriamo	prendiamo	sentiamo	preferiamo
voi	lavor**ate**	prend**ete**	sent**ite**	preferite
loro	lavorano	prendono	sentono	prefer**isc**ono

Die drei Konjugationen unterscheiden sich im Infinitiv, in der 3. Person Singular und in der 2. Person Plural. (Auf die 3. Person Plural wird in § 26 eingegangen.)

Bei den Verben auf *-ire* gibt es eine Gruppe vom Typ *sentire* und eine Gruppe vom Typ *preferire*. Bei letztgenannter Gruppe wird vor der Endung die Silbe **-isc-** eingefügt, außer in der 1. und 2. Person Plural. (Achten Sie auf die Aussprache von *sc* vor *-o* und *-i, -e.*)

Wie *prendere:* scrivere schreiben, leggere lesen, mettere setzen/stellen/legen, vedere sehen
Wie *sentire:* offrire anbieten, dormire schlafen
Wie *preferire:* capire verstehen, finire beenden/aufhören

Beachten Sie noch folgende Formen:

essere:	**Siamo** al bar Mazzini.	Wir sind in der Bar Mazzini.
andare:	**Andiamo** in questo bar?	Gehen wir in diese Bar?
stare:	**Stiamo** qui fuori?	Bleiben wir hier draußen?
fare:	Che cosa **facciamo?**	Was machen wir?

11 Anredeformen (I)

	Singular				Plural		
informell	(Tu)	prendi	un caffè?	Nimmst du ...?	E voi che cosa	prendete?	Was nehmt ihr?
formell	(Lei)	prende	un amaro?	Nehmen Sie ...			Was nehmen Sie?

Bei der Anrede an eine **Einzelperson** verwendet man informell die 2. Person Singular (*tu*) und formell die 3. Person Singular (*Lei*).
Bei der Anrede an **mehrere Personen** verwendet man die 2. Person Plural (*voi*) – unabhängig davon, ob man die Personen duzt oder siezt.
Hinweis:
Im Italienischen wird die Du-Form häufiger als im Deutschen verwendet (z.B. unter Kollegen).

12 Der unbestimmte Artikel

		Maskulinum			Femininum	
vor Konsonant	Io prendo	**un**	caffè	e	**una**	pasta.
vor Vokal	Io	un	amaro	e	**un'**	acqua minerale.
vor *s* + Konsonant	E io	**uno**	stravecchio.			

Der männliche unbestimmte Artikel hat die Formen
– *un* (vor Konsonant und vor Vokal),
– *uno* (vor *s* + Konsonant, vor *z* und vor den Lauten [ʃ] und [j]: uno stravecchio, uno zero Null, uno sherry, uno yoghurt).

Der weibliche unbestimmte Artikel hat die Formen
– *una* (vor Konsonant),
– *un'* (vor Vokal).

13 Grundzahlen (I)

0	zero	10	dieci	20	venti	70	settanta
1	uno	11	undici	25	venticinque	75	settantacinque
2	due	12	dodici	30	trenta	80	ottanta
3	tre	13	tredici	35	trentacinque	85	ottantacinque
4	quattro	14	quattordici	40	quaranta	90	novanta
5	cinque	15	quindici	45	quarantacinque	95	novantacinque
6	sei	16	sedici	50	cinquanta	100	cento
7	sette	17	diciassette	55	cinquantacinque		
8	otto	18	diciotto	60	sessanta		
9	nove	19	diciannove	65	sessantacinque		

– Grundzahlen sind männlich: il due, uno zero
– *Uno* verhält sich vor dem Substantiv wie der unbestimmte Artikel (§ 12).

Lezione 4

14 Das Substantiv: Singular und Plural

	Singular	Plural	
1.	un letto un mese Monat una notte	due letti mesi notti	o > i e > i
2.	una camera	due camere	a – e

1. Substantive auf *-o* oder *-e* haben im Plural die Endung *-i*.
2. Weibliche Substantive auf *-a* haben im Plural die Endung *-e*. (Ausnahmen lernen Sie später kennen.)

15 Das Verb *avere*

io		Ho	sete.
tu		Hai	la chiave?
lui/lei/Lei		Ha	un documento?
noi		Abbiamo	solo una camera a quattro letti.
voi		Avete	una camera libera per questa notte?
loro	Lucia e Giorgio	hanno	una bella camera con vista sul mare.

16 Anredeformen (II)

Avete due camere per questa notte?	Haben Sie ... zwei Zimmer (frei)?

Der Vertreter eines Betriebs oder Hotels wird in der Regel mit der *voi* - Form angeredet.

17 Die Verneinung (I)

	non	Verb		
L' albergo	non	è	caro.	... ist **nicht** teuer.
La doccia	non	funziona.		... funktioniert **nicht**.
La camera	non	ha	balcone.	... hat **keinen** Balkon.
La camera	non	mi piace.		... gefällt mir **nicht**.
Lui	non	si chiama	Giorgio, ...	
Come stai? -	Non	c'è	male.	

Die Verneinung wird durch *non* ausgedrückt. *Non* steht vor dem Verb.
Zum Bereich des Verbs gehören Pronomen wie *mi, ti, si* und Partikeln wie *ci* bzw. *c'*.

18 Grundzahlen (II)

20	venti	30	trenta	101	centouno	1000	mille
21	**vent**uno	31	**trent**uno	102	centodue	1001	milleuno
22	ventidue	32	trentadue	103	centotré	2000	duemila
23	venti**tré**	33	trenta**tré**	108	centootto	3500	tremila-cinquecento
24	ventiquattro	34	trentaquattro				
25	venticinque	35	trentacinque	130	centotrenta	10.000	diecimila
26	ventisei	36	trentasei	200	duecento	16.000	sedicimila
27	ventisette	37	trentasette	245	duecento-quarantacinque	25.500	venticinquemila-cinquecento
28	**vent**otto	38	**trent**otto				
29	ventinove	39	trentanove	300	trecento	100.000	centomila
				450	quattrocento-cinquanta		un milione
				900	novecento		due milioni
				999	novecento-novantanove		un miliardo
							due miliardi

Ventuno, trentuno usw. verlieren den Endvokal, wenn eine weitere Zahl oder ein Substantiv folgt:
ventunmila, ventun minuti, il trentun agosto
Mille hat die Pluralform *–mila: quattromila*
Ein auf *milione* und *miliardo* folgendes Substantiv wird mit der Präposition *di* angeschlossen:
due milioni di abitanti Einwohner

19 Die Präpositionen *di* und *a* mit dem bestimmten Artikel (Singular)

Qual è il numero	di	Franca?	Siamo	a	Venezia.
	del	Signor Croce?	Andiamo	al	Bar Petrocchi.
	della	pensione Rosa?		alla	pensione Rosa.
	dell'	agenzia Minerva?		all'	albergo Arena.
	dello	studio Arabella?		allo	stadio / zoo.

Die Präpositionen *di* und *a* verbinden sich mit dem bestimmten Artikel zu einem Wort:

di	il	la	l'	lo
	del	della	dell'	dello

a	il	la	l'	lo
	al	alla	all'	allo

Hinweis:
In der Lektion finden Sie auch Beispiele für die Verbindung der Präpositionen *in, su, da* mit dem bestimmten Artikel.
in: nella zona pedonale in der Fußgängerzone, nel soggiorno im Wohnzimmer
su: con vista sul mare mit Blick aufs Meer, sulla strada auf die Straße
da: dal 5 al 18 agosto vom 5. bis 18. August
(Näheres in § 72)

20 Das Adjektiv

		beim Verb		beim Substantiv
Maskulinum	L' albergo	**è bello.** È ideale	per	**un soggiorno tranquillo.**
Femininum	La pensione	**è bella.** È ideale	per	**una vacanza tranquilla.**

Das Adjektiv steht entweder beim Verb *(essere)* oder direkt bei seinem Beziehungswort.
Im Italienischen stimmt das Adjektiv in beiden Fällen mit dem Geschlecht des Beziehungswortes überein.

Die meisten Adjektive stehen gewöhnlich nach dem Substantiv. Wenige Adjektive wie *bello, buono, grande, piccolo* werden vorangestellt, wenn sie nicht besonders betont sind.

	Adjektiv	Substantiv	Adjektiv
La pensione Rosa è ideale per		una vacanza	**tranquilla.**
È una	**bella**	pensione.	

Hinweis:
Die Adjektive *bello* und *buono* haben vor männlichen Substantiven besondere Formen (Näheres in § 90):
Che bel nome! - Il Miramare è un bell'albergo / un buon albergo.

Was Sie vielleicht sonst noch wissen wollen ...

– **per la Germania - in Germania**
Namen von Ländern und Regionen haben gewöhnlich den bestimmten Artikel bei sich, außer nach der Präposition *in.*

– **Cerchiamo ...**
Bei Verben auf *-are,* die ein *c* oder *g* vor der Endung haben, wird die Aussprache von *c* [k] und *g* [g] immer beibehalten. Zur Kennzeichnung der Aussprache wird vor den Endungen *-i* und *-iamo* ein *h* geschrieben:
cercare: cerc**h**i cerc**h**iamo
pagare: pag**h**i pag**h**iamo

–

il mese **di** agosto	una camera **a** due letti	un divano letto
un succo **di** pompelmo	la camera **da** letto	tre posti letto

Zwei Substantive werden meist durch eine Präposition *(di, a, da)* verbunden.
Verbindungen ohne Präposition sind im Gegensatz zum Deutschen selten.
(Beachten Sie die umgekehrte Reihenfolge: angolo cottura Kochnische)

Lezione 5

21 *C'è ...?* und *Dov'è ...?*

1.	Scusi,	c'è C'è	una banca qui vicino? un autobus per il centro?	– Sì, in via Verdi, la prima strada a destra. – Sì, (c'è) il 19.
2.	E	dov'è	la fermata?	– È in via Donizetti, accanto all'edicola.

1. Will man wissen, **ob** etwas existiert/vorhanden ist, fragt man: *C'è ...?* Ist da ... / Gibt es ...?
2. Will man wissen, **wo** sich eine bestimmte Sache/Einrichtung befindet, fragt man: *Dov'è ... ?* Wo ist ... ?

22 Ort und Richtung

1.	**Dove** abiti?	**Dove** andiamo?	wo?	wohin?	
	Abito **qui.**	Andiamo **qui?**	hier	hierhin	
	Il bar è **lì.**	Andiamo **lì?**	da/dort	dorthin	
	Via Verdi è **a destra.**	Girate **a destra.**	rechts	nach rechts	
2.	Siamo **da** Gianni.	Andiamo **da** Gianni.	bei	zu	+ Person
	in Italia/Umbria.	**in** Italia.	in	nach	+ Land
	in centro.	**in** centro.	in	in/zu	
	in via Dante.	**in** piazza Roma.	in	zu	
	a Roma.	**a** Roma.	in	nach	+ Stadt
	al mare.	**al** mare.	an	an	
	all'albergo Arena.	**alla** stazione.	in	zu	
3.	L' hotel è ...				
	vicino al centro.		in der Nähe von		
	accanto al Duomo.		neben		
	di fronte alla stazione.		gegenüber		
		Andiamo **fino a** piazza Roma.	bis zu		
		fino all'incrocio.			
4.		Qual è la strada **per** Todi?	nach		+ Bestimmungs-ort/Ziel
		C'è un autobus **per** il centro?	zu/in		
		Per piazza Diaz dove devo scendere?	zu		

1. Im Gegensatz zum Deutschen unterscheidet das Italienische nicht zwischen Adverbien, die auf die Frage wo? antworten, und solchen, die auf die Frage wohin? antworten.
2. Dasselbe gilt auch für adverbiale Bestimmungen mit den Präpositionen *da, in, a.*
3. Für spezielle Orts- und Richtungsangaben gibt es zusammengesetzte Präpositionen mit *a.*
4. Der Bestimmungsort von Verkehrsmitteln, Straßen usw. wird mit *per* eingeführt, wie eine Zweckangabe: Per (arrivare a) Piazza Diaz dove devo scendere?

23 Ordnungszahlen: 1° - 5°

al terzo piano	im dritten Stock
la terza strada a destra	die dritte Straße rechts

Ordnungszahlen richten sich nach ihrem Beziehungswort. Sie stehen gewöhnlich vor dem Substantiv.

1°	il primo	2°	il secondo	3°	il terzo	4°	il quarto	5°	il quinto
1ª	la prima	2ª	la seconda	3ª	la terza	4ª	la quarta	5ª	la quinta

(Weitere Ordnungszahlen: 6° sesto, 7° settimo, 8° ottavo, 9° nono, 10° decimo)

24 Andiamo in macchina?

Andiamo	**in**	macchina.	Wir fahren mit dem Auto.	*Aber:* Andiamo a piedi.
	in	tram.	mit der Straßenbahn.	Wir gehen zu Fuß.
	in	treno.	mit dem Zug.	
Mi piace andare	in	bicicletta.	Ich fahre gern Rad.	

Bei Verkehrs- und Fortbewegungsmitteln wie *macchina, tram, treno, aereo* Flugzeug, *bicicletta, barca* Boot verwendet man gewöhnlich die Präposition *in:* Vengo in treno. Ich komme mit dem Zug.

25 In piazza c'è ...

Subjekt	è			c'è	Subjekt
L' Ente per il turismo	è	in piazza Roma.	In piazza Roma	c'è	l' Ente per il Turismo.
Il bar Sport	è	qui all'angolo.	Qui all' angolo	c'è	un bar / il bar Sport.
	ist			ist	

Will man ausdrücken, dass etwas/jemand an einem bestimmten Ort vorhanden/anwesend ist, verwendet man *è,* wenn das Subjekt vorangeht.
Wenn das Subjekt folgt, heißt es automatisch *c'è.*

Ebenso, wenn man ausdrücken will, dass etwas zu einer bestimmten Zeit stattfindet:
Domenica prossima **c'è** il mercatino dell'antiquariato a Ferrara. Nächsten Sonntag ist ...
Oggi **c'è** un concerto in piazza / il concerto di ... Heute ist / gibt es / findet ... statt.

26 Das Präsens der Verben

Neu ist für Sie nur noch die 3. Person Plural.

	-are	-ere	-ire		
	lavorare	prendere	sentire	preferire	
io	lavoro	prendo	sento	preferisco	[-isko]
tu	lavori	prendi	senti	preferisci	[-iʃʃi]
lui/lei/Lei	lavora	prende	sente	preferisce	[-iʃʃe]
noi	lavoriamo	prendiamo	sentiamo	preferiamo	
voi	lavorate	prendete	sentite	preferite	
loro	lav**o**r**ano**	pr**e**nd**ono**	s**e**nt**ono**	prefer**i**sc**ono**	[-iskono]

In der 3. Person Plural wird dieselbe Silbe wie im Singular betont (Vergleiche § 5):
lavoro - lavorano, telefono - telefonano

Verben auf -care/gare / **Verben mit Sonderformen**

	cercare	pagare	fare	stare	andare
io	cerco	pago	faccio	sto	vado
tu	cer**chi**	pa**ghi**	fai	stai	vai
lui/lei/Lei	cerca	paga	fa	sta	va
noi	cer**chi**amo	pa**ghi**amo	facciamo	stiamo	andiamo
voi	cercate	pagate	fate	state	andate
loro	cercano	pagano	fanno	stanno	vanno

Ebenso: giocare spielen, litigare streiten

27 Infinitivsätze

Vorrei	uscire.	Andiamo	**a**	vedere il Duomo.
Dove devo	scendere?	Mario va	**a**	lavorare.
Ivana desidera	andare in centro.	Ho voglia	**di**	uscire.
Luigi preferisce	stare a casa.	Oggi non ho tempo (Zeit)	**di**	venire.
Mi piace	leggere.			

Es gibt Verben und Ausdrücke, die den Infinitiv
- direkt anschließen, z.B. *volere (vorrei), dovere, desiderare, preferire, piacere;*
- mit einer Präposition anschließen, z.B. *andare **a** ..., avere voglia **di** ...*

Was Sie vielleicht sonst noch wissen wollen ...

La domenica mi piace andare in bicicletta. Sonntags ...
Domenica prossima c'è il mercato dell'antiquariato. Nächsten Sonntag ...

Lezione 6

28 Mengenangaben mit *di*

1 chilo	di	patate
1 litro	di	latte
50 grammi	di	burro
1 bicchiere	di	vino bianco
un po'	di	sale

Nach Substantiven, die eine Menge oder ein Maß bezeichnen, z.B.
grammo chilo bicchiere pacco
etto litro bottiglia
sowie nach *un po'* wird das nachfolgende Substantiv mit der Präposition *di* angeschlossen.

Beachten Sie:
- Dem deutschen „Pfund" entspricht *mezzo chilo* (ohne Artikel):
  Mi dia anche mezzo chilo di ciliegie. Geben Sie mir noch ein Pfund Kirschen.
- Dem deutschen „hundert Gramm" entspricht gewöhnlich *un etto:*
  Mi dia due etti e mezzo di prosciutto. ... 250 Gramm Schinken

29 Der bestimmte Artikel (III): Singular und Plural

	Maskulinum				Femininum			
	Singular		Plural		Singular		Plural	
vor Konsonant	**il**	caffè	**i**	pomodori	**la**	pizza	**le**	tagliatelle
vor *s* + Konsonant und vor *z*	**lo** **lo**	spumante zucchero	**gli** **gli**	spaghetti zucchini				
vor Vokal	**l'**	olio	**gli**	antipasti	**l'**	insalata	**le**	olive

Der **männliche** bestimmte Artikel hat die Formen
- *il* im Singular und *i* im Plural (vor Konsonant)
- *lo* im Singular und *gli* im Plural (vor *s*+Konsonant, *z* sowie vor *gn* und den Lauten [ʤ], [j]: lo sherry, lo yogurt, gli gnocchi)
- *l'* im Singular und *gli* im Plural (vor Vokal)

Der **weibliche** bestimmte Artikel hat die Formen
- *la* im Singular und *le* im Plural (vor Konsonant)
- *l'* im Singular und *le* im Plural (vor Vokal)

Beachten Sie folgende Abweichung vom Deutschen beim Gebrauch des Artikels:

C'è	il	burro?	Ist		Butter da?
	La	birra non mi piace.			Bier mag ich nicht.
Mangi volentieri	gli	spaghetti?	Isst du gern		Spaghetti?

In dieser Verwendung hat der bestimmte Artikel verallgemeinernde Funktion.

30 *esserci: c'è - ci sono*

Che cosa c'è in casa?	C'è	il pane?	Ist ... da? / Haben wir ... ?	– Sì (il pane) c'è.
	Ci sono	i pomodori?	Sind ... da?	– No, non ci sono.
Scusi,	c'è	Paolo?		– No, Paolo non c'è.
	Ci sono	Lisa e Paolo?		– Sì, ci sono.
Andiamo in centro? - Sì, oggi	c'è	un concerto.	da ist/gibt es ...	
No,	ci sono	solo turisti.	da sind ...	

Das Verb *esserci* („da/vorhanden/anwesend sein") hat im Präsens
– in der 3. Person Singular die Form *c'è,*
– in der 3. Person Plural die Form *ci sono.*

31 Die Präposition *da* mit dem bestimmten Artikel (Singular)

Sono	da	Roberto
Vado	dal	salumiere
Andiamo	dalla	signora Neri

da	il	lo	la	l'
	dal	dallo	dalla	dall'

Unterscheiden Sie:
Vado **dal** salumiere / macellaio / panettiere. Bäcker
Vado **in** salumeria /macelleria / panetteria.
Vado **al** mercato. zum Markt

32 Verben mit Sonderformen

	piacere	dire	dare	venire
io		dico	do	vengo
tu		dici	dai	vieni
lui/lei/Lei	mi piace	dice	dà	viene
noi		diciamo	diamo	veniamo
voi		dite	date	venite
loro	mi piacciono	dicono	danno	vengono

Ti piace la pizza? (Singular) Magst du ...? Isst du gern ...?
Ti piacciono le susine? (Plural)

Le do la chiave.
La camera dà sulla strada.

Vieni anche tu? - Sì, vengo volentieri.

33 Das Adjektiv: Singular und Plural

	Singular			Plural		
Mask. Fem.	Il prosciutto è La pizza è	buono. buona.		I fagiolini sono Le olive sono	buoni. buone.	o – i a – e
Mask. Fem.	Il sugo è La salsa Soße	piccante. scharf		I peperoncini sono Le acciughe	piccanti.	e – i

Das Adjektiv richtet sich in Geschlecht und Zahl nach seinem Beziehungswort.
Adjektive, die im Singular auf *-o* bzw. *-a* enden, haben die männliche Pluralendung *-i* und die weibliche Pluralendung *-e*.
Adjektive, die im Singular auf *-e* enden, haben für Maskulinum und Femininum die Pluralendung *-i*.

Beachten Sie:
- Bei vielen Adjektiven und Substantiven auf *-co* und *-go* wird vor der Pluralendung ein *h* geschrieben, um die Aussprache von *c* [k] und *g* [g] zu erhalten: fun**gh**i fres**ch**i
- Bezieht sich ein Adjektiv auf zwei Substantive verschiedenen Geschlechts, verwendet man die männliche Pluralform: Le olive e i carciofini sono car**i**.
- Adverbien sind im Gegensatz zu Adjektiven unveränderlich: La carne è **molto** cara.

34 Die Personalpronomen *mi, ti, Le*

Mi	dai qualcosa da bere?	mir	Il radicchio	**mi**	piace.	Ich mag Radicchio
Ti	do	dir		**ti**	piace?	
Le	do	Ihnen		non **Le**	piace?	

Die Personalpronomen *mi, ti, Le* stehen unmittelbar vor dem Verb.

35 Die Steigerung: Der absolute Superlativ

Il prosciutto è	molto buono.	È	**buonissimo.**
La pizza è	molto buona.	È	**buonissima.**
I fagiolini sono	molto buoni.	Sono	**buonissimi.**
Le susine sono	molto buone.	Sono	**buonissime.**

Der absolute Superlativ bezeichnet den sehr hohen Grad einer Eigenschaft (ohne Vergleich).

Der absolute Superlativ wird gebildet, indem man *-issimo (-a, -i, -e)* an das um den Endvokal gekürzte Adjektiv anhängt.

buono	bello	fresco	dolce	caro
buonissimo	bellissimo	freschissimo	dolcissimo	carissimo
sehr gut hervorragend	wunderschön herrlich	ganz frisch knackfrisch	zuckersüß	unwahrscheinlich teuer

Lezione 7

36 Das Passato prossimo (I)

Das Passato prossimo ist eine Zeitform der Vergangenheit.
Es wird (wie das deutsche Perfekt) mit einem Hilfsverb und dem Partizip Perfekt des jeweiligen Verbs gebildet. Hilfsverb und Partizip bilden im Italienischen in der Regel eine untrennbare Einheit.

1. Das Passato prossimo mit *avere*

Oggi		ho	lavorato	molto.
		Hai	sentito	il nuovo CD di Guccini?
Che cosa		ha	fatto	sabato?
		Abbiamo	parlato	un po' insieme.
Perché	non	avete	invitato	anche Maria?
Aldo e Rosa		hanno	guardato	la televisione.

Die meisten Verben bilden das Passato prossimo mit dem Hilfsverb *avere.*

Non steht vor dem Hilfsverb. Ergänzungen stehen nach dem Partizip.

2. Das Passato prossimo mit *essere* (Singular)

Maskulinum				Femininum			
Carlo, dove	sei	stato	ieri?	Laura, dove	sei	stata	ieri?
	Sono	andato	a Como.		Sono	andata	a Como.
Paolo	è	nato	nel 1980.	Nel 1946	è	nata	la Vespa.
A Pisa	c'è	stato	un congresso.	Nel 1986	c'è	stata	la tragedia di Cernobyl.

Einige Verben bilden das Passato prossimo mit dem Hilfsverb *essere.*
Dabei richtet sich das Partizip – wie ein Adjektiv – nach dem Subjekt.

Hinweis:
Die Verwendung der Hilfsverben *avere* bzw. *essere* entspricht im Allgemeinen der Verwendung der entsprechenden deutschen Hilfsverben „haben" und „sein":
È arrivato. Er ist (an)gekommen. – Ha mangiato. Er hat gegessen.

3. Die Bildung des Partizip Perfekt

	-are	-ere	-ire
Infinitiv	parlare	ricevere	preferire
Partizip	parlato	ricevuto	preferito

Verben mit regelmäßigem Partizip Perfekt bilden ihr Partizip wie im Schaubild dargestellt.

Beachten Sie: conoscere - conosciuto

Verben mit Sonderformen

Infinitiv	essere/stare	esserci	dire	fare	leggere	mettere	nascere
Partizip	(è) stato	(c'è) stato	detto	fatto	letto	messo	nato

Infinitiv	prendere	rimanere	scrivere	succedere	vedere	venire	vincere
Partizip	preso	rimasto	scritto	successo	visto	venuto	vinto

37 Das Jahr, die Monate und das Datum

	Il 1997	è stato l'anno della famiglia.	(das Jahr) 1997
Sono nato	nel 1979.	(millenovecentosettantanove)	(im Jahre) 1979

Bei Jahresangaben steht der bestimmte Artikel.
(*Nel* ist die Verbindung der Präposition *in* mit dem bestimmten Artikel *il.*)

- Quanti anni hai?	Wie alt bist du?
- Ho trent'anni.	Ich bin dreißig (Jahre alt).

Das Lebensalter wird mit *avere ... anni* ausgedrückt.

		Maggio è il mese delle rose.	Oggi è	il	3 ottobre.	(il tre ottobre)
	In	maggio fioriscono le rose.	Luisa è nata	il	20 ottobre.	
	In	agosto siamo al mare.	Io sono nato	il	1° ottobre.	(il primo ottobre)
Vengo	a	Natale/Pasqua. Weihnachten/Ostern	Prendo le ferie	dal	10 al 31 agosto. vom 10. bis 31. August	

- Monatsnamen stehen gewöhlich ohne Artikel, ebenso die Namen von Festen.
- Beim Datum steht der bestimmte Artikel + Grundzahl. Ausnahme: il 1° (il primo)
- In Briefen wird das Datum so geschrieben: Roma, 2 maggio 2001 *oder* 2/5/2001.

38 Possessiva (I)

„Besitzer"	„Besitz": Maskulinum			„Besitz": Femininum		
io	Dov'è	il mio	passaporto?	Dov'è	la mia	borsa? Tasche
tu	Dov'è	il tuo	passaporto?	Dov'è	la tua	borsa?
lui lei	Aldo / Lisa cerca	il suo	passaporto.	Aldo / Lisa cerca	la sua	borsa.
Lei	Ecco	il Suo	passaporto.	Ecco	la Sua	borsa.

Possessiva richten sich nach dem Geschlecht ihres Beziehungswortes.
Sie haben im Italienischen gewöhnlich den bestimmten Artikel bei sich.
(Sonderfälle wie *mio marito, mia moglie* werden in § 56 behandelt.)

Beachten Sie:
In der 3. Person Singular wird zwischen männlichem und weiblichem Besitzer nicht unterschieden:
il **suo** passaporto sein/ihr Pass

39 Das Verb *rimanere*

rimango	rimaniamo	
rimani	rimanete	è rimasto/a
rimane	rimangono	

Oggi rimango a casa.
Lisa è rimasta a casa.

40 molto, tanto, troppo, poco

Adverb				Adjektiv			
Viaggio	molto.		Ich reise viel.	Non ha	molto	tempo.	viel Zeit
Gianna è	molto	simpatica.	... ist sehr nett.	Conosce	molta	gente.	viele Leute
Roma mi piace	tanto.		... gefällt mir sehr.	Ha	tanti	amici.	viele Freunde
La carne è	troppo	cara.	... ist zu teuer.	Fuma	troppe	sigarette.	zu viele Zigaretten
Guadagno	poco.		Ich verdiene wenig.	Mangio	poca	frutta.	wenig Obst

Molto, tanto, troppo, poco verwendet man
- als Adverbien; in diesem Fall sind sie unveränderlich: Gianna è **molto** simpatica.
- als Adjektive; in diesem Fall sind sie veränderlich: molt**a** gente, molt**i** soldi viel Geld, poch**i** amici

41 Der Infinitiv nach unpersönlichen Ausdrücken

Bisogna	risparmiare.	È difficile	trovare lavoro oggi.
Basta	fare sport per essere in forma.	È bello	avere una famiglia.
Mi piace	aiutare gli altri.	È un problema	arrivare a fine mese.

An unpersönliche Ausdrücke wird der Infinitiv ohne Präposition angeschlossen.

42 Bezeichnungen für männliche und weibliche Personen

1. Robert**o**	Robert**a**	Daniel**e**	Daniel**a**
un ragazz**o**	una ragazz**a**	un ragionier**e**	una ragionier**a**
un commess**o**	una commess**a**	un parrucchier**e**	una parrucchier**a**

1. Viele Namen, Personen- und Berufsbezeichnungen haben eine männliche Form auf *-o* bzw. *-e* und eine weibliche Form auf *-a*. (*Aber:* Nicola Klaus, Andrea Andreas)

Sonderfälle:
- Bezeichnungen auf *-tore* haben in der Regel eine weibliche Form auf *-trice:* uno scrittore – una scrittrice
- Die Bezeichnungen *studente, dottore, professore* haben eine weibliche Form auf *-essa:* una studentessa/dottoressa/professoressa

2. un rappresentante	una rappresentante	un giornalista	una giornalista
un cliente	una cliente	un collega	una collega
Plural:		*Plural:*	
i clienti	le clienti	i giornalisti	le giornaliste
		i colleghi	le colleghe

2. Eine Reihe von Bezeichnungen (meist auf *-ista, -ante, -ente*) werden für männliche und für weibliche Personen verwendet; die Bezeichnungen auf *-a* haben im Plural Maskulinum die Endung *-i* und im Plural Femininum die Endung *-e*.

43 Die Pluralbildung (Zusammenfassung)

-i		-e		–	
1. il libro	i libri	2. la casa	le case	3. la città	le città
la chiave	le chiavi			un caffè	due caffè
il programma	i programmi			il film	i film
il turista	i turisti	la turista	le turiste	il bar	i bar

1. Substantive auf *-o* oder *-e* bilden den Plural auf *-i*, ebenso männliche Substantive auf *-a*.
2. Weibliche Substantive auf *-a* bilden den Plural auf *-e*.
3. Unveränderlich sind Substantive, die mit einem betonten Vokal oder mit Konsonant enden:
   le città, le possibilità, gli autobus, i bar
   Ebenso *cinema, auto, foto, moto* Motorrad: i cinema, le foto

Besonderheiten bei der Pluralbildung (I)

– Bei männlichen Substantiven auf *-co/go/ga* wird vor der Pluralendung *-i* in der Regel ein *h* eingefügt, um die Aussprache von *c* [k] und *g* [g] zu erhalten:
  il disco – i dis**chi**, l'albergo – gli alber**ghi**, il collega – i colle**ghi**
  Aber: l'amico – gli ami**ci**
– Bei weiblichen Substantiven auf *-ca/ga* wird vor der Pluralendung *-e* immer ein *h* eingefügt:
  l'amica – le ami**che**, la collega – le colle**ghe**
– Für Adjektive auf *-co/go* bzw. *-ca/ga* gilt dasselbe:
  prodotti fres**chi**, capelli lun**ghi** lange Haare, colleghe simpati**che**, amiche austria**che**
  Aber: colleghi simpa**ti**ci, amici aus**tri**aci, prodotti bio**lo**gici

LEZIONE 8

44 Die Uhrzeit (I)

Che ora è? Che ore sono?	8.00 / 20.00	Sono le otto.	8.00 Sono le otto. 8.10 le otto e dieci. 8.15 le otto e un quarto. 8.30 le otto e mezzo/mezza. 8.35 le otto e trentacinque. 8.40 Sono le nove **meno** venti / le otto e quaranta. 8.45 le nove meno un quarto. 9.00 le nove.
	1.00 / 13.00	È l'una.	
	12.00	È mezzogiorno.	
	24.00	È mezzanotte.	

A che ora?	12.00 A mezzogiorno. 13.00 All'una.	9.00 Alle nove. 9.55 Alle dieci meno cinque.

Bei Zeitangaben verwendet man den bestimmten Artikel **le** (für *le ore*) bzw. **l'** (für *l'ora*):

Sono **le** undici e venti.	Es ist zwanzig nach elf.	È **l'**una e mezzo.	Es ist halb zwei.
Vengono alle quattro.	Sie kommen um vier.	Vengo verso **le** otto.	Ich komme gegen acht.

45 Die Wochentage

Oggi è	domenica. Sonntag	La	domenica mi piace uscire. sonntags
Veniamo	sabato. am Samstag	Il	sabato vado a pescare. samstags

Wochentage stehen gewöhnlich ohne Artikel.
Sie haben jedoch den bestimmten Artkel bei sich,
wenn ein Tag gemeint ist, an dem regelmäßig etwas geschieht.

46 Die Verben potere, volere, dovere

potere	volere	dovere
posso puoi può possiamo potete possono	voglio vuoi vuole vogliamo volete vogliono	devo devi deve dobbiamo dovete devono
potuto	voluto	dovuto

Beachten Sie:

– Statt *voglio* ich will wird oft *vorrei* gebraucht:
Vorrei un caffè — Ich möchte ...

– *Dovere* bedeutet „müssen" und „sollen" :
Devo andare alla stazione. — Ich muß zum Bahnhof.
Quando devo venire? — Wann soll ich ...?

– *Potere* bedeutet „können" und „dürfen":
Può venire domani? — Können Sie ..?
Posso telefonare? — Kann/Darf ich ...?

Vergleichen Sie: Ho **dovuto lavorare** fino alle 10. Ich habe bis 10 **arbeiten müssen.**

47 Das Passato prossimo mit essere (II)

Neu sind für Sie nur noch die Pluralformen.

	Singular	Plural
Fem.	Maria, come mai non sei venuta ieri? – Sono andata a una festa. – È arrivata la mia amica.	Ragazze, come mai non siete venute ieri? – Siamo andate a una festa. – Sono arrivate Maria e Rita.
Mask.	Paolo, come mai non sei venuto ieri? – Sono andato a una festa. – È arrivato il mio amico.	Ragazzi, come mai non siete venuti ieri? – Siamo andati a una festa. – Sono arrivati Paolo e Franca.

In Verbindung mit *essere* richtet sich das Partizip Perfekt in Geschlecht und Zahl nach dem Subjekt.

Beachten Sie:
Besteht das Subjekt aus mehreren Personen bzw. Substantiven verschiedenen Geschlechts,
hat das Partizip Perfekt die männliche Pluralform:
Laura e Franco: Siamo tornati stanchi.
Marito e moglie: Siamo stati molto contenti della Sua visita.

48 Possessiva (II)

Vengo con	il mio	ragazzo.	mit meinem Freund
	la mia	ragazza.	meiner Freundin
	un mio	collega.	einem Kollegen von mir
	una mia	amica.	einer Freundin von mir
	mio	marito.	meinem Mann
	mia	moglie.	meiner Frau
	mia	figlia.	meiner Tochter

Possessiva werden mit dem bestimmten und mit dem unbestimmten Artikel verwendet – außer vor Bezeichnungen für Familienmitglieder im Singular. (Näheres in § 56)

Beachten Sie noch folgende Wendungen:

a casa mia	*oder*	da me	bei mir (zu Hause) / zu mir (nach Hause)
a casa nostra		da noi	bei uns (zu Hause) / zu uns (nach Hause)

49 Örtliche Beziehungen: *da*

Maria è tornata	da Praga	ieri.	aus Prag zurückgekommen	**Ort,** von dem man kommt/
È partita	da Praga	due giorni fa.	von Prag abgereist	von dem aus man „startet"
Andiamo	da Maria.		zu Maria	**Person,** zu der man geht/
Siamo	da Maria.		bei Maria	bei der man sich befindet

50 Die Präpositionen *di* und *a* + Artikel (II): Singular und Plural

la mostra	del	Tiepolo	Vengo	all'	una.
il programma	della	televisione	Vorrei partecipare	alla	gara in bicicletta.
il parco	dei	Visconti	Hai scritto	ai	Forconi?
il circolo	degli	scacchi	E	agli	Osti?
il telegiornale	delle	8.00	Il film comincia	alle	otto.

	il	lo	la	l'	i	gli	le
di	del	dello	della	dell'	dei	degli	delle
a	al	allo	alla	all'	ai	agli	alle

51 Verben mit Sonderformen: *sapere, bere*

so	sappiamo		bevo	beviamo	
sai	sapete	saputo	bevi	bevete	bevuto
sa	sanno		beve	bevono	

Sai/Sa quando comincia la gara?
Mi dispiace, non lo so.

52 Personalpronomen als indirektes Objekt

Die Pronomen *le, gli* stehen für ein Personenobjekt, das mit der Präposition *a* eingeleitet wird:

	indirektes Objekt					
Che cosa regali	a	Cristina?	–	Le	regalo una cassetta.	ihr
	a	Roberto?	–	Gli		ihm
	ai	nonni?	–	Gli		ihnen
	alle	bambine?	–	Gli		
Was schenkst du Cristina?				Ich schenke ihr eine Cassette.		

Objektpronomen stehen vor dem konjugierten Verb: Che cosa **gli** hai regalato?
Die Verneinung *non* steht vor der Gruppe Pronomen + Verb: Perché **non** gli regali un libro?

Italienischen Verben mit indirektem Objekt, z.B. *regalare, portare, dare, dire, scrivere* usw., entsprechen im Deutschen für gewöhnlich ebenfalls Verben mit indirektem Objekt:
Che cos'hai comprato a Piero? – Gli ho comprato un libro. Ich habe ihm .. gekauft.
Es gibt aber auch Ausnahmen, z.B. *telefonare:*
Ha già **telefonato ai** Salaroli? – No, **gli telefono** stasera. Ich rufe sie ... an.

Die indirekten Objektpronomen im Überblick:

Grazia,	mi	presenti la tua amica?	mir
Francesco,	ti	presento Claudia.	dir
Signor Osti / Signora Osti,	Le	presento mio marito.	Ihnen (Einzelperson)
Ho telefonato a Paolo e	gli	ho detto di venire stasera.	ihm
Ho telefonato a Maria e	le	ho detto di venire stasera.	ihr
Carlo	ci	ha mandato una cartolina.	uns
Non	vi	ha scritto Maria?	euch/Ihnen
Ho telefonato ai Rossi e	gli	ho detto di venire stasera.	ihnen
Ho incontrato Anna e Lisa e	gli	ho detto di venire stasera.	

Hinweis:
Außer *gli* ihnen gibt es noch die Form *loro,* die in einem gehobeneren Sprachstil verwendet wird.
Loro wird dem Verb nachgestellt: Ho detto loro di venire stasera.

Wendungen

Ti/Le posso offrire un aperitivo?	Kann ich dir/Ihnen einen Aperitif anbieten?
Ti/Le va un bicchiere di prosecco?	Möchtest du/Möchten Sie ein Glas Prosecco?
Ti/Le auguro ogni bene.	Ich wünsche dir/Ihnen alles Gute.
Ma ci possiamo dare del tu!	Wir können uns doch duzen!

Beachten Sie:
Bei den Modalverben *dovere/potere/volere* + Infinitiv stehen Objektpronomen vor dem Modalverb, sie können aber auch an den Infinitiv angehängt werden:

Gli vorrei regalare un CD.
Vorrei regalar**gli** un CD.

Mi può dare un'informazione?
Può dar**mi** un'informazione?

Lezione 9

53 Reflexive Verben

1. Präsens

io	mi	riposo	ich ruhe mich aus
tu	ti	riposi	
lui/lei/Lei	si	riposa	
noi	ci	riposiamo	
voi	vi	riposate	
loro	si	riposano	
Infinitiv		riposar**si**	sich ausruhen

Reflexivpronomen beziehen sich auf das Subjekt:
Mario si riposa. Mario ruht sich aus.
Die Pronomen stehen vor dem konjugierten Verb. *Non* steht vor dieser Gruppe:
Perché non ti riposi un po'?
An den Infinitiv werden die Pronomen angehängt.

Weitere reflexive Verben:

chiamarsi	alzarsi	fermarsi	occuparsi di qualcosa/qualcuno
svegliarsi	lavarsi	trovarsi (bene)	sich um etwas/jemanden kümmern
addormentarsi einschlafen	vestirsi	sentirsi (solo/a)	

2. Passato prossimo

	Mi	sono	svegliato / svegliata	alle 6.
Quando	ti	sei	alzato / alzata	?
Non	si	è	fermato / fermata	qui?
	Ci	siamo	abituati / abituate	al clima.
Come	vi	siete	trovati / trovate	a Milano?
Non	si	sono	sentiti / sentite	bene.

Das Passato prossimo der reflexiven Verben wird mit *essere* gebildet.
Das Partizip Perfekt richtet sich deshalb in Geschlecht und Zahl nach dem Subjekt.

Beachten Sie:
Die meisten reflexiven Verben werden auch nicht-reflexiv gebraucht (zum Teil mit anderer Bedeutung) und bilden dann das Passato prossimo mit *avere:*

Laura **si è svegliata** alle 7, — ist ... aufgewacht
poi **ha svegliato** i bambini. — hat ... geweckt

54 Die Tageszeiten

La mattina	mi alzo presto e vado a lavorare.	morgens
Il pomeriggio	mi occupo dei bambini.	nachmittags
La sera	vado fuori con gli amici.	abends
Aber:		
Domani mattina	devo andare a Milano.	morgen Vormittag / morgen früh
Sabato sera	vengono i Russo.	am Samstagabend

Die Tageszeiten stehen mit dem bestimmten Artikel zur Kennzeichnung regelmäßiger Wiederholungen/ Gewohnheiten (vgl. auch Wochentage § 45).

Beachten Sie folgende Wendungen:

stamattina	heute Morgen (Zeitpunkt)	in mattinata	im Laufe des Vormittags
stasera	heute Abend	nel pomeriggio	am Nachmittag / im Laufe des Nachmittags

55 Das Verb *uscire*

esco	usciamo	
esci	uscite	è uscito/a
esce	escono	

Esco di casa alle 8. — Ich gehe ... aus dem Haus.
Il sabato sera mi piace uscire. — ... gehe ich gern aus.
Stasera esco con Antonia. — ... gehe ich aus mit Antonia.

56 Possessiva (III): Singular und Plural

Mask. Singular		Plural		Fem. Singular		Plural	
il mio	amico	i **miei**	amici	la mia	amica	le mie	amiche
il tuo	bambino	i **tuoi**	bambini	la tua	lettera	le tue	...
il suo	libro	i **suoi**	...	la sua	macchina	le sue	...
il nostro	cane	i nostri		la nostra		le nostre	
il vostro		i vostri		la vostra		le vostre	
il loro		i loro		la loro		le loro	

1. Possessiva richten sich in Geschlecht und Zahl nach ihrem Beziehungswort.
   Nur *loro* bleibt unverändert: Vengono le mie amiche con i loro bambini.
2. Bei der höflichen Anrede verwendet man
   – gegenüber einer Einzelperson die Formen von *suo*: la Sua lettera
   – gegenüber mehreren Personen die Formen von *vostro*, diese Form wird auch gegenüber einem Betrieb (in Geschäftskorrespondenz) verwendet: la vostra/Vostra lettera
3. Possessiva haben gewöhnlich den bestimmten Artikel bei sich;
   anders verhält sich bei Bezeichnungen für Familienangehörige/Verwandte:

Singular			Plural		
Vengo con		mio marito.	Sono arrivati	i	miei parenti di Torino.
Come sta		Sua madre?	Come stanno	i	Suoi genitori?
Dove sta		tuo fratello?	Che cosa fanno	i	tuoi fratelli?
Questa è		nostra figlia.	Queste sono	le	nostre figlie.
I Pugi vengono con	**il**	loro figlio.	I Pugi vengono con	i	loro figli.
Im Singular ohne Artikel, außer vor *loro*			Im Plural mit Artikel		

Sonderfälle:
In einigen Fällen steht auch im Singular der Artikel:
– bei familiären Bezeichnungen wie *papà/babbo/mamma*: il mio papà/babbo, la mia mamma
– bei Bezeichnungen mit Suffix: il tuo fratellino Brüderchen, la mia sorellina kleine Schwester
– wenn eine Ergänzung hinzutritt:
  Giorgio è il mio fratello più grande mein ältester Bruder
  il mio cugino di Roma mein Vetter aus Rom

Beachten Sie noch:
Il fine settimana vado a casa **dai miei.** — zu meinen Eltern (und Geschwistern)
Piero vive ancora **con i suoi.** — bei seinen Eltern

57 Die Präposition *da* + bestimmter Artikel (II)

Vado	dal	medico. Arzt
Sono uscito	dall'	ufficio alle 5.
Mi hanno mandato una cartolina	dalle	vacanze.
Domenica vado a casa	dai	miei.

	il	lo	la	l'	i	gli	le
da	dal	dallo	dalla	dall'	dai	dagli	dalle

58 Besonderheiten bei der Pluralbildung (II)

Bei Substantiven und Adjektiven auf *-io* fällt unbetontes *i* mit der Pluralendung *-i* zusammen:
un negozio – i negozi, mio figlio – i miei figli, un vecchio amico – vecchi amici
Betontes *i* bleibt vor der Pluralendung erhalten: mio zio – gli **zii**

59 Personalpronomen als direktes Objekt

Die Pronomen *lo, la, li, le* stehen für ein direktes Objekt (Person oder Sache):

	direktes Objekt					
Prendi tu	il pacco?	–	Va bene,	**lo**	prendo io.	ihn/es
Conosci	la signora Piva?	–	No, non	**la**	conosco.	sie
Quando vedi	i Picone?	–	Forse	**li**	vedo stasera.	sie (Plural Mask.)
Accompagni tu	le bambine?	–	No,	**le**	accompagna Lisa.	sie (Plural Fem.)

– *Lo* kann sich auch auf einen Sachverhalt beziehen: Dov'è Mario? - Non lo so.
– Die Formen *lo* und *la* werden vor Vokal bzw. *h* für gewöhnlich apostrophiert: **L'**hai visto?

Die direkten Objektpronomen im Überblick

non	**mi**	accompagni?	mich
	ti	accompagno	dich
	La	posso accompagnare?	Sie (Einzelperson)
	lo	conosco bene	ihn/es
	la	conosco bene	sie
	ci	accompagni?	uns
	vi	accompagno	euch/Sie
	li	conosco	sie (Mask.)
	le	conosco	sie (Fem.)

Zum Vergleich: indirekte Objektpronomen

non	**mi**	scrivi?	mir
	ti	scrivo	dir
	Le	scrivo	Ihnen
	gli	scrivo	ihm
	le	scrivo	ihr
	ci	scrivi?	uns
	vi	scrivo	euch/Ihnen
	gli	scrivo	ihnen
	gli	scrivo	ihnen

– Diese direkten und indirekten Objektpronomen werden nur in Verbindung mit einem Verb verwendet.
– Die Verben *aiutare* und *ringraziare* haben (anders als die entsprechenden deutschen Verben) ein direktes Objekt: **La** ringrazio. **La** posso aiutare?

Lezione 10

60 Der Imperativ (I)

	-are		-ere		-ire		
	cominciare		prendere		dormire	finire	
tu	Comincia!	Fang an!	Prendi	il treno!	Dormi!	Finisci di mangiare!	
voi	Cominciate!	Fangt an! Fangen Sie an!	Prendete	il treno!	Dormite!	Finite di mangiare!	
noi	Cominciamo!	Fangen wir an!	Prendiamo	il treno!	Dormiamo!	Finiamo per oggi!	

Die Imperativformen der 2. Person Singular/Plural und der 1. Person Plural sind mit den entsprechenden Präsensformen identisch – mit einer Ausnahme:
Der Imperativ der 2. Person Singular hat bei den Verben auf *-are* die Endung *-a:*
Comincia! Fang an!

Verben mit Sonderformen

	andare		stare	fare	dire	dare	venire	bere
tu	va' *oder* vai	geh!	sta'/stai	fa'/fai	di'	da'	vieni	bevi
voi	andate	geht!	state	fate	dite	date	venite	bevete
noi	andiamo	gehen wir!	stiamo	facciamo	diciamo	diamo	veniamo	beviamo

Der verneinte Imperativ

tu	**Non fumare** tanto!	Rauche nicht so viel!
voi	Non fumate tanto!	Raucht nicht so viel!

Der verneinte Imperativ wird in der 2. Person Singular durch *non* + Infinitiv ausgedrückt.

61 Die Präposition *in* + bestimmter Artikel

L'albergo è	nella	zona pedonale.
Non lasciare rifiuti	nei	boschi.
Armando deve andare	negli	Stati Uniti.
	nelle	Filippine.

in	il	lo	la	l'	i	gli	le
	nel	nello	nella	nell'	nei	negli	nelle

62 Der bestimmte Artikel bei Ländernamen

Femininum			Maskulinum		
Qual è il prefisso per	l'	Italia?	Qual è il prefisso per	il	Belgio?
Conoscete	la	Puglia?	Conoscete	il	Lazio?
La sua famiglia viene	dalla	Calabria.	La sua famiglia viene	dal	Friuli.
Palermo è il capoluogo	della	Sicilia.	Qual è il capoluogo	del	Molise?
Hauptstadt					– Campobasso.

Vor den Namen von Ländern und Regionen steht gewöhnlich der bestimmte Artikel, auch in Verbindung mit Präpositionen.

Beachten Sie jedoch folgende Besonderheit:

Singular:	Siamo	**in**	Italia,	Venite	nel	Lazio.
		in	Toscana.			
Plural:	Venite	nelle	Marche.	Quando sei andato	negli	Stati Uniti?

In Verbindung mit der Präposition *in* entfällt der Artikel bei weiblichen Ländernamen im Singular.

Beachten Sie:
- In Verbindung mit *in* entfällt der Artikel gewöhnlich auch bei einigen männlichen Namen, z.B. *Piemonte, Belgio, Brasile, Canada, Giappone:* in Piemonte
- Namen mit einer näheren Bestimmung haben immer den bestimmten Artikel bei sich: **nell**'Italia del Sud in Süditalien
- Vor den Namen kleinerer Inseln verwendet man die Präposition *a:* a Ischia, a Capri, **all**'Isola d'Elba – *Aber:* **in** Sardegna/Sicilia/Corsica

63 volerci: ci vuole - ci vogliono

Man braucht ...		Zum Vergleich: **Ich** brauche ...	
Per spedire una lettera / un espresso in Germania ...			
ci vuole	un francobollo da 750 lire.	**Ho bisogno**	di una vacanza.
ci vogliono	due francobolli da 2000 lire.		di due settimane di riposo.
Man braucht + Zeitangabe		(**Ich** brauche + Zeitangabe: § 69)	
Per arrivare alla spiaggia ...			
ci vuole	mezz'ora.		
ci vogliono	10 minuti.		

Dem unpersönlichen Ausdruck „man braucht ..." entspricht im Italienischen
- *ci vuole,* wenn ein Substantiv / eine Zeitangabe im Singular folgt,
- *ci vogliono,* wenn ein Substantiv / eine Zeitangabe im Plural folgt.

64 Vi è piaciuta la Puglia?

Vi	è piaciuta	la Puglia?	Ti	sono piaciute	le grotte?
Sì, ci	è piaciuta	molto.	No, non mi	sono piaciute.	

Das Verb *piacere* bildet das Passato prossimo mit *essere*.
Das Partizip Perfekt richtet sich daher nach dem Subjekt.

Ebenso:
costare: Quanto è costato?
bastare: Mi è bastato.
cambiare: I tempi sono cambiati.
sich ändern
piovere: È/Ha piovuto.
regnen

65 Besonderheiten bei der Pluralbildung (III)

Bei den Substantiven auf *-cia* und *-gia* wird im Plural *-ce* und *-ge* geschrieben:
un'arancia – un chilo di arance, una spiaggia – delle spiagge.

Ausnahmen:
- una farmacia – le farmacie, una bugia Lüge – le bugie (das *i* ist betont)
- una camicia Hemd – le camicie, una valigia – le valigie (der Endung geht ein Vokal voraus)

66 Der unbestimmte Artikel und seine Entsprechungen im Plural

Sing.	C'è Da gibt es	una einen	spiaggia bellissima. herrlichen Strand.	unbestimmter Artikel
Plur.	Ci sono Ci sono Da gibt es	delle	spiagge bellissime. spiagge bellissime. herrliche Strände.	*di* + Artikel im Plural: delle/dei/degli —

Hinweis:
In solchen Aussagen bzw. Fragen können die Artikelformen *delle/dei/degli* für gewöhnlich nur dann wegfallen, wenn das Substantiv eine Ergänzung bei sich hat:
Ci sono **delle** spiagge.
Ci sono (**delle**) spiagge bellissime.
Ci sono **dei** campeggi?
Ci sono (**dei**) campeggi qui vicino?

67 Zeitliche Beziehungen: *fra/tra - fa - da*

Quando vai in ferie? –	**Fra/Tra**	due giorni.		in	zwei Tagen
Sono arrivato		due giorni	**fa.**	vor	zwei Tagen
Sono qui	**da**	due giorni.		seit	zwei Tagen

Beachten Sie folgende Wendungen:
quindici giorni — zwei Wochen
sei mesi — ein halbes Jahr
tre mesi — ein Vierteljahr
Quanto (tempo) si ferma? — Wie lange bleiben Sie?
Quanto ci vuole per andare al mare? — Wie lange braucht man ...?

Lezione 11

68 Die Uhrzeit (II)

Sono le (ore) 12.30.	(dodici e trenta)	C'è l'Intercity delle 20.45.	(venti e quarantacinque)
C'è un treno alle 13.15.	(tredici e quindici)	Il treno parte alle 22.56.	(ventidue e cinquantasei)

Bei offiziellen Zeitangaben (Radio, Fahrplan) werden die Stunden von 0 bis 24 und die Minuten von 1 bis 59 durchgezählt. (Vgl. dagegen § 44)

69 *volerci* und *metterci* + Zeitangaben

Quanto tempo ci vuole?

Con l'Intercity	ci vuole	un'ora e mezzo.	... braucht man...
	ci vogliono	due ore.	

Quanto tempo ci mette?

L' Intercity	ci mette	due ore.	Der Intercity braucht ...
Io in macchina	ci metto	tre ore.	Ich brauche ...
Voi quanto (tempo)	ci mettete	per arrivare in centro?	Wie lange braucht ihr ...?
	Ci mettiamo	dieci minuti.	Wir brauchen ...

1. Bei Angaben zur Zeitdauer wird „man braucht/benötigt" mit *ci vuole* (bei Zeitangaben im Singular) bzw. mit *ci vogliono* (bei Zeitangaben im Plural) wiedergegeben. (vgl. § 63)
2. Will man sagen, wer (Person oder Verkehrsmittel) die entsprechende Zeit benötigt, verwendet man das Verb *metterci*. In Verbindung mit Verkehrsmitteln wird anstelle von *metterci* auch das Verb *impiegare* verwendet: Il treno ci mette / impiega due ore.

Weitere Formen zum Ausdruck der Notwendigkeit:

È necessaria la prenotazione? Ist eine Platzreservierung notwendig? / Muss man reservieren?
Bisogna prenotare? Muss man reservieren?
Devo cambiare? Muss ich umsteigen?

70 eccolo, eccola ...

Il passaporto, prego!		**Eccolo.**
Ha la tessera EuroCard?	Sì,	**eccola.**
Hai i biglietti?	Sì,	**eccoli.**
E le chiavi?		**Eccole.**

Die Pronomen *lo, la, li, le* werden an *ecco* angehängt.

Ebenso: Ecco**mi!** Da bin ich!

71 Die Steigerung: Komparativ und relativer Superlativ

Komparativ		relativer Superlativ				
– Vai in macchina? – No, vado in treno. È È	più sicuro. meno caro.	È	il	mezzo e	più sicuro meno caro	per viaggiare.
Lucca è bella. Ma Siena e Firenze sono	più belle.	Sono	le	città	più belle	della Toscana.

1. Beim Komparativ wird ein höherer Grad durch *più* mehr und ein niedrigerer Grad durch *meno* weniger ausgedrückt:
   più sicuro sicherer — più caro teurer
   meno sicuro weniger sicher — meno caro billiger
2. Der relative Superlativ ist die höchste Steigerungsstufe beim Vergleich. Er wird im Italienischen durch die Komparativform mit dem bestimmten Artikel ausgedrückt:
   la città **più bella** del mondo die schönste Stadt der Welt

Besondere Steigerungsformen

migliore	besser	il/la migliore	der/die beste
peggiore	schlechter	il/la peggiore	der/die schlechteste

Quale albergo ci consiglia? – Dunque, l'albergo **migliore** è il Mariott, però è molto caro.

72 Die Präposition *su* + bestimmter Artikel

Vorrei prenotare 2 posti	sull'	Intercity delle 8.00 per Roma.	im Intercity
Traffico intenso	sulle	autostrade.	auf den Autobahnen

Präpositionen, die mit dem bestimmten Artikel verbunden werden, im Überblick:

	il	lo	la	l'	i	gli	le
a	al	allo	alla	all'	ai	agli	alle
di	del	dello	della	dell'	dei	degli	delle
da	dal	dallo	dalla	dall'	dai	dagli	dalle
in	nel	nello	nella	nell'	nei	negli	nelle
su	sul	sullo	sulla	sull'	sui	sugli	sulle

Gelegentlich wird die Präposition *con* mit *il* verbunden: con il treno / col treno

Wendungen mit „su":
– salire sul treno / sulla macchina / sull'autobus in den Zug / in das Auto / in den Bus steigen
– dimenticare/lasciare qualcosa sul treno etwas im Zug vergessen / liegen lassen
– Abbiamo ancora appartamenti sulla costa adriatica / sul mare. an der Adria / am Meer
– La camera dà sulla strada / sul cortile. Das Zimmer geht auf die Straße / auf den Hof.

73 Das Verb *salire*

salgo	saliamo	
sali	salite	è salito
sale	salgono	

Siamo saliti sull'Etna. Wir sind ... gestiegen.
Siamo saliti in/sul treno a Pavia. Wir sind in den Zug (ein)gestiegen.

74 Der Imperativ (II)

	-are		-ere	-ire	
	aspettare		prendere	sentire	tossire
Lei	Aspetti! Non mi aspetti!	Warten Sie! Warten Sie nicht auf mich!	Prenda il treno!	Senta!	Tossisca! Husten Sie!

Beim Imperativ der Höflichkeitsform *(Lei)* haben die Verben auf *-are* die Endung *-i*, die Verben auf *-ere* und *-ire* hingegen die Endung *-a*. (Vgl. dagegen § 60)

Beachten Sie:
- Bei Verben auf *-care* und *-gare* bleibt die Aussprache von *c* [k] und *g* [g] erhalten, deshalb wird vor der Imperativendung *-i* ein *h* eingefügt:
  cercare: Cerchi di dormire.
- Bei Verben auf *-cere* und *-gere* variiert die Aussprache von *c* und *g*, sie richtet sich nach dem Vokal der Endung:
  leggere: legga [gga] lesen Sie! - leggi [ddzi] lies!

Verben mit Sonderformen

dare:	Mi	**dia**	un chilo di mele.	Geben Sie mir ein Kilo Äpfel.
stare:		**Stia**	tranquillo/a!	Seien Sie unbesorgt!

	andare	dire	fare	rimanere	salire	venire
Präsens *(io)*	vado	dico	faccio	rimango	salgo	vengo
Imperativ *(Lei)*	→vada	dica	faccia	rimanga	salga	venga

Was Sie vielleicht sonst noch wissen wollen

Da quale binario ...? – Quali treni ...? – Qual è ...? – Che strada ...?
- Mit *quale* welche(r)?, im Plural *quali?*, fragt man nach Sachen/Personen aus einer bestimmten Anzahl; *quale* wird vor *è* zu *qual* verkürzt: Qual è il prefisso di Firenze?
- Mit *che ...?* was für ein(e) ...? fragt man nach Sachen/Personen ganz allgemein.

LEZIONE 12

75 Die *si*- Konstruktion (I)

Da Mario	si mangia	bene.	... isst man ...
e	si spende	poco.	

Das unpersönliche Subjekt „man” wird im Italienischen durch *si* ausgedrückt. (Weiteres in § 96)

76 Teilungsartikel und Plural des unbestimmten Artikels

Bestimmte Menge /Anzahl		Unbestimmte Menge /Anzahl				
Ho comprato	un chilo di pane.	Ho comprato	**del** pane.	Ich habe		Brot gekauft.
Ho mangiato	un panino. tre panini.	Ho mangiato	**dei** panini.	Ich habe		Brötchen gegessen.

Teilungsartikel und Plural des unbestimmten Artikels werden mit der Präposition *di* und dem bestimmten Artikel gebildet: del pane, della frutta, dell'uva – dei panini, degli involtini, delle olive

Beachten Sie:
- Der Gebrauch dieser Artikelformen ist zum Teil fakultativ, z.B. in folgendem Satz: Stasera mangiamo pesce / del pesce.
- In Aufzählungen und in verneinten Sätzen werden sie nicht verwendet:
  Ho comprato mele, pere, fichi ...
  Non ho soldi. Ich habe kein Geld.

77 Betonte Personalpronomen (Objekt)

Betonte Pronomen			
A te	piace la rucola? – Sì,	a **me**	piace.
A Lei	No,	a **me**	no.
A voi		A **noi**	invece sì.

Zum Vergleich: unbetonte Pronomen			
Ti	piace la rucola? – Sì,	mi	piace molto.
Le			
Vi	Sì,	ci	piace molto.

Die betonten Objektformen unterscheiden sich von den entsprechenden Subjektformen *(io, tu, lui ...)* nur in den beiden ersten Personen: io ich / **me** mich, tu du / **te** dich – lui er/ihn ...
Die reflexive Form lautet *sé:* Pensa solo **a sé** (stesso). Er denkt nur an sich selbst.

Die betonten Personalpronomen werden verwendet
- wenn die Person besonders hervorgehoben werden soll: Lui viene, lei no.
- in Fragen und Antworten ohne Verb: Chi cerca, signora? Me? - Sì, proprio Lei.
- generell nach Präpositionen: a me, di voi, da loro, con te, per Lei
  an einige Präpositionen werden sie mit *di* angeschlossen: senza di me ohne mich, dopo di Lei

LEZIONE 13

78 Farbbezeichnungen

un abito	bianco
una giacca	bianca
un paio di scarpe	nere
un paio di calze	verdi

un maglione	blu
una camicia	blu
dei jeans	arancione
un paio di scarpe	marrone

una gonna	verde chiaro
delle calze	verde scuro
dei pantaloni	verde oliva
delle cravatte	color pastello

Veränderlich:	
bianco	rosso
nero	azzurro
grigio	celeste
giallo	verde

Unveränderlich:	
blu	turchese
rosa	beige
viola	marrone
lilla	arancione

Unveränderlich:

- Zusammensetzungen mit *chiaro* und *scuro*
- Zusammensetzungen wie *verde oliva, celeste pastello*

Beachten Sie:
- Bei den Farbbezeichnungen *arancione* und *marrone* kommt auch die Pluralform auf *-i* vor: un paio di scarpe marrone/marroni.
- Farbbezeichnungen werden auch als Substantive (mit dem bestimmten Artikel) verwendet:
  Il verde ti sta bene. Grün steht dir gut.
  Ti piace **il viola?** Gefällt dir/Magst du Violett?

Wendungen

vestire/vestirsi di bianco	sich weiß kleiden, Weiß tragen	la pasta / il riso in bianco	*nur mit etwas Öl/Butter*
passare la notte in bianco	eine schlaflose Nacht verbringen	una foto in bianco e nero	ein Schwarzweißfoto
essere al verde	blank/abgebrannt sein	un assegno in bianco	ein Blankoscheck
passare col rosso	bei Rot durchfahren	gli Azzurri	*italienische Nationalmannschaft*

79 Ce l'ho.

Hai la	chiave?/	– Sì,	ce l'ho.	Hast du den Schlüssel?	– Ja, ich habe ihn.
Ce l'hai la	chiave?	No,	non ce l'ho.		Nein, ich habe ihn nicht.
Avete	il computer a casa?/	– Sì,	ce l'abbiamo.	Habt ihr einen Computer?	– Ja, wir haben einen.
Ce l'avete il	computer a casa?	No,	non ce l'abbiamo.		Nein, wir haben keinen.
(Ce li)	hai i biglietti?	– Sì,	ce li ho.	Hast du die Karten?	– Ja, ich habe sie.

In Verbindung mit dem Verb *avere* in den Bedeutungen „dahaben / dabei haben / besitzen" werden die Objektpronomen *lo/la/li/le* mit *ce* ergänzt: ce l'ho, ce li hai ...
Diese Konstruktion wird in der Umgangssprache auch in Sätzen mit explizit angegebenem Objekt verwendet:

Hai la chiave? (Standardsprache)
Ce l'hai la chiave? (Umgangssprache)

80 questo - quello

als Pronomen

È	**questa**	la tua macchina?	Ist das (hier) dein Auto?	questo	questi
No, è	**quella**	lì.	Nein, das (da/dort).	questa	queste
	Queste	(scarpe) sono comode,	Die (hier) sind bequem,	quello	quelli
ma	**quelle**	sono più belle.	aber die (anderen) sind schöner.	quella	quelle
Ti piace	**questo**	maglione?	Gefällt dir dieser Pullover?		
Sì, ma	**quello**	rosso ti sta meglio.	Ja, aber der rote steht dir besser.		

Questo der/das (hier) verweist auf Sachen/Personen in unmittelbarer Nähe des Sprechers.
Quello der/das (da/dort) verweist auf Sachen/Personen, die vergleichsweise weiter entfernt sind.

Beachten Sie:
Will man ein zuvor genanntes Substantiv nicht wiederholen, verwendet man als Ersatzwort *quello:*
Come mi stanno questi pantaloni? - Bene, ma **quelli neri** ti stanno meglio. ... die schwarzen stehen dir besser.

als Adjektive

Come mi sta **questo** maglione?	Posso provare **quel** maglione che è in vetrina?
questa giacca?	**quella** giacca
Come mi stanno **questi** jeans?	Posso provare **quei** jeans che sono in vetrina?

questo vestito	questi vestiti	quel vestito	Kleid/Anzug	quei vestiti		Wie der
		quello scialle	Schal	quegli scialli		bestimmte
quest' abito		quell' abito		quegli abiti		Artikel
questa giacca	queste giacche	quella giacca		quelle giacche		(vgl. § 29)
quest' idea		quell' idea				

81 Weitere Funktionen der Präpositionen *da, di, a*

... la giacca **da** 115 euro che è in vetrina	die Jacke zu 115 Euro	Preis/Wert
una banconota **da** 100 euro	ein 100-Euro-Schein	

occhiali **da** sole	Sonnenbrille	Zweck/Bestimmung
scarpe **da** tennis	Tennisschuhe	
sandali **di** vernice	Lacksandalen	Material
un cappotto **di** lana	Wollmantel	
una camicetta **a** righe	gestreifte Bluse	Merkmal
una foto **a** colori	Farbfoto	

82 Unbetonte Personalpronomen beim Imperativ

	Questo libro è proprio bello!		Bisogna scrivere a Mario.	
Lei	**Lo** compri!	Kaufen Sie es!	**Gli** scriva una cartolina!	**Si** riposi un po'!
tu	Compra**lo**!	Kauf es!	Scrivi**gli**!	Ripos**ati**!
voi	Comprate**lo**!	Kauft es!	Scrivete**gli**!	Riposate**vi**!
noi	Compriamo**lo**!	Kaufen wir es!	Scriviamo**gli**!	Riposiamo**ci**!

Die unbetonten Personalpronomen werden
- beim Imperativ der Höflichkeitsform *(Lei)* dem Verb vorangestellt,
- bei den anderen Imperativformen an das Verb angehängt; die Betonung der Verbformen ändert sich dabei nicht (z.B. telefona - telefonagli).

Beim verneinten Imperativ

Non **si** preoccupi!			Machen Sie sich keine Sorgen!
Non **ti** preoccupare!	oder	Non preoccupar**ti**!	Mach dir keine Sorgen!
Non **vi** preoccupate!	oder	Non preoccupate**vi**!	Macht euch keine Sorgen!

Verben mit Sonderformen

	fare	dare	dire
Lei	faccia: Mi faccia vedere.	Mi dia un consiglio.	dica: Mi dica.
tu	fa': **Fammi** vedere.	**Dammi** un consiglio.	di': **Dimmi.**

In Verbindung mit den Imperativformen *fa', da', di', va', sta'* verdoppelt sich der Konsonant des angehängten Pronomens (außer bei *gli*): Dimmi! Dillo! – Aber: Digli ...!

83 Fragesätze mit *che, che cosa, chi*

Che macchina è?	Was für eine Auto ...?		
Che taglia ha?	Welche Größe ...?		
Che cosa c'è?	Was gibt's?	Chi è?	Wer ist das? / Wer ist da?
Che cosa dice?	Was sagt er?	Chi cerca?	Wen ...?
A che cosa pensi?	Woran ...?	A chi scrivi?	An wen / Wem ...?
Di che cosa parlate?	Wovon ...?	Con chi hai parlato?	Mit wem ...?

- Che wird auch bei Ausrufen verwendet: Che bello!/Che bellezza! Wie schön! Che eleganza!
- Anstelle von *che cosa* wird häufig nur *cosa* bzw. nur *che* verwendet: Cosa vuoi?/ Che vuoi? Was willst du?

Fammi vedere **che cosa** hai comprato!	Zeig mir, **was** du gekauft hast.
Non so **chi** ha organizzato la festa.	Ich weiß nicht, **wer** ...
Dimmi **di che cosa** avete parlato al seminario.	Sag mir, **wovon/worüber ...**

Lezione 14

84 Adverbien auf *-mente*

Es gibt ursprüngliche Adverbien, z.B *oggi, fuori, bene, male,* und von Adjektiven abgeleitete Adverbien.

Questo è un locale	tipico.	
È un locale	tipica**mente**	italiano.
Ha una macchina	veloce.	
Il tempo è passato	veloce**mente.**	
Chi si comporta così non è	normale.	
	Normal**mente**	esco alle 6.

Das Adverb wird gebildet durch Anhängen von *-mente* an die weibliche Form des Adjektivs:

tipico/tipica tipicamente
veloce velocemente

Adjektive auf *-le* und *-re* verlieren das *e* vor der Endung *-mente.*

Beachten Sie:
- Sonderfall: leggero leicht – leggermente
- Dem Adjektiv *buono* entspricht das Adverb *bene:*
  Il Boscaccio è un **buon** ristorante. – Al Boscaccio si mangia **bene.**
- *Bene* wird vor einem Adjektiv oft zu *ben* verkürzt: un lavoro ben pagato
- Adverbien werden wie Adjektive gesteigert:
  Carlo viene **più tardi.** später – Parla **più lentamente,** per favore. langsamer
- Die Adverbien *bene* und *male* haben besondere Steigerungsformen:

bene:	**meglio**	besser	benissimo
male:	**peggio**	schlechter	malissimo

Hinweis:
- Im Italienischen gibt es viele adverbiale Ausdrücke wie

di solito	(für) gewöhnlich	in tempo	rechtzeitig	da solo/a	allein
di nuovo	erneut/wieder	per caso	zufällig	a memoria	auswendig

85 Li ho già presi.

Hai comprato	il vino?	– Sì,	**l'**ho comprat**o**	al supermercato.
	la frutta?		**l'**ho comprat**a**	
	i carciofini?		**li** ho comprat**i**	
	le olive?	– No, non	**le** ho comprat**e**,	
			le ho dimenticate.	

In Verbindung mit *avere* bleibt das Partizip Perfekt gewöhnlich unverändert. Es muss sich jedoch nach den vorausgehenden Objektpronomen *lo, la, li, le* richten.

Wenn ein direktes Objekt am Satzanfang steht, muss es durch das entsprechende Objektpronomen wieder aufgenommen werden

Prenda questi antibiotici. –	Questi	li	ho già presi.	
queste capsule. –	Queste	le	ho già prese.	
	Questo sciroppo	l'	ho già preso.	
	oder:	L'	ho già preso	questo sciroppo.

86 Das Konditional (I): Singular

	-are	-ere	-ire
	comprare	prendere	preferire
io tu lui/lei/Lei	comprerei compreresti comprerebbe	prenderei prenderesti prenderebbe	preferirei preferiresti preferirebbe

Die Endungen des Konditionals sind für alle Verben gleich: *-ei, -esti, -ebbe*
Sie werden an den um den Endvokal gekürzten Infinitiv angehängt.
Bei den Verben auf *-are* wird dabei das *a* zu *e*.

Verben mit Sonderformen (I)

dare	fare	stare	avere	andare	dovere	potere	volere
darei	farei	starei	avrei	andrei	dovrei	potrei	vorrei

a) Mario ti Lo	potrebbe farebbe	aiutare. senz'altro.	M. könnte dir helfen. Er würde es sicher tun.	Annahme
b) Io lui Mi 	vorrei preferirebbe Avrei faresti Potrebbe Dovresti	una macchina comoda, una macchina sportiva. bisogno di un'informazione. un favore? venire alle 11? smettere di fumare.	Ich möchte/hätte gern ...., er hätte lieber ... Ich bräuchte ... Würdest du mir ein Gefallen tun? Könnten Sie ...? Du solltest...	Wunsch höfliche Bitte, Frage, Aufforderung

a) Das Konditional steht zum Ausdruck einer Annahme.
b) Es dient oft zur Abschwächung von Aussagen: Wünsche, Bitten, Fragen oder Aufforderungen klingen im Konditional zurückhaltender und höflicher als im Präsens.

87 *Ne* als Mengenausdruck

Ho fatto un dolce. Non ho più pastiglie contro il mal di testa. No, mi dispiace, **non**	**Ne** vuoi un pezzo? **Ne** hai tu ? **ne** ho.	Willst du ein Stück (davon)? Hast du welche? ... ich habe keine.
Che belle fragole! Hai tutti i CD di Zucchero? - No,	**Ne** prendo mezzo chilo. **ne** ho solo due.	ein Pfund (davon) nur zwei (davon)
Le prescrivo uno sciroppo. – Le prescrivo degli antibiotici. –	Quanto **ne** devo prendere? Quanti **ne** devo prendere?	wie viel (davon)? wie viele (davon)?

Ne nimmt Bezug auf zuvor genannte Sachen und bezeichnet eine Teilmenge („davon"). Es steht oft in Verbindung mit einem weiteren Mengenausdruck (z.B. *un chilo di, quanto/a?, quanti/e?, molto, poco*) sowie mit Zahlen.
Ne kann sich auch auf Personen beziehen: Hai molti amici? – **Ne** ho pochi, ma buoni!

88 Die Verneinung (II): *non ... niente, non ... nessuno*

	non		Verb	Ergänzung	
Prendi qualcosa? – No, grazie,	non		prendo	niente.	nichts
È venuto qualcuno? – No,	non		è venuto	nessuno.	niemand
	Non	lo	dica	a nessuno.	

Hinweise:
- Anstelle von *niente* wird auch *nulla* verwendet: Non abbiamo comprato **niente/nulla.**
- Wenn *nessuno/niente/nulla* am Satzanfang bzw. allein stehen, entfällt *non:*
  Nessuno gli crede. Niemand/Keiner glaubt ihm.
  Chi lo sa? – **Nessuno.**

Lezione 15

89 Die Stellung des Adjektivs

a)	una macchina	rossa	un giornale	francese	un appartamento	ammobiliato
		sportiva		italiano		comodo
		veloce		milanese		tranquillo

Die meisten Adjektive stehen im Normalfall nach dem Substantiv.
In dieser Stellung signalisieren sie eine unterscheidende Eigenschaft.
Nationalbezeichnungen werden immer nachgestellt

b)	un piccolo appartamento	un buon ristorante
	un grande albergo	un vecchio amico
	una bella camera	una lunga lettera

L'appartamento ha un grande soggiorno e due camere.
Noi prendiamo **la camera grande** perché siamo in tre.

È un bell'appartamento grande, ben arredato.
È un appartamento grande e luminoso. hell
È un appartamento molto bello.

Einige häufig gebrauchte Adjektive wie

bello	piccolo	vecchio	breve
buono	grande	giovane	lungo
brutto	bravo		

stehen gewöhnlich vor dem Adjektiv.

Sie werden jedoch nachgestellt,
- wenn die Eigenschaft als Unterscheidungsmerkmal hervorgehoben werden soll;
- wenn sie durch eine Beifügung besonderes Gewicht erhalten.

Hinweis:
Für die Stellung der Adjektive gibt es keine absolute Regel. Bei der Wahl zwischen Voran- oder Nachstellung sind oft rein subjektive Gründe des Sprechers ausschlaggebend.

90 Die Adjektive *bello* und *buono*

Mask. Singular	Plural	Fem. Singular	Plural
un **bel** vantaggio **bello** studio **bell'**appartamento	dei **bei** quadri **begli** specchi Spiegel **begli** appartamenti	una bella foto bella idea/ bell'idea	delle belle foto
un **buon** lavoro **buon** amico **buono** stipendio	dei buoni amici	una buona giornata buona idea/ buon'idea	delle buone idee

Bello verhält sich vor einem Substantiv wie der bestimmte Artikel (vgl. § 29) bzw. wie quello (§ 80).
Buono verhält sich vor einem Substantiv im Singular wie der unbestimmte Artikel (vgl. § 12).

91 Weitere Ortsangaben

Dov'è il bagno?		Dov'è la valigia?	
Sopra.	oben	Sopra l'armadio.	auf dem Schrank
Sotto.	unten	Sotto il letto.	unter dem Bett
(Là,) in fondo.	(da)hinten		
Dov'è previsto il garage?		Dov'è previsto il giardino?	
Dietro.	hinten	Dietro la casa.	hinter dem Haus
Davanti.	vorne	Davanti alla casa.	vor dem Haus
Il supermercato è ...		Giovanna abita ...	
a 100 metri.	100 m entfernt	a 100 metri da qui.	100 Meter von hier
a due passi.	ganz in der Nähe	a due passi dal Duomo.	gleich beim Dom
lontano.	weit (entfernt)	lontano dal centro.	weit (entfernt) von ...
		fuori città.	außerhalb (der Stadt)
		a sud di...	...im Süden/südlich von ...

Unterscheiden Sie:

Ecco, **qui** c'è la cucina,	hier	(wo sich der Sprecher befindet)
lì, a sinistra, il soggiorno.	da	(vergleichsweise weiter entfernt)
Quella porta **là,** in fondo, dove dà?	dort	(noch weiter entfernt)

92 Das Verb *scegliere*

scelgo	scegliamo	
scegli	scegliete	scelto
sceglie	scelgono	

93 Relativsätze mit *che* und *chi*

Anche mia sorella,	che	vive a Londra, dice ...	meine Schwester, die ...
Questo è il libro	che	mi ha regalato Anna.	das Buch, das ...
Mi fai vedere le foto	che	avete fatto in Francia?	die Fotos, die ...

Che steht für Personen und Sachen im Singular und Plural. Eine Unterscheidung zwischen Subjekt und Objekt wird dabei nicht gemacht.

	Chi	cerca trova	Wer sucht, der findet.
Potete invitare	chi	volete.	Ihr könnt einladen, wen ihr wollt.
Raccontalo	a chi	vuoi.	Erzähle es, wem du willst.

Chi steht nur für Personen in der Bedeutung „wer", „jeder, der".

Beachten Sie noch:
Quello che ha detto non è vero. (Das,) was er gesagt hat, ...
Raccontami **tutto quello che** sai. ... alles, was du weißt.
C'è **chi** dice sempre di no. Es gibt Leute, die ...

94 Das Konditional (II): Singular und Plural

	-are	-ere	-ire
	comprare	prendere	preferire
io	comprerei	prenderei	preferirei
tu	compreresti	prenderesti	preferiresti
lui/lei/Lei	comprerebbe	prenderebbe	preferirebbe
noi	compreremmo	prenderemmo	preferiremmo
voi	comprereste	prendereste	preferireste
loro	comprerebbero	prenderebbero	preferirebbero

Beachten Sie:
- Bei Verben auf *-care* und *-gare* wird ein *h* eingefügt:
  cercare – cer**ch**erei, pagare – pa**gh**erei
- Bei Verben wie *cominciare, lasciare, mangiare* entfällt das *i:*
  cominciare – comincerei, lasciare – lascerei, mangiare – mangerei

Verben mit Sonderformen (II)

essere	rimanere	sapere	vedere	venire
sarei	rimarrei	saprei	vedrei	verrei

95 Personalpronomen beim Infinitiv

Signor Pugi, che piacere	**rivederLa!**	
Oggi è il compleanno di Mario. Ci piacerebbe	**fargli**	un regalo.
Vorrei	**comprarmi**	una piccola casa in collina.
Il pane non basta. Bisogna	**comprarne**	ancora un po'.

Personalpronomen werden an den Infinitiv angehängt.
Bei *dovere/potere/sapere/volere* + Infinitiv sowie bei *andare/venire* + Infinitiv können die Personalpronomen auch vor dem konjugierten Verb stehen:

Vorrei compra**rmi** un appartamento in centro. Vado a prender**li.**
Mi vorrei comprare un appartamento in centro. **Li** vado a prendere.

96 Die *si* - Konstruktion (II)

Oggi in centro non	**si trova**	un appartamento libero.
	si trovano	appartamenti in affitto.
Se	**si è**	senza macchina
	si usano	i mezzi pubblici.

Das unpersönliche Subjekt „man" wird im Italienischen durch die *si* - Konstruktion ausgedrückt. (§ 75)

Bei der *si* - Konstruktion steht das Verb
- in der 3. Person Singular, wenn das Substantiv, auf das es sich bezieht, ein Singular ist;
- in der 3. Person Plural, wenn das Beziehungswort ein Plural ist.

Fehlt ein derartiges Substantiv, steht das Verb in der 3. Person Singular.

Hinweis:
In Annoncen wird *si* häufig an das Verb angehängt:
Affitta**si** camera Zimmer zu vermieten

Lezione 16

97 *tutto l'anno*

Alberghi aperti	**tutto l'anno**		das ganze Jahr
Impianti per	**tutte le esigenze**		für alle Ansprüche/Bedürfnisse
Aperto	**tutti i giorni**	dalle 8 alle 20.	jeden Tag ...
Carlo gioca a tennis	**tutti i giorni/ ogni giorno.**		jeden Tag

Tutto richtet sich in Geschlecht und Zahl nach seinem Beziehungswort.
Ogni ist unveränderlich.

98 Das Pronominaladverb *ci*

Sei già stato a Napoli?	–	**Ci**	sono stato l'anno scorso.	da/dort
in Sardegna?	–	**Ci**	sono andato due anni fa.	dorthin
Non conoscete l'Abruzzo? Allora potremmo	andar	**ci**	insieme.	
Quando vai dal medico?	–	**Ci**	vado domani.	hin

Das Pronominaladverb *ci* bezieht sich auf zuvor genannte Ortsangaben.

Hinweise:

- In der gesprochenen Sprache wird die Ortsangabe oft doppelt ausgedrückt:
  Ci vai **alla festa** di Angela?
- *Ci* kann auch Ergänzungen vertreten, die keine örtliche Bedeutung haben:
  Hai comprato il giornale? – No, non **ci** ho pensato. Ich habe nicht daran gedacht

99 Die Verneinung (III)

Sei mai stato a Verona?	je(mals)	– No,	**non**	ci sono	**mai**	stato.	nie
				– No,	**mai.**		nie

Carlo	**non**	è	**ancora**	arrivato.	noch nicht	**Non**	mi ha	**neanche**	informato.	nicht einmal/
	Non	è	**più**	venuto.	nicht mehr	**Non**	è venuta	**neanche**	Lisa.	auch nicht

Siete mai stati a Verona?	– Io, sì.	Ich ja.
	– Io no.	Ich nicht.
	– Neanch' io.	Ich auch nicht.

100 qualche, qualcuno, qualcosa

Mi fermo	**qualche**	giorno.	einige/ein paar Tage
	qualche	settimana.	einige Wochen
Fa	**qualche**	sport?	irgendeinen Sport

Ha telefonato	**qualcuno?**	(irgend)jemand
C'è stato anche	**qualcuno di voi?**	jemand von euch
È successo	**qualcosa?**	(irgend)etwas

Auf *qualche* folgt ein Substantiv im Singular; *qualche* ist unveränderlich.

Unterscheiden Sie:

È successo qualcosa?	(irgend)etwas	C'è qualcosa **di** nuovo?	etwas Neues	(*di* + Adjektiv)
Devo dirti una cosa.	etwas (Bestimmtes)	C'è qualcosa **da** mangiare?	etwas zu essen	(*da* + Infinitiv)

101 Vergleiche

Roberto è alto	**come**	te.	so groß wie ...
Maria è più giovane	**di**	Laura.	jünger als ...
Queste scarpe sono più comode	**di**	quelle.	bequemer als ...
Il fondo è meno pericoloso	**della**	discesa.	weniger gefährlich als ... / nicht so gefährlich wie ...
Meglio **oggi**	**che**	**domani.**	Besser heute als morgen
Fa meno caldo **al mare**	**che**	**in città.**	... als in der Stadt
È meglio **partire subito**	**che**	**aspettare.**	... als zu warten.

Dem deutschen „als" im Vergleichssatz entspricht gewöhnlich *di*.
Es wird jedoch mit *che* wiedergegeben, wenn das Vergleichswort zwischen zwei Wörtern derselben Wortart steht (z.B. Adverb – Adverb; Verb – Verb, usw.).

102 Das Futur zum Ausdruck von Vermutungen

Come mai i treni non partono?	–		Ci sarà	sciopero.	Es wird wohl gestreikt.
Che ore sono?	–		Saranno	le 9.	Es wird wohl 9 Uhr sein.
Secondo te quanti anni ha Sandro?	–	Mah,	avrà	30 anni.	Vielleicht dreißig.
Quanto tempo ci mette Maria dall'aeroporto a qui?	–	In taxi	ci metterà	una mezz'ora.	... sie wird wohl eine halbe Stunde brauchen.

Einige Futurformen im Überblick:

	essere	avere	-are	-ere	-ire
lui/lei	sarà	avrà	telefonerà	prenderà	finirà
loro	saranno	avranno	telefoneranno	prenderanno	finiranno

Bei Verben auf *-care* und *-gare* wird vor der Endung ein *h* eingefügt: nevicare – nevicherà

Hinweis:
Das Futur bezeichnet auch Geschehnisse und Situationen der (meist ferneren) Zukunft:

Dove ci porterà questa crisi?	Wohin wird uns diese Krise noch führen?
Un giorno non esisteranno più tante lingue.	Eines Tages wird es nicht mehr so viele Sprachen geben.

Für die nähere Zukunft wird (in Verbindung mit Zeitangaben wie *domani, domenica* usw.) vielfach das Präsens verwendet:

Domenica arriva il mio cugino di Milano.	Am Sonntag kommt mein Vetter aus Mailand.

Lezione 17

103 Wie man Vergangenes beschreibt

Imperfetto			Präsens		
Dieci anni fa Francesco	viveva	in campagna.	Oggi	vive	in città.
Prima	prendeva	la macchina.	Adesso	prende	l'autobus.
Ieri	stava	male.	Oggi	sta	meglio.

Das Imperfetto ist eine Zeitform der Vergangenheit. Mit dem Imperfetto beschreibt man
– Eigenschaften von Personen/Sachen: Com'era il nonno? – Era alto e forte. Aveva i baffi ...
– Zustände/Gegebenheiten: Era liutaio. Costruiva violini ... Tutti lo trovavano molto simpatico.
– Gewohnheiten: Veniva spesso a trovarci. Passavamo sempre le feste insieme.

	-are	-ere	-ire		
	andare	avere	venire	essere	esserci
io	andavo	avevo	venivo	ero	
tu	andavi	avevi	venivi	eri	
lui/lei/Lei	andava	aveva	veniva	era	c'era
noi	andavamo	avevamo	venivamo	eravamo	
voi	andavate	avevate	venivate	eravate	
loro	andavano	avevano	venivano	erano	c'erano

Die Endungen des Imperfetto sind für alle Verben (außer *essere*) gleich.
Sie werden an den um die Endsilbe gekürzten Infinitiv angehängt.

Sonderformen: fare: facevo, facevi ...; dire: dicevo, dicevi ...

Due anni fa non sapevo una parola d'italiano.
Ho deciso allora di fare un corso.
Oggi parlo l'italiano benissimo.

Grammatische Bezeichnungen

Deutsche Bezeichnungen	Weitere Bezeichnungen mit Beispielen	Italienische Bezeichnungen
Adjektiv	Eigenschaftswort: *schön*	Aggettivo
Adverb	Umstandswort: *hier, überraschenderweise*	Avverbio
Artikel	Geschlechtswort: *der, ein*	Articolo
Femininum	weibliches Geschlecht	Femminile
Grundzahlen	*ein, zwei, drei*	Numeri cardinali
Hilfsverb	Hilfszeitwort: Ich *bin* nach Hause gegangen. Er *hat* Jura studiert.	Verbo ausiliare
Imperativ	Befehlsform: *Warte! Kommen Sie!*	Imperativo
Infinitiv	Nennform, Grundform: *laufen, tun*	Infinito
Konsonant	Mitlaut: *b, c, d, f, g …*	Consonante
Maskulinum	männliches Geschlecht	Maschile
Objekt, direktes	Ergänzung im Akkusativ: *jdn* lieben, *etw* trinken	Complemento oggetto
Objekt, indirektes	Ergänzung im Dativ: *jdm* gefallen	Complemento di termine
Objektpronomen	Stellvertreter einer Ergänzung: Ich kenne *ihn*. Gehst du mit *ihr?*	Pronomi complemento
Ordnungszahlen	*erster, zweiter, dritter*	Numeri ordinali
Partizip Perfekt	Mittelwort der Vergangenheit: Ich bin nach Hause *gegangen.* Er hat Jura *studiert.*	Participio Passato
Personalpronomen	persönliches Fürwort: *ich, euch*	Pronome personale
Plural	Mehrzahl: *Bücher*	Plurale
Possessiva	besitzanzeigende Fürwörter: *mein* Haus, *sein* Geld	Aggettivi e pronomi possessivi
Präposition	Verhältniswort: *auf, in*	Preposizione
Präsens	Gegenwart: Ich *gehe* nach Hause.	Presente
Pronomen	Fürwort: *ich, diesen*	Pronome
Reflexivpronomen	rückbezügliches Fürwort: Er wäscht *sich.*	Pronome riflessivo
Relativpronomen	bezügliches Fürwort: Die Schuhe, *die* du trägst …	Pronome relativo
Singular	Einzahl: *Buch*	Singolare
Subjekt	Satzgegenstand: *Peter* studiert Jura.	Soggetto
Substantiv	Hauptwort: *Haus, Liebe*	Sostantivo
Partitiv	Teilungsartikel	Partitivo
Verb	Zeitwort, Tätigkeitswort: Er *kommt.* Ich *bin* nach Hause *gegangen.*	Verbo
Verb, reflexives	rückbezügliches Zeitwort: Er *wäscht sich.*	Verbo riflessivo
Vokal	Selbstlaut: *a, e, i, o, u*	Vocale

Italienisch-deutsches Vokabular

Aussprache: Die Aussprache der einzelnen Wörter wird in der alphabetischen Wortliste angegeben.

Betonung: Die Betonung liegt im Italienischen in der Regel auf der vorletzten Silbe. Im Vokabular ist in Sonder- und Zweifelfällen der betonte Vokal unterstrichen: svizzero.

Lernwortschatz: Alle durch **Fettdruck** hervorgehobenen Wörter gehören zum verbindlichen Lernwortschatz. Sie werden in den folgenden Lektionen als bekannt vorausgesetzt. Alle anderen Wörter gehören nicht zum verbindlichen Lernwortschatz und brauchen nicht aktiv beherrscht zu werden. Wenn sie zu einem späteren Zeitpunkt wieder auftreten, werden sie erneut in das Wörterverzeichnis aufgenommen.

Abkürzungen:

Adv	Adverb
f	feminin/weiblich
Inf	Infinitiv
m	maskulin/männlich
Part Perf	Partizip Perfekt
Pers	Person
Plur	Plural
qc (= qualcosa)	etwas
qu (= qualcuno)	jemand
Sing	Singular
ugs	umgangssprachlich
uv	unveränderlich

Lezione 1

A1

buonasera	guten Abend
io sono *Inf:* essere	ich bin
io	ich
e Lei come si chiama?	und wie heißen Sie?
e	und
chiamarsi	heißen („sich nennen")
Lei *Anrede 3. Pers Sing*	Sie (*Einzelperson*)
come?	wie?
mi chiamo ...	ich heiße ...

A2

chi è il signor Andresen?	wer ist Herr Andresen?
chi è ...?	wer ist ...?
il signor Andresen	Herr Andresen
il signore	Herr
sono io	das bin ich
la signora Klein	Frau Klein
la signora	Frau, Dame

A3

è Lei il signor Behnke?	sind Sie Herr Behnke?
sì	ja
e Lei è la signorina M., vero?	und Sie sind Fräulein/Fr. M., nicht wahr?
vero	richtig, wahr
no, sono ...	nein, ich bin ...
come si chiama, scusi?	wie war doch bitte Ihr Name?
scusi	entschuldigen Sie

A4

buongiorno, signora	guten Tag (Frau X)
come sta?	wie geht es Ihnen?
stare	sich befinden
bene *Adv*	gut
grazie	danke
e Lei?	und Ihnen?
non c'è male	nicht schlecht
a casa tutti bene?	und wie geht's zu Hause?, geht's allen gut?
a casa	zu Hause
benissimo	sehr gut
allora	dann, also
arrivederci	auf Wiedersehen!

A5

ciao	hallo; tschüs
come stai?	wie geht's dir?
abbastanza bene	ganz gut
abbastanza *Adv*	ziemlich
tu	du
così così	so lala, nicht besonders
oggi non sto molto bene	heute geht es mir nicht besonders gut
oggi	heute
non	nicht
molto *Adv*	sehr
mi dispiace	das/es tut mir leid

A6

come ti chiami?	wie heißt du?
e di cognome?	und mit Nachname?
il cognome	Nachname, Familienname

A7

e lui chi è?	und wer ist er?
lui	er
il ragazzo di Silvia	Silvias Freund

il ragazzo	Junge; Freund
di	von
davvero?	wirklich?
come si chiama?	wie heißt er/sie?, wie heißen Sie?
veramente	eigentlich
il soprannome	Spitzname

Kästchen:

lei	sie

ESERCIZIO 1

sig. … (*signor…*)	Hr.
sig.ra (*signora*)	Fr.
sig.na (*signorina*)	Frl.

ESERCIZI 2–5

che cosa dicono? *Inf:* dire	was sagen sie?
che cosa?	was?
la facoltà	Fakultät
la matematica	Mathematik
fate la conversazione *Inf:* fare	führt/führen Sie das Gespräch!
in classe	in der Klasse, im Unterricht
brevi incontri	kurze Begegnungen
l'incontro	Treffen, Begegnung

Lezione 2

A1

Lei di dov'è?	woher sind Sie?, woher kommen Sie?
di dove	woher
dove?	wo?
sono di Napoli	ich bin/komme aus Neapel

A2

che bel nome!	was für ein schöner Name!
bello	schön
il nome	Name
di dove sei?	woher bist/kommst du?
anch'io	ich auch
anche	auch
ma	aber
abito a Milano	ich wohne in Mailand
abitare	wohnen

ESERCIZIO 1

continuate *Inf:* continuare	macht/machen Sie weiter

A3

pronto!	hallo! *(am Telefon)*
ma dove sei?	wo bist du denn?
in Spagna	in Spanien
beato te!	du Glücklicher!

Karte:

l'Austria	Österreich
il Belgio	Belgien
la Bosnia-Erzegovina	Bosnien-Herzegowina
la Croazia	Kroatien
la Danimarca	Dänemark
la Francia	Frankreich
la Gran Bretagna	Großbritannien
l'Inghilterra	England
l'Irlanda	Irland
l'Italia	Italien
la Jugoslavia	Jugoslawien
la Norvegia	Norwegen
l'Olanda	Holland
la Polonia	Polen
il Portogallo	Portugal
la Repubblica Ceca	Tschechische Republik
la Repubblica Slovacca	Slowakische Republik
la Slovenia	Slowenien
la Svezia	Schweden
la Svizzera	die Schweiz
l'Ungheria	Ungarn

A4

la mamma	Mama
ma dove siete? *Inf:* essere	wo seid ihr denn?
adesso siamo in Germania *Inf:* essere	jetzt sind wir in Deutschland
adesso	jetzt
che bello!	wie schön!
e come state? *Inf:* stare	und wie geht es euch?
noi bene	uns geht es gut
noi	wir
e Robertino, come sta?	und wie geht's Robertino?
un bacio a Robertino	gib Robertino einen Kuss von mir
il bacio	Kuss
tanti saluti a …	viele Grüße an …
il papà	Papa

Fumetto: Sprechblase

dove sono papà e mamma? *Inf:* essere	wo sind Papa und Mama?

Kästchen:

ad	in (*vor Vokal wird* a *oft zu* ad)

ESERCIZI 2–3

adesso telefonate voi *Inf:* telefonare	jetzt telefoniert ihr/ telefonieren Sie
voi *Anrede 2. Pers Plur*	ihr, Sie (*mehrere Personen*)
il viaggio	Reise
attraverso	durch
i genitori	die Eltern

A5

fuma?	rauchen Sie?
fumare	rauchen
no, grazie	nein, danke
non fumo	ich rauche nicht
non	nicht
Lei è straniera?	Sind Sie Ausländerin?
straniero, -a	ausländisch; Ausländer(in)
sono tedesca	ich bin Deutsche

tedesco, -a *Plur:* -chi	deutsch; Deutsche(r)
però parla bene l'italiano!	Sie sprechen aber gut Italienisch!
però	aber
parlare	sprechen
l'italiano	Italienisch
Lei è proprio gentile	das ist sehr nett von Ihnen
proprio	wirklich
gentile *m/f*	freundlich, nett
come mai?	wieso? weshalb?
sono qui per lavoro	ich bin beruflich hier
qui	hier
per	für; wegen
il lavoro	Arbeit

A6

sei tedesco?	bist du Deutscher?
sono olandese	ich bin Holländer
olandese *m/f*	holländisch; Holländer(in)
giapponese *m/f*	japanisch; Japaner(in)
che cosa fate qui? *Inf:* fare	was macht ihr hier?
che cosa?	was?
siete in vacanza?	seid ihr in/auf Urlaub?
la vacanza	Urlaub, Ferien
siamo qui	wir sind hier
per imparare l'italiano	um Italienisch zu lernen
per	um ... zu
imparare	lernen

Kästchen:

austriaco, -a *Plur:* -ci, -che	österreichisch; Österreicher(in)
spagnolo, -a	spanisch; Spanier(in)
svizzero, -a	Schweizer(in)
italiano, -a	italienisch; Italiener(in)
inglese *m/f*	englisch; Engländer(in)
francese *m/f*	französisch; Franzose, Französin

Kästchen:

fai *Inf:* fare	du machst
fa *Inf:* fare	er macht/Sie machen

ESERCIZI 6 –7

completate il dialogo *Inf:* completare	ergänzt/ergänzen Sie den Dialog
l'ingegnere *m/f*	Ingenieur(in)
piacere!	angenehm!
far conoscenza	Bekanntschaft schließen

B

in treno	im Zug
il treno	Zug
è libero questo posto?	ist der Platz (hier) frei?
il posto	Platz; Ort
questo, -a	diese(r, s)
libero, -a	frei
prego!	bitte! *(wenn man etwas anbietet)*
serve aiuto per la valigia?	kann ich Ihnen mit dem Koffer helfen?
servire	brauchen
l'aiuto	Hilfe
la valigia	Koffer
sì, grazie	ja, bitte
che lavoro fai?	was machst du beruflich?, was bist du von Beruf?
lavoro in banca	ich arbeite bei einer Bank
lavorare	arbeiten
studio ancora	ich studiere noch
studiare	studieren
ancora	noch
l'architettura	Architektur
senti ...	hör/sag mal ...
sentire	hören
faccio anche un corso d'italiano *Inf:* fare	ich mache/besuche auch einen Italienischkurs
il corso	Kurs
siamo già a Bologna?	sind wir schon in Bologna?
già	schon
eh sì	oh, ja
io sono arrivato *Inf:* arrivare	ich bin angekommen/da
buon viaggio!	gute Reise!

ESERCIZI 8–10

vero o falso?	richtig oder falsch?
falso, -a	unwahr, unrichtig
l'architetto *m/f*	Architekt(in)
trovate ... *Inf:* trovare	findet/finden Sie ...!
la risposta giusta	die richtige Antwort
giusto, -a	richtig, passend

ESERCIZIO 11

il luogo di nascita	Geburtsort
la data di nascita	Geburtsdatum
la nazionalità	Nationalität
il sesso	Geschlecht
m (**maschile**) *m/f*	männlich
f (**femminile**) *m/f*	weiblich
l'indirizzo	Adresse
il corso intensivo	Intensivkurs
le ore settimanali	Wochenstunden
settimanale *m/f*	Wochen-, wöchentlich
elementare *m/f*	*hier:* Grundstufe
medio, -a	*hier:* Mittelstufe
superiore *m/f*	*hier:* Oberstufe
il corso normale	Standardkurs
la data	Datum
la firma	Unterschrift

LEZIONE 3

A1

prendiamo qualcosa da bere?	gehen wir was trinken?
prendere	nehmen
qualcosa	etwas
da bere	zum Trinken
bere	trinken
ho sete *Inf:* avere	ich habe Durst

la sete	Durst
volentieri	gern
andiamo qui? *Inf:* andare	gehen wir da/hier hinein?
va bene? *Inf:* andare	ist es euch/Ihnen recht?, einverstanden?
per me va bene	mir ist es recht
anche per me	mir auch
per me	für mich

Zeichnung:

il bar	Stehcafè
lo scontrino	(Kassen-)Bon
alla cassa	an der Kasse
la cassa	Kasse

A2

che cosa prende? *Inf:* prendere	was nehmen Sie?
un caffè	einen Kaffee
il caffè *uv*	Kaffee *(Espresso);* Café
preferisco un tè	ich möchte/nehme lieber einen Tee
preferire	vorziehen
due caffè	zwei Kaffee

Kästchen:

una spremuta d'arancia	ein frisch gepresster Orangensaft
la spremuta	frisch gepresster Saft
l'arancia	Orange
un'acqua minerale *oder* una minerale	ein Mineralwasser
uno sherry ['ʃeri]	ein Sherry
un'aranciata	eine Orangenlimonade
una birra	ein Bier
un succo di pompelmo	ein Grapefruitsaft
il succo	Saft
il pompelmo	Grapefruit, Pampelmuse
un cappuccino	*Kaffee mit aufgeschäumter Milch*
un crodino	*alkoholfreier Aperitif*
un amaro	Magenbitter
un bicchiere di prosecco	ein Glas Prosecco (*italienischer Schaumwein*)
il bicchiere	Glas
uno stravecchio	*italienische Kognaksorte*

ESERCIZI 2–3

che numero è?	was für eine/welche Zahl ist das?
cercate i numeri nascosti	sucht/suchen Sie die versteckten Zahlen
cercare	suchen
il numero	Zahl; Nummer
nascosto, -a	versteckt, verborgen
quanto fa?	wie viel macht/ist das?
quanto?	wie viel?
più	mehr; plus
meno	weniger; minus

A4

la pasta	süßes Gebäck(stück)
quant'è?	wie viel macht das?
l'euro ['ɛuro]	Euro
il centesimo	Cent
mi scusi	entschuldigen Sie (mich)
ma	*hier:* sondern

ESERCIZIO 4

al bar	in der „Bar"
il listino prezzi	Preisliste
americano, -a	amerikanisch
il caffè Hag [kaf'fe'ag]	koffeinfreier Espresso
il latte e caffè *oder* caffellatte	Milchkaffee
il latte	Milch
il the = tè *uv* [tɛ]	Tee
la camomilla	Kamillentee
il cioccolato	Schokolade (Getränk)
la correzione ʌ	Korrektur; *hier:* Schuss Alkohol
il punch [p ntʃ]	Punsch
l'aperitivo	Aperitif
l'aperitivo della casa	Aperitif nach Art des Hauses
il campari, il san bitter	*alkoholfreie Aperitife*
liquori	Spirituosen
il liquore	Likör
estero, -a	ausländisch
il vinsanto	*weißer Dessertwein*
il vino	Wein
al bicchiere	je Glas, 1 Glas
lo spumante	Sekt
il porto	Portwein
la bibita	Getränk
grande *m/f*	groß
piccolo, -a	klein
la lattina	Dose, Büchse
la bottiglia	Flasche
la frutta	Obst; Frucht
lo sciroppo	Sirup, konzentrierter Saft
il salato	salziges Gebäck

A5

la tavola calda	*Art Schnellgaststätte*
senta!	hören Sie bitte!, hallo!
sì, prego?	ja, bitte?
grande o piccola?	groß oder klein?
subito	sofort
vorrei *Inf:* volere	ich möchte (gern)
mangiare	essen
un toast va bene?	ein Toast vielleicht?
il toast [tɔst]	Toast
il panino	(belegtes) Brötchen
con	mit
il prosciutto	Schinken
caldo, -a	warm; heiß
per favore	bitte
va bene	gut, in Ordnung; *hier etwa:* gern

Kästchen:

il panino al formaggio	Käsebrötchen
la rucola	Raukesalat
la pizzetta	kleine Pizza
il tramezzino	Sandwich
la coca-cola	Cola
freddo, -a	kalt

ESERCIZIO 5

uno spuntino	kleine Zwischenmahlzeit

A6

come aperitivo	als Aperitif
che cosa prendete? *Inf:* prendere	was nehmt ihr/nehmen Sie?
o preferite ...? *Inf:* preferire	oder nehmt ihr/nehmen Sie lieber...?
il mio cocktail alla frutta tropicale	mein Cocktail mit Tropenfrüchten
tropicale *m/f*	Tropen–, tropisch
per me un campari	für mich ein Campari
con ghiaccio?	mit Eis?
il ghiaccio	Eis(würfel)
senza	ohne
invece	hingegen
o preferisci un'altra cosa? *Inf:* preferire	oder möchtest du etwas anderes?
il succo d'arancia	Orangensaft

ESERCIZI 6–8

prima di cena	vor dem Abendessen
prima	vor; bevor
la cena	Abendessen
il gingerino	*alkoholfreier Aperitif*
la grappa	*Traubenschnaps*
la sambuca	Sambucalikör
il cynar ['tʃinar]	*Art Magenbitter*

B

buona idea	gute Idee
buono, -a	gut
l'idea	Idee
andiamo in questo bar?	gehen wir in diese Bar?
stiamo qui fuori	bleiben wir hier draußen
fuori	draußen
ma certo!	aber sicher
toh	nanu
guarda chi arriva!	schau mal, wer da kommt!
guardare	schauen
questa è Monika	das ist Monika
una mia amica di Berlino	eine Freundin von mir aus Berlin
l'amico, -a *Plur:* -ci, -che	Freund(in)
eh, che esagerato!	das ist ja übertrieben!
sei proprio brava, invece!	ganz im Gegenteil, du bist sehr gut!
bravo, -a	gut, tüchtig
vorrei parlare io il tedesco così	ich wollte, ich könnte so gut Deutsch
dai	komm schon!, mach schon!
insieme	zusammen
il gelato	(Speise-)Eis
misto, -a	gemischt
il limone	Zitrone
la fragola	Erdbeere
il pistacchio	Pistazie
mi dispiace ma il limone è finito	Zitrone ist leider aus
finito, -a	*hier:* aus
abbiamo *Inf:* avere	wir haben
la vaniglia	Vanille
il mirtillo	Heidelbeere
pagare	zahlen
vediamo lo scontrino *Inf:* vedere	schauen wir mal auf den Kassenbon
ecco a Lei	bitte schön!
ecco	hier ist, da ist
Le porto il resto	ich bringe Ihnen den Rest
portare	bringen
il resto	Rest
lasciare	lassen
la mancia	Trinkgeld
la lascio dopo sul tavolo	das lasse ich nachher auf dem Tisch (liegen)
dopo	nach; nachher
su	auf
il tavolo	Tisch

ESERCIZI 9–12

qual è la risposta giusta?	welche Antwort ist richtig?
il gelato al limone/al cioccolato/ai mirtilli	Zitronen-/Schokolade-/Heidelbeereis
all'autogrill	im Autobahnrestaurant, in der Raststätte
chi prende da mangiare?	wer nimmt etwas zu essen?

LEZIONE 4

A1

ex-convento	ehemaliges Kloster
il convento	Kloster
francescano, -a	franziskanisch; Franziskaner(in)
restaurato, -a	renoviert
al centro dell'Umbria	mitten in Umbrien
il centro	Zentrum; (Stadt-)Mitte
vicino a Todi	in der Nähe von Todi
vicino (a)	in der Nähe (von)
ideale *m/f*	ideal
il soggiorno	Aufenthalt
tranquillo, -a	ruhig
le camere hanno tutte ... *Inf:* avere	alle Zimmer haben ...
la camera	Zimmer
antico, -a	alt; antik
la cella	Zelle
del 300 (trecento)	aus dem 14. Jahrhundert *(1300–1399)*

i servizi privati	Bad und Toilette (im Zimmer)
privato, -a	privat
il telefono	Telefon
il tv color [tiv'vu'kɔlo:r]	Farbfernseher
la radio *uv*	Radio
l'albergo *Plur:* -ghi	Hotel
l'aria condizionata	Klimaanlage
in luglio	im Juli
agosto	August
offrire	(an)bieten
il servizio bar	Bar
il ristorante	Restaurant
la cucina	Küche
regionale *m/f*	regional
tipico, -a *Plur:* -ci, -che	typisch
la piscina	Schwimmbad
il giardino	Garten
l'abbazia	Abtei
la camera da letto	Schlafzimmer
il letto	Bett
la sala da pranzo	Speisesaal; Esszimmer
3 stelle	3 Sterne
il piano	Etage, Stock
il prezzo	Preis
a persona	pro Person
la persona	Person
la colazione	Frühstück
la pensione completa	Vollpension

A2

una camera singola	ein Einzelzimmer
singolo, -a	Einzel-
per tre o quattro giorni	für drei oder vier Tage
il giorno	Tag
abbiamo una singola con bagno *Inf:* avere	wir haben ein Einzelzimmer mit Bad
il bagno	Bad
dà sulla strada *Inf:* dare	es geht auf die/zur Straße
la strada	Straße
trafficato, -a	stark befahren
non importa *Inf:* importare	das/es spielt keine Rolle
quanto costa?	wie viel kostet es?
67 *(sessantasette)*	
al giorno	am/pro Tag
solo *Adv*	nur
extra	extra, zusätzlich
ha un documento? *Inf:* avere	haben Sie einen Ausweis?
ecco la carta d'identità	hier ist mein Personalausweis

Kästchen:

una camera a un letto	Einzel-/Einbettzimmer
una camera doppia, una camera a due letti	Doppel-/Zweibettzimmer
doppio, -a	Doppel-; doppelt
una camera matrimoniale	Zimmer mit Ehebett
matrimoniale *m/f*	Ehe-
la doccia	Dusche
la vista sul mare	Blick aufs Meer
il mare	Meer

A3

avete due camere per questa notte?	haben Sie zwei Zimmer für diese Nacht?
avere	haben
ha la doccia?	hat es eine Dusche?
il corridoio	Flur
per una notte va bene	für eine Nacht geht das
la chiave	Schlüssel

Kästchen:

la settimana	Woche

Fumetto:

non funziona	es funktioniert nicht
funzionare	funktionieren
un momento	ein Moment
mando subito qualcuno *Inf:* mandare	ich schicke sofort jemanden (vorbei)

A4

qual è il prefisso per la Germania?	wie ist die Vorwahl für Deutschland?
qual è ...? *m/f*	welche(r, s) ist ...?

Kästchen:

il prefisso di Firenze	Vorwahl von Florenz
il numero del soccorso pubblico di emergenza	Notruf
il numero dell'ACI *(Automobile Club d'Italia)*	Nummer des ACI *(italienischer Automobilclub)*
il numero dell'elenco abbonati	Nummer der Telefonauskunft
il numero della guardia medica	Nummer des örtlichen ärztlichen Notdienstes

A5

che sorpresa!	was für eine Überraschung!
solo, -a	allein
mio marito	mein Mann
il marito	Ehemann
in quale albergo siete?	in welchem Hotel seid ihr?
siamo all'albergo Manzoni	wir sind im Hotel Manzoni
all'albergo	im/zum Hotel
proprio	wirklich
il posto	Ort
beh, insomma	na ja
nella zona pedonale	in der Fußgängerzone
piuttosto	ziemlich
rumoroso, -a	laut
e la camera com'è?	und wie ist das Zimmer?
mi piace *Inf:* piacere	es gefällt mir
hai da fare stasera?	hast du heute Abend etwas vor?
sai che cosa faccio?	weißt du, was ich mache?
vengo all'albergo *Inf:* venire	ich komme zum Hotel
andiamo a cena insieme	wir gehen heute Abend zusammen essen

la cena	Abendessen
a stasera	bis heute Abend

Foto:

la scheda telefonica	Telefonkarte
il giro delle capitali dell'euro	eine Tour durch die Hauptstädte von Euroland
il giro	*hier:* Tour
la capitale	Hauptstadt
una corsa sul Prater	*etwa:* eine Fahrt auf dem Prater
la corsa	*hier:* Fahrt
in vendita presso: ...	erhältlich bei: ...
la vendita	Verkauf
la tabaccheria	Tabakladen
l'edicola	Zeitungskiosk
centri Telecom Italia	*Läden der italienischen Telekom*

Kästchen:

all'hotel	im/zum Hotel
alla pensione	in der/zur Pension
allo stadio	im/ins Stadion
in centro	im/ins Zentrum

Fumetto:

perché?	warum?
perché è troppo caro	weil es zu teuer ist
caro, -a	teuer; lieb

Kästchen:

brutto, -a	hässlich
accogliente *m/f*	gemütlich

ESERCIZI 2–3

guardate le foto	schaut/schauen Sie die Fotos an
la foto *uv*	Foto
dite la vostra opinione *Inf:* dire	sagt eure Meinung /sagen Sie Ihre Meinung
tre alberghi	drei Hotels
quale albergo va bene per ...?	welches Hotel passt zu ...?

A6

l'agenzia	Agentur; *hier:* Reisebüro
centrale *m/f*	zentral
la zona	Gegend
l'appartamento	Appartment, Wohnung
ampio, a	breit; *hier:* groß
il soggiorno	*hier:* Wohnzimmer
6 posti letto	6 Betten
il balcone	Balkon
soleggiato, -a	sonnig
il box ['bɔks]	*hier:* Garage
affittasi mesi estivi	in den Sommermonaten zu vermieten
il mese	Monat
estivo, -a	Sommer-; sommerlich
il monolocale	Einzimmerwohnung
l'angolo cottura	Kochnische
l'angolo	Ecke
il riscaldamento autonomo	Etagenheizung
giugno	Juni
settembre	September
ottimo, -a	sehr gut, hervorragend
aperto, -a	geöffnet
tutto l'anno	ganzjährig
l'anno	Jahr
la riduzione	Ermäßigung
per bambini	für Kinder
il bambino, la bambina	Kind; Junge, Mädchen

ESERCIZIO 4

fate le domande	stellt/stellen Sie die Fragen!
la domanda	Frage
bellissimo, -a	sehr schön
4130 *(quattromilacentotrenta)*	

B

l'impiegato	der Angestellte
ecco	*hier:* also
noi cerchiamo *Inf:* cercare	wir suchen
per che periodo?	in welcher Zeit?
il periodo	Periode, Zeit
purtroppo	leider
le ferie	Urlaub; Ferien
mah	na *(skeptisch)*
sulla costa adriatica	an der Adria
la costa	Küste
adriatico, -a *Plur:* -ci, -che	Adria-, adriatisch
quanti siete?	wie viele/zu wievielt sind Sie?
siamo in sei	wir sind zu sechs
due coppie di amici	zwei befreundete Paare
la coppia	Paar
un po'	ein bisschen
difficile *m/f*	schwierig
certo	*hier:* natürlich!
sul mare	direkt am Meer
il divano letto matrimoniale	Schlafcouch mit Doppelbett
ma chi dorme nel soggiorno?	aber wer schläft im Wohnzimmer?
dormire	schlafen
io no di certo!	ich bestimmt nicht!
che idea ...!	was für eine Idee ...!
andare in vacanza	in Urlaub fahren
poi ti diverti, però! *Inf:* divertirsi	dann gefällt es dir doch!
i doppi servizi	zwei Badezimmer mit Toilette
il giardinetto	kleiner Garten
il posto macchina	Stellplatz
la macchina	Auto
è a 500 metri	es ist 500 Meter (vom Meer) entfernt
non è un problema	das ist kein Problem
il problema	Problem
camminiamo un po'	dann laufen wir eben ein wenig
no, anzi ...	nein, im Gegenteil
tutto compreso	alles inbegriffen
tutto	alles
la luce	Licht
il gas *uv*	Gas
queste *f Plur*	diese

la cosa	Sache; Ding
non ha altro?	haben Sie nichts anderes?
altro, -a	andere(r, s)
così	so
domani	morgen
gli altri	die anderen
sento che cosa dicono *Inf:* dire	ich höre (mir an), was sie sagen

ESERCIZIO 6

la lettera	Brief
la conferma	Bestätigung
Gentile signor Rossoli, ...	Sehr geehrter Herr Rossoli, ...
grazie per la Sua lettera del 23 marzo	vielen Dank für Ihren Brief vom 23. März
u.s. (*ultimo scorso*)	letzten Monats
confermare	bestätigen
la prenotazione	Reservierung
dal 5 al 18 agosto	vom 5. bis 18. August
il lettino aggiunto	Zusatzbett
il prezzo della camera è di ...	das Zimmer kostet ...
il prezzo	Preis
la mezza pensione	Halbpension
per persona	pro Person
per il bambino di 11 anni è previsto uno sconto del 40%	für das elfjährige Kind ist eine Ermäßigung von 40% vorgesehen
lo sconto	Ermäßigung, Rabatt
gradito, -a	erwünscht
la caparra	Anzahlung
da versare sul nostro conto	zu überweisen auf unser Girokonto
il conto corrente	Girokonto
Distinti saluti	mit freundlichen Grüßen
Spett. le (*spettabile*)	*Anrede für eine Firma*
in attesa di una Vostra risposta	in Erwartung Ihrer Antwort
inviare	senden

ESERCIZIO 7

la famiglia	Familie
non troppo vicino al centro	nicht zu nah am Zentrum
Km = chilometro	Kilometer

LEZIONE 5

A1

scusi, c'è una banca qui vicino?	entschuldigen Sie, gibt es hier in der Nähe eine Bank?
c'è ...?	ist da .../gibt es ...?
in via Verdi	in der Verdi-Straße
la seconda strada	die zweite Straße
secondo, -a	zweite(r, s)
a destra	rechts; nach rechts
Tante grazie. - Prego.	Vielen Dank – Bitte.

Kästchen:

primo, -a	erste(r, s)
terzo, -a	dritte(r, s)
quarto, -a	vierte(r, s)
a sinistra	links; nach links

ESERCIZIO 1

Plan:

il corso	Korso *(breite, repräsentative Straße)*
il parcheggio	Parkplatz
il distributore	Tankstelle
(il negozio di sali e) tabacchi	Tabakladen
la cabina telefonica	Telefonzelle
la farmacia	Apotheke
la fermata	Haltestelle
l'ufficio postale P.T. *(poste e telegrafi)*	Postamt
l'edicola	(Zeitungs-)Kiosk
il giornale	Zeitung
la trattoria	Gaststätte
"Da Gianni"	„Bei Gianni“
da	bei/zu *(Person)*
il cinema	Kino
il supermercato	Supermarkt
la Banca Commerciale	*italienische Bank*
commerciale *m/f*	Handels-
il teatro comunale	Stadttheater
il teatro	Theater
comunale *m/f*	kommunal, Stadt-

A2

l'autobus *m*	Bus
per	in Richtung, zu, nach
accanto all'edicola	neben dem (Zeitungs-)Kiosk
accanto a	neben

Kästchen:

di fronte alla trattoria	der Gaststätte gegenüber
di fronte a	gegenüber

ESERCIZIO 3

desiderare	wünschen
la fame	Hunger
la chiesa di San Francesco	die St. Franziskus-Kirche
la chiesa	Kirche

Fumetto:

non lo so *Inf:* sapere	ich weiß es nicht

A3

per il Duomo ...	zum Dom ...
dove devo scendere? *Inf:* dovere	wo muss ich aussteigen?
scendere	aussteigen
deve scendere alla stazione	Sie müssen am Bahnhof aussteigen
la stazione	Bahnhof
lì	dort
poi	dann
Grazie. - Non c'è di che.	Danke. - Keine Ursache.

Fumetto:

Oh, scusi! – Prego!	Oh, Entschuldigung! – Bitte.

Kästchen:

in piazza (Duomo)	am/zum (Dom-)Platz
la piazza	Platz

ESERCIZIO 4

la metropolitana	U-Bahn, Metro
che linea?	welche Linie?
che …? *uv*	was für ein(e).../welche(r,s) …?
la (linea) numero 1	die (Linie) 1
Largo …	*Straße, die sich zu einem Platz verbreitert*
P.za *(Piazza)*	Platz
P.ta *(Porta)*	(Stadt-)Tor
P.le *(Piazzale) m*	*großer Platz*
la Stazione Centrale F.S. *(Ferrovie dello Stato)*	Hauptbahnhof *(Staatliche Eisenbahnen)*
Garibaldi F.S.	Garibaldi-Bahnhof
V.le *(Viale) m*	*breite Straße, Allee*
C.so *(Corso)*	*repräsentative Straße*

A4

andiamo a vedere il castello?	gehen wir das Schloss besichtigen?
andare a fare qc	gehen, um etwas zu tun
lontano, -a	weit (entfernt)
(non) avere voglia di fare qc	(keine) Lust haben etwas zu tun
camminare	zu Fuß gehen, laufen
non andiamo mica a piedi?	wir gehen doch nicht zu Fuß?
(non) … mica	doch (nicht)
il piede	Fuß
il tram *uv*	Straßenbahn

Kästchen:

andare in macchina	mit dem Auto fahren

ESERCIZI 5–6

dove andiamo?	wohin gehen wir?
il palazzo ducale	Herzogspalast
il palazzo	Palast; Wohnhaus
il museo d'arte moderna	Museum der modernen Kunst
il museo	Museum
la ruota	Rad
domandare	fragen

A5

l'Ente per il Turismo	Verkehrsamt
dunque …	also …
ora prendete questa strada e andate dritto …	Sie gehen/fahren jetzt diese Straße geradeaus
ora	jetzt, nun
dritto	geradeaus
fino a	bis zu
girare	abbiegen
attraversare	überqueren
continuare	weitergehen
sempre	immer
ecco lì c'è …	und dort ist …
all'interno del palazzo	im Innenhof des Palastes/Gebäudes

Kästchen:

l'incrocio	Kreuzung
il semaforo	Ampel
il ponte	Brücke
va *Inf:* andare	Sie gehen; er/sie geht

A6

la cartolina	Ansichtskarte
Cara Rosanna, ...	Liebe Rosanna, ...
caro, -a	*hier:* lieb
finalmente	endlich
la città	Stadt
meraviglioso,-a	wunderschön
noi abitiamo da …	wir wohnen bei
sai *Inf:* sapere	du weißt
loro vivono qui	sie leben hier
vivere	leben
lavorano	sie arbeiten
come accompagnatori di gruppi turistici	als Fremdenführer
l'accompagnatore *m*, l'accompagnatrice *f*	Begleiter(in); *hier:* Führer(in)
il gruppo	Gruppe
turistico, -a *Plur:* -ci, -che	touristisch
conoscono	sie kennen
conoscere	kennen
ed	und (*vor Vokal wird* e *oft zu* ed)
è un piacere sentire come parlano della città	es ist eine Freude zu hören, wie sie von der Stadt erzählen
parlare (di)	sprechen (über/von)
la gente	die Leute
abitano	sie wohnen
ti mandano	sie senden dir
mandare	schicken, senden
tanti cari saluti	viele herzliche Grüße
l'abbraccio	Umarmung
affettuoso, -a	lieb, zärtlich

Kästchen:

che cosa fanno? *Inf:* fare	was machen sie?

ESERCIZIO 8

dove vanno? *Inf:* andare	wohin gehen sie?
fare un giro in città	einen (Spazier)gang durch die Stadt machen
il giro	Runde
la funicolare	(Stand-)Seilbahn
le botteghe antiquarie	Antiquitätengeschäfte
più tardi	später
tardi	spät
fare una passeggiata	spazieren gehen, einen Spaziergang machen
per via Caracciolo	durch die Caracciolo-Straße
sul lungomare	auf der Seepromenade

B

la domenica	der Sonntag; sonntags
in casa Bianchi	bei den Bianchis (zu Hause)
che cosa facciamo oggi?	was machen wir heute?

a fare cosa?	wozu/weshalb?
come ...?	wieso .../was soll das heißen ...?
a vedere un po' di gente	um ein paar Leute zu sehen
stare in mezzo alla gente	unter Menschen sein
tutta la settimana	die ganze Woche
aspettare	warten
stare a casa	zu Hause sein/bleiben
riposare	ausruhen
uscire	ausgehen
il mercatino dell'antiquariato	Antiquitätenmarkt
leggi qui *Inf:* leggere	lies hier!
arte in piazza	Kunst auf dem Platz
come sempre	wie immer
il primo fine settimana del mese	am ersten Wochenende des Monats
la Piazza Municipale	Rathausplatz
ospitare	zu Gast haben, aufnehmen
cose d'altri tempi	Sachen aus vergangenen Zeiten
il week-end	Wochenende
trascorrere	verbringen
tra	zwischen, unter
vecchi mobili contadini	alte Bauernmöbel
la lampada	Lampe
liberty	Jugendstil
le ceramiche di Faenza	Keramik aus Faenza
un'occasione in più	ein zusätzlicher Grund/Anlass
visitare	besuchen
ma dai!	ach was!
sono sempre le stesse cose!	es ist immer dasselbe!
forse	vielleicht
trovare	finden
qualcosa di bello	etwas Schönes
per tua madre	für deine Mutter
guarda ... *Inf:* guardare	*meist unübersetzt, um Widerspruch einzulegen*
oggi c'è la corsa	heute findet das (Auto-)rennen statt
io resto a casa	ich bleibe zu Hause
restare	bleiben
perché non telefoni a ...?	warum rufst du nicht ... an?
forse vengono loro con te *Inf:* venire	vielleicht kommen sie mit (dir)
ma se anche lui è un maniaco della Formula 1 come te!	der ist doch genauso verrückt nach Formel 1 wie du!
invece di andare fuori	anstatt rauszugehen
prendere un po' d'aria	ein bisschen frische Luft schnappen
stare in casa	zu Hause bleiben
davanti alla TV	vor dem Fernseher
guardare	anschauen
ma lo sai che mi piace ...	aber du weißt doch, dass ich es mir gern anschaue ...
ho un'idea	ich habe eine Idee
perché non la registri e la guardi stasera?	warum nimmst du es nicht auf und schaust es dir heute Abend an?
quando torniamo	wenn wir zurückkommen
tornare	zurückkommen
non è la stessa cosa	das ist nicht dasselbe
in diretta	live
diverso, -a	anders; unterschiedlich
è molto più interessante	es ist viel interessanter
ho capito *Inf:* capire	ich habe verstanden

ESERCIZI 9–14

rispondete alle domande *Inf:* rispondere	antwortet/antworten Sie auf die Fragen!
che cosa piace fare a Luigi la domenica?	Was macht Luigi gern an Sonntagen?
che cosa so	(alles,) was ich weiß
domenica prossima	nächsten Sonntag
il pesce fresco	frischer Fisch
fresco, -a *Plur:* -chi	frisch
il mausoleo	Mausoleum, Grabmal
Galla Placidia	*römische Kaiserin (gestorben im Jahre 450)*
mi piace andare al cinema	ich gehe gern ins Kino
andare in bicicletta	Rad fahren
la bicicletta	Fahrrad

LEZIONE 6

A1

basta	es genügt/reicht
poco	wenig
preparare	zubereiten; vorbereiten
un pranzo diverso	*hier:* ein nicht alltägliches Essen
il pranzo	(Mittag-)Essen
diverso, -a	anders, verschieden
l'antipasto	Vorspeise
pomodori ai funghi freschi	Tomaten mit frischen Pilzen
il pomodoro	Tomate
i funghi	Pilze
fresco, -a *Plur:* -chi	frisch
il primo	erster Gang
tagliatelle al prosciutto	Bandnudeln mit Schinken
i piselli	Erbsen
il secondo	zweiter Gang
il petto di pollo	Hähnchenbrustfilet
il vino bianco	Weißwein
bianco, -a *Plur:* -chi	weiß
50 g. *(grammi)* **di burro**	50 Gramm Butter
il grammo	Gramm
il burro	Butter
2 foglie di salvia	2 Salbeiblätter
la foglia	Blatt
la salvia	Salbei
un po' di farina	etwas Mehl
la farina	Mehl
la cipolla	Zwiebel
il sale	Salz
il pepe	Pfeffer
un bicchiere di vino bianco	ein Glas Weißwein

mettere il burro in una padella	die Butter in eine Pfanne geben
mettere	legen, setzen, stellen
la padella	Pfanne
fare dorare la cipolla	die Zwiebel kurz anbraten („bräunen lassen")
unire *1. Pers:* unisco	*hier:* (hinein)geben
infarinato, -a	in Mehl gewendet
aggiungere	hinzufügen; dazugeben
fare cuocere	kochen/garen lassen
per 20 minuti	20 Minuten (lang)
il minuto	Minute
mettere sale e pepe	salzen und pfeffern
a piacere	nach Belieben
servire	servieren
la verdura	Gemüse
vario, -a	verschieden(artig)
il dolce	*hier:* Nachtisch; Kuchen
la panna cotta	*Art Sahnepudding*
la panna	Sahne
cotto, -a	gekocht, gegart

A2

facciamo i petti di pollo?	machen wir (die) Hähnchenbrustfilets?
ti piacciono, no?	die schmecken dir doch, oder?
piacere	*hier:* schmecken, mögen
certo!	sicher!, natürlich!
che cosa bisogna comprare?	was müssen wir einkaufen?
bisogna	man muss
comprare	kaufen
la farina c'è	Mehl ist da
ci sono i fagiolini	Bohnen sind da
ci sono	es gibt/da sind

Kästchen:

lo zucchero	Zucker
ci sono le patate?	sind Kartoffeln da?
gli spaghetti	Spaghetti

ESERCIZI 1–2

l'insalata	Salat
l'olio	Öl
la pizza "Quattro Stagioni"	Pizza „Vier Jahreszeiten"
l'olio d'oliva	Olivenöl
l'oliva	Olive
i carciofini	Artischockenherzen
il lievito	Hefe
l'origano	Oregano

Fumetto:

dove vai?	wo gehst du hin?
vado dal salumiere	ich gehe zum Salumiere *(Wurstwarenverkäufer)*

A3

in salumeria	im Wurstwarengeschäft
mi dia ... *Inf:* dare	geben Sie mir ...
due etti di prosciutto	200 Gramm Schinken
un etto	100 Gramm
cotto, -a	gekocht
crudo, -a	roh
quanto costa all'etto?	wie viel kosten 100 Gramm?
i conservanti	Konservierungsstoffe
un etto e mezzo	150 Gramm
mezzo, -a	halb
1,54 euro l'etto	hundert Gramm 1,54 Euro
sono buone	sie sind gut

A4

dal macellaio	beim Metzger/Fleischer
desidera?	was wünschen Sie?
quattro petti di pollo sottili e teneri	vier dünne und zarte Hähnchenbrustfilets
sottile *m/f*	dünn
tenero, -a	zart
altro?	sonst noch etwas?
mezzo chilo di carne macinata	ein Pfund Hackfleisch
mezzo chilo	ein Pfund
il chilo	Kilo
la carne	Fleisch
magro, -a	mager
per piacere	bitte

A5

avere fretta	es eilig haben, in Eile sein
andare a fare la spesa	einkaufen gehen
prima ... poi ...	zuerst ... dann ...
il negozio di generi alimentari	Lebensmittelgeschäft
il negozio	Geschäft, Laden
il pacco *Plur:* pacchi	Packung; Paket
un litro di latte	ein Liter Milch
una bottiglia di vino	eine Flasche Wein
la bottiglia	Flasche
la panetteria	Bäckerei
il pane	Brot

A6

che cosa Le do oggi?	was darf ich Ihnen heute geben?, was darf es sein?
dare	geben
Le	Ihnen
la fragola	Erdbeere
buonissimo, -a	sehr gut, ausgezeichnet
il prezzo	Preis
2,30 euro al cestino	2,30 Euro die Schale
il cestino	Körbchen
la susina	Pflaume, Zwetschge
dolcissimo, -a	sehr süß, zuckersüß
dolce *m/f*	süß
Le piacciono? *Inf:* piacere	schmecken sie Ihnen?
no, non mi piacciono molto	nein, sie schmecken mir nicht besonders

Kästchen:

gli gnocchi	Klößchen *(aus Mehl und Kartoffeln)*
le acciughe	Sardellen
il radicchio	Radicchio

mi piacciono molto	ich mag sie sehr
mi piacciono poco	ich mag sie nicht besonders
non tanto	nicht so sehr

ESERCIZI 7–8

la banana	Banane
Città Mercato	*italienisches Einkaufszentrum*
risparmiare	sparen
i tortellini	Tortellini
i ravioli	Ravioli
ripieno, -a	gefüllt
l'offerta speciale	Sonderangebot
il pezzo	Stück
extravergine *m/f*	*erste Qualitätsstufe für Olivenöl*
naturale *m/f*	Natur-, natürlich
la passata di pomodoro	passierte Tomaten
delle Alpi	Alpen-
il vino da tavola	Tafelwein

ESERCIZIO 9

la gelatina	Gelatine
il rum	Rum
la panna liquida	*Art Crème fraîche*
liquido, -a	flüssig
la panna da montare	Schlagsahne

B1

Duemila euro al mese	zweitausend Euro im Monat
la famiglia	Familie
il figlio, la figlia	Sohn, Tochter; Kind
non bastano più	sie reichen nicht mehr aus
il 33% (per cento)	33% (Prozent)
meno di …	weniger als …
gli esclusi	die Ausgegrenzten
oltre i …	mehr als …
i super garantiti	Wohlsituierte
probabile *m/f*	wahrscheinlich
i nuovi poveri	die neuen Armen
il povero	Arme
hanno due figli	sie haben zwei Kinder
la casa di loro proprietà	ihr Eigenheim
loro	ihr / ihre
in due	zu zweit
guadagnare	verdienen
le famiglie di questo tipo	Familien dieser Art
famiglie a rischio	existenzgefährdete Familien
il rischio	Gefahr, Risiko
per esempio	zum Beispiel
la malattia	Krankheit
la perdita del lavoro	Verlust des Arbeitsplatzes
di uno dei due	von einem der beiden
crollare	zusammenbrechen

ESERCIZIO 10

una famiglia media	eine Durchschnittsfamilie
medio, -a	Mittel-; durchschnittlich

B2

al mercato	auf dem Markt
la bancarella	Verkaufsstand
cosa vuoi, … *Inf:* volere	was will man machen, … (*wörtlich:* „was willst du?")
cosa? *(ugs für:* che cosa?*)*	was?
ci sono certi prezzi!!	die haben aber auch Preise!!
certo, -a	gewisse(r, s)
due fragole	ein paar Erdbeeren
carissimo, -a	sündhaft teuer
mia sorella che vive a Stoccarda	meine Schwester, die in Stuttgart lebt
quando viene qui	wenn sie hierher kommt
trova la vita molto cara	sie findet das Leben sehr teuer
la vita	Leben
quasi più che in Germania	fast mehr als in Deutschland
quasi	fast
il lusso	Luxus
è un problema arrivare a fine mese	es ist ein Problem, damit bis zum Monatsende auszukommen
arrivare	(an)kommen
il fine mese	Monatsende
solo mezza giornata	nur halbtags
i ragazzi	Jungen/Kinder
a tempo pieno	ganztags
cosa dice?	was sagt er?
dire	sagen
con i tempi che corrono!	bei den heutigen Zeiten!
correre	laufen, rennen
scusa	entschuldige
il suo onomastico	sein/ihr Namenstag
speciale *m/f*	besondere(r, s)
che cosa fai di buono?	was kochst du Gutes?
tanti auguri (a)	herzliche Glückwünsche (an)
grazie mille	vielen Dank

ESERCIZI 12–13

la frase	Satz
il puzzle	Puzzle
comodo, -a	praktisch; bequem
tanto tempo	(so) viel Zeit
il tempo	Zeit
il prodotto	Erzeugnis, Produkt
trovi?	findest du?
essere d'accordo	einverstanden sein
di prima qualità	von erstklassiger Qualität
la qualità	Qualität
troppi salumi	zu viel Wurst
per me	meiner Ansicht nach
molti tedeschi	viele Deutsche
vegetariano, -a	Vegetarier(in)
la pasta	Teigwaren
sempre più gente	immer mehr Leute
negli Hard Discount ['ha:d'diskaunt]	in den großen Einkaufszentren

ESERCIZIO 14

con l'aiuto delle parole sottostanti	mit Hilfe der unten stehenden Wörter
la parola	Wort
mia moglie	meine Frau
la moglie	Ehefrau

Lezione 7

A1

che cosa hai fatto? *Inf:* fare	was hast du gemacht?
sabato	am Samstag
tante cose	viele Sachen
ho messo in ordine *Inf:* mettere	ich habe aufgeräumt
la casa	Wohnung; Haus
ho portato *Inf:* portare	ich habe gebracht
dal veterinario	zum Tierarzt
per tutta la settimana	für die ganze Woche
la settimana	Woche
ho tagliato l'erba *Inf:* tagliare	ich habe den Rasen gemäht
l'erba	Gras; Rasen
ho lavato *Inf:* lavare	ich habe gewaschen
ho cucinato *Inf:* cucinare	ich habe gekocht
ho invitato Marcello a cena *Inf:* invitare	ich habe M. zum Abendessen eingeladen
una di queste cose	eine von diesen Sachen

A2

tra colleghi di lavoro	unter Arbeitskollegen
tra	unter; zwischen
il/la collega	Kollege, Kollegin
ieri	gestern
ho conosciuto *Inf:* conoscere	ich habe kennen gelernt
simpaticissimo, -a	äußerst sympathisch / nett
la festa	Fest, Party
mia sorella	meine Schwester
abbiamo ballato	wir haben getanzt
abbiamo parlato un po' insieme	wir haben ein bisschen miteinander gesprochen
insomma	alles in allem
fare amicizia	Freundschaft schließen
niente di importante	nichts Besonderes
sono rimasto, -a	ich bin geblieben
rimanere	bleiben
ho letto *Inf:* leggere	ich habe gelesen
ho ascoltato	ich habe (zu)gehört
il CD [tʃi di]	CD
è venuta Mariella *Inf:* venire	Mariella ist gekommen
la passeggiata	Spaziergang
insieme	zusammen
come al solito	wie gewöhnlich
sono andato, -a *Inf:* andare	ich bin gegangen
a vedere	um zu sehen
la partita	(Fußball-)Spiel
chi ha vinto? *Inf:* vincere	wer hat gewonnen?
2 a 0	zwei zu null

Kästchen:

simpatico, -a *Plur:* -ci, -che	sympathisch, nett

ESERCIZIO 1

combinate	ordnet/ordnen Sie zu
sono stato, -a ad un concerto	ich bin in einem Konzert gewesen
ho scritto una lettera	ich habe einen Brief geschrieben
scrivere	schreiben

A3

quando è successo?	wann war das?
quando?	wann?
succedere	geschehen, passieren
nel 1903	(im Jahre) 1903
diventare di moda	in Mode kommen
diventare	werden
la minigonna	Minirock
ha ricevuto *Inf:* ricevere	(sie) hat bekommen
il premio Nobel	Nobelpreis
la fisica	Physik
è caduto *Inf:* cadere	sie ist fallen
il muro di Berlino	Berliner Mauer
nato, -a	geboren; entstanden
nascere	geboren werden; aufkommen
c'è stato, -a …	(da) ist … gewesen
la tragedia	Tragödie
migliaia di persone	Tausende von Leuten
visitare	besuchen
la mostra del Tiepolo	die Tiepolo-Ausstellung
la mostra	Ausstellung
Tiepolo	*venezianischer Maler (1696–1770)*
il partito	Partei
le elezioni	Wahlen
lo scrittore, la scrittrice	Schriftsteller(in)
ha avuto un grande successo	er hat großen Erfolg gehabt
il successo	Erfolg
il libro	das Buch
la rosa	Rose

ESERCIZIO 2

completate *Inf:* completare	ergänzt /ergänzen Sie
luglio	Juli
il pianoforte	Klavier
la composizione	Komposition
a 26 anni	mit 26 Jahren
il concorso	Wettbewerb
famoso, -a	berühmt
il direttore	Dirigent
l'orchestra	Orchester
il Maggio Fiorentino	*Maifestspiele in Florenz*
musicale *m/f*	musikalisch
la Scala	*Mailänder Opertheater*

A4

aspettare	warten
chi aspetti?	auf wen wartest du?
il mio cane	mein Hund
io ho 5 anni	ich bin 5 Jahre alt
l'anno	Jahr
quanti anni hai?	wie alt bist du?
quanti?	wie viele?

il tuo compleanno	dein Geburtstag
il 25 ottobre	der/am 25. Oktober
vengo alla tua festa	ich komme zu deinem Fest
gennaio, febbraio	Januar, Februar
marzo, aprile	März, April
maggio, giugno	Mai, Juni
luglio, agosto	Juli, August
settembre, ottobre	September, Oktober
novembre, dicembre	November, Dezember

Kästchen:

il Suo compleanno	Ihr Geburtstag
il primo (maggio)	der erste (Mai)
il due (maggio)	der zweite (Mai)

A5

incontrare qu	jdn treffen
tornare	zurückkommen
un paio di giorni	ein paar (zwei oder drei) Tage
venire a trovare qu	jdn besuchen (kommen)
la sua famiglia	ihre/seine Familie
lasciare	(ver)lassen
l'università *uv*	Universität
vuole *Inf:* volere	sie/er will
il suo ragazzo	ihr Freund

ESERCIZIO 4

tutti i giorni	jeden Tag
la segretaria	Sekretärin
la biblioteca comunale	Stadtbücherei
vivere da solo, -a	allein leben
per due persone c'è posto	für zwei Personen ist genug Platz
per il momento	einstweilen

A6

che lavoro fanno?	was sind sie von Beruf?
faccio l'idraulico	ich bin Flaschner
l'idraulico	Flaschner
lavorare in proprio	selbstständig sein
proprio, -a	eigene(r, s)
mi piace essere indipendente	ich bin gern unabhängig
indipendente *m/f*	unabhängig
guadagno bene	ich verdiene gut
guadagnare	verdienen
essere a disposizione	zur Verfügung stehen
il/la rappresentante	Vertreter(in)
viaggio molto	ich reise viel
viaggiare	reisen
il problema è che ho poco tempo	das Problem ist, dass ich wenig Zeit habe
nuovo, -a	neu
che	dass
sono ragioniera	ich bin Buchhalterin
il ragioniere, la ragioniera	Buchhalter(in)
disoccupato, -a	arbeitslos
è difficile trovare lavoro oggi	es ist schwierig heutzutage Arbeit zu finden
difficile *m/f*	schwierig
la specializzazione	Spezialisierung
forse	vielleicht
cambiare città	in eine andere Stadt ziehen
cambiare	ändern, wechseln
il programmatore	Programmierer
il commesso, la commessa	Verkäufer(in)
il disco *Plur:* -chi	Schallplatte
ho la possibilità di conoscere molta gente	ich habe die Möglichkeit, viele Leute kennen zu lernen
la possibilità *uv*	Möglichkeit
nel campo pubblicitario	in der Werbebranche
due anni fa	vor zwei Jahren
proprio *Adv*	wirklich
contento, -a	zufrieden
la fattoria	Bauernhof
produciamo *Inf:* produrre	wir bauen an/stellen her
il prodotto	Produkt
biologico, -a *Plur:* -ci, -che	aus biologischem Anbau
l'ospedale *m*	Krankenhaus
l'infermiera	Krankenschwester
faticoso, -a	anstrengend
aiutare gli altri	(den) anderen helfen

ESERCIZI 5–6

descrivete *Inf:* descrivere	beschreibt/beschreiben Sie ...!
l'informazione *f*	Information
il meccanico	Mechaniker
la parrucchiera	Friseuse
l'impiegato di banca	Bankangestellter
l'impiegato, -a	Angestellte(r)
il/la farmacista	Apotheker(in)
interessante *m/f*	interessant
monotono, -a	eintönig, monoton
il tempo libero	Freizeit
abbastanza	genug
essere contento (di)	zufrieden sein (mit)
lo stipendio	Gehalt
la maestra/il maestro elementare	Grundschullehrer(in)
l'odontotecnico	Zahntechniker

B

la paura	Angst
perdere	verlieren
l'amore *m*	Liebe
penso di aver incontrato l'amore	ich denke, dass ich der Liebe begegnet bin
con la A maiuscola	mit großem A
l'operaio, -a	Arbeiter
studiare	*hier:* die Schule besuchen
fino alla terza media	*etwa:* bis zum Hauptabschluss
laureato in ingegneria	Diplom-Ingenieur
la multinazionale	multinationaler Konzern
dove io sono impiegata	wo ich angestellt bin
dovrei essere felice *Inf:* dovere	ich müsste/sollte eigentlich glücklich sein
felice *m/f*	glücklich
invece non lo sono completamente	ich bin es aber nicht ganz
quest'uomo	diesen Mann

meraviglioso, -a	wunderbar
uno così	so einer
essere innamorato di qu	in jdn verliebt sein
proprio	*hier:* ausgerechnet
cieco, -a *Plur:* -chi	blind
ed è bello per questo	und ist gerade deswegen schön
non deve aver paura	sie brauchen keine Angst zu haben
è possibile ...	es ist möglich ...
il/la cinquantenne	der/die Fünfzigjährige
noioso, -a	langweilig

ESERCIZIO 7

l'ufficio	Büro

ESERCIZIO 9

il quartiere anseatico	Hanse-Viertel
l'elettricità	Elektrizität
la visita guidata	Stadtrundfahrt
l'opera	Oper
il balletto	Ballet
l'espressione *f*	Ausdruck
utile *m/f*	nützlich

ESERCIZIO 10

raccontate *Inf:* raccontare	erzählt/erzählen Sie
ecc. (eccetera)	usw.
il Consolato	Konsulat
la mentalità *uv*	Mentalität

LEZIONE 8

A1

che ore sono?	wie viel Uhr ist es?
l'ora	Stunde
sono le sette e un quarto	es ist Viertel nach sieben
un quarto	Viertel
accidenti!	verflixt!
com'è tardi!	es ist schon spät!
devo proprio andare	ich muss wirklich gehen
sono le otto e mezzo	es ist acht Uhr dreißig/ halb neun
in ufficio	im Büro
sono le nove meno un quarto	es ist Viertel vor neun
in classe	in der Klasse, im Unterricht
la classe	die Klasse
sono le dieci e dieci	es ist zehn nach zehn
beve *Inf:* bere	er/sie trinkt
è mezzogiorno	es ist Mittag/ 12 Uhr
la posta	Post
è l'una	es ist eins/ 1 Uhr

A2

il biglietto	(Eintritts-)Karte
il Piccolo (*Piccolo Teatro di Milano*)	*Theater in Mailand*
vuoi venire?	willst du (mit)kommen?
volere	wollen
che cosa danno? *Inf:* dare	was wird aufgeführt?
Carlo Goldoni	*venezianischer Komödienschriftsteller (1707–1793).*
Arlecchino servitore di due padroni	Harlekin, Diener zweier Herren
a che ora?	um wie viel Uhr?
cominciare	anfangen, beginnen
alle otto e mezzo/mezza	um halb neun
così presto?	so früh?
presto	früh
mi vieni a prendere?	holst du mich ab?
venire a prendere	abholen (kommen)
finire *1. Pers:* finisco	aufhören, (be)enden

ESERCIZIO 2

il programma della televisione	Fernsehprogramm
il programma	Programm
la televisione	Fernsehen
il TG 1 (*il telegiornale*)	Tageschau

ESERCIZIO 3

l'invito	Einladung
il circo	Zirkus
il concerto	Konzert
il torneo di tennis	Tennisturnier

A3

sabato	am Samstag
se è una bella giornata	wenn schönes Wetter ist
se	wenn, falls
possiamo andare a pescare	wir können angeln/fischen gehen
potere	können
ti va? *Inf:* andare	passt es dir?, hast du Lust?
non posso *Inf:* potere	ich kann nicht
l'impegno	Verpflichtung; Verabredung
con un mio collega	mit einem Kollegen von mir
e domenica	und am Sonntag
la mia ragazza	meine Freundin
vuole partecipare alla gara in bicicletta	er/sie will am Fahrradrennen teilnehmen
partecipare a	teilnehmen an/bei
la gara	Wettbewerb, Wettkampf
Tuttinbici	*etwa*: Alle aufs Rad
tua moglie	deine Frau

Kästchen:

andare a teatro	ins Theater gehen
andare a un concerto	in ein Konzert gehen
andare a cena fuori	abends zu Essen ausgehen
andare a giocare a biliardo	Billard spielen gehen
andare a ballare	tanzen gehen
andare al cinema	ins Kino gehen
una mia amica	eine Freundin von mir
il mio ragazzo	mein Freund
mio marito	mein Mann
mia moglie	meine Frau

lunedì, martedì *m*	Montag, Dienstag
mercoledì, giovedì *m*	Mittwoch, Donnerstag
venerdì *m*	Freitag
l'oculista *m/f*	Augenarzt
il circolo degli scacchi	Schachklub
il circolo	Verein, Klub
Il Mulino	Die Mühle

ESERCIZIO 4

la vostra settimana	eure/Ihre Woche
che impegni avete?	welche Termine/Verabredungen habt ihr/haben Sie?

Plakat:

Comune di Pavia	Stadt Pavia (in der Lombardei)
il comune	Gemeinde, Stadt
il circolo culturale	Kulturverein
6° centenario della Certosa	600-Jahr-Feier der Kartause
la manifestazione	Veranstaltung; Demonstration
ciclistico, -a *Plur:* -ci, -che	Rad-
il singolo	der Einzelne
nel parco dei Visconti	im Park der Visconti *(Patriziergeschlecht aus der Lombardei)*
il parco	Park
la partenza	Abfahrt; Start
l'arrivo	Ankunft
la quota d'iscrizione	Teilnahmegebühr, -beitrag
comprensivo, -a di ...	schließt ... mit ein
l'omaggio	Geschenk
il premio	Preis
a sorpresa	Überraschungs...
il ricavato va al gruppo volontari	der Erlös kommt der Freiwilligengruppe zugute
il gruppo	Gruppe
della C.R.I. di Pavia (Croce Rossa Italiana)	des Italienischen Roten Kreuzes von Pavia

A4

come mai non siete venuti/e ieri?	warum seid ihr/sind Sie gestern nicht gekommen?
abbiamo dovuto accompagnare...	wir haben ... begleiten müssen
dovere	müssen
accompagnare	begleiten; bringen
in gita	beim Ausflug
la gita	Ausflug
il CAI *(Club Alpino Italiano)*	*italienischer Alpenverein*
veramente divertente	es hat wirklich Spaß gemacht
divertente *m/f*	unterhaltsam, amüsant
siamo tornati a casa stanchi	wir sind müde nach Hause gekommen
stanco, -a *Plur:* -chi	müde
passare	verbringen
la giornata	Tag

Kästchen:

siamo andati/e a trovare	wir haben ... besucht
andare a trovare qu	jdn besuchen (gehen)
fino alle dieci	bis um zehn Uhr
giocare (a tennis)	(Tennis) spielen

A5

che piacere rivederLa!	wie schön, Sie wieder zu sehen!
il piacere	Vergnügen, Freude
rivedere	wieder sehen
sono appena tornata da Praga	ich bin gerade erst aus Prag zurückgekommen
appena	kaum, gerade
che bello!	wie schön!
senta, ...	hören/sagen Sie ...
a casa nostra	zu uns (nach Hause)
il/la nostro, -a	unser
sabato sera	am Samstag Abend
la sera	Abend
diamo una festa per la laurea di mia figlia	wir feiern den Universitätsabschluss meiner Tochter
dare una festa	ein Fest geben/veranstalten
la laurea	Studienabschluss, Diplom
verso le otto	gegen acht Uhr
Le va bene?	Passt es Ihnen?/Ist es Ihnen recht?
grazie per l'invito	danke für die Einladung
complimenti a Sua figlia	ich gratuliere Ihrer Tochter
i complimenti	Glückwünsche; Gratulationen

Kästchen:

a casa nostra/da noi	zu uns (nach Hause)
a casa mia /da me	zu mir (nach Hause)

ESERCIZIO 6

l'incontro	Begegnung
alcuni, -e	einige
d'accordo	einverstanden

A6

non vorrei proprio mancare	ich möchte auf keinen Fall fehlen
mancare	fehlen
che cosa regaliamo a Cristina?	was schenken wir Cristina?
regalare qc a qu	jdm etw schenken
tu hai qualche idea?	hast du irgendeine Idee?
le possiamo regalare uno zainetto	wir können ihr einen kleinen Rucksack schenken
sì, perché no?	ja, warum nicht?

Kästchen:

che cosa regaliamo a Ennio?	was schenken wir Ennio?
gli regaliamo una penna stilografica	wir schenken ihm einen Füller
che cosa regaliamo ai nonni / alle bambine?	was schenken wir den Großeltern /den Mädchen?
gli regaliamo ...	wir schenken ihnen ...

ESERCIZIO 7

il regalo	Geschenk
tutti	alle
il pronome	Pronomen
per il suo onomastico	zu seinem Namenstag
la radiosveglia	Radiowecker
sì, perfetto!	ja, sehr gut!
perfetto	vollkommen; perfekt
cosa dici?	was meinst du/sagst du dazu?
il primo giorno di scuola	der erste Schultag

A7

prego, si accomodi!	kommen Sie herein!, nehmen Sie bitte Platz!
il regalino	kleines Geschenk
che pensiero gentile!	wie nett von Ihnen!
il pensiero	Gedanke
venga! *Inf:* venire	kommen Sie!
il salotto	Wohnzimmer
Le presento …	ich stelle Ihnen … vor
presentare	vorstellen
molto lieto, -a	freut mich sehr/angenehm!

A8

questa è mia figlia	das ist meine Tochter
questo, -a	der/die/das hier
finalmente	endlich
ci conosciamo	wir lernen uns kennen
conoscersi	sich kennen lernen
mi dia del tu	duzen Sie mich
dare del tu a qu	jdn duzen

Kästchen:

piacere!	angenehm!

ESERCIZIO 8

vostro, -a	eur(e), Ihr(e)
il gruppo di tre persone	Dreiergruppe
fate le presentazioni	stellen Sie vor
la presentazione	Vorstellung
la cugina	Kusine

A9

la serata	Abend
grazie a Lei per essere venuto, -a	ich danke Ihnen, dass Sie gekommen sind
telefonare a qu	jdn anrufen
nei prossimi giorni	in den nächsten Tagen
buonanotte	gute Nacht

Kästchen:

non c'è di che	keine Ursache

A10

molte grazie	vielen Dank
il fiore	Blume
come piccolo pensiero	als kleine Aufmerksamkeit
ti auguro ogni bene	ich wünsche dir alles Gute
augurare	wünschen
affettuoso, -a	lieb, zärtlich

B

la visita	Besuch
ripartire	wieder abreisen
lo sai che … *Inf:* sapere	du weißt, dass …
o … o	entweder … oder
urgente *m/f*	dringend
ma non devi fare mica un pranzo luculliano!	aber du brauchst doch kein üppiges Essen vorzubereiten!
l'importante *m*	das Wichtige
il sugo	Soße
pronto, -a	fertig, bereit
la fettina di carne	Schnitzel
il tesoro	Schatz
sì, lo so *Inf:* sapere	ja, ich weiß es
prima delle otto	vor acht Uhr
mettere a letto	ins Bett bringen
sta' tranquillo, -a!	keine Sorge!
in casa Belli	bei den Bellis
a me fa sempre piacere	es ist für mich immer eine Freude
l'ospite *m/f*	Gast
cosa vuole, …	wissen Sie, …
la lingua	Sprache; Zunge
il paese	Land; Staat
un po' dappertutto	fast überall
pensare (di)	vorhaben, beabsichtigen
a tavola	zu/bei Tisch
Buon appetito! – Grazie, altrettanto.	Guten Appetit! – Danke, gleichfalls.

ESERCIZIO 11–13

tutto quello che sappiamo	alles, was wir wissen
tutte le informazioni su	alle Informationen über
a due	zu zweit
confrontare	vergleichen
breve *m/f*	kurz
l'inizio	Beginn

LEZIONE 9

A1

il professore, la professoressa	(Gymnasial-)Lehrer(in); Professor(in)
si alza	er/sie steht auf
alzarsi	aufstehen
la mattina	Morgen; morgens
quando mi sveglio	wenn ich aufwache
quando	wenn
svegliarsi	aufwachen
restare a letto	im Bett bleiben
ho bisogno di uscire	ich muss aus dem Haus
avere bisogno di	brauchen
uscire	hinausgehen; ausgehen

portare fuori il cane	den Hund ausführen
fuori	*hier:* hinaus
fermarsi	anhalten, Halt machen
fare colazione	frühstücken

A2

il palazzo	*hier*: Mietshaus
i Picone	die Familie Picone, die Picones
vestirsi	sich anziehen
lavarsi	sich waschen
suonare	klingeln, läuten
la sveglia	Wecker
continua a dormire	er/sie schläft weiter
è già uscito	er ist schon weggegangen/ außer Haus

ESERCIZI 1–2

di solito	normalerweise
appena alzati	gleich nach dem Aufstehen

A3

come vi trovate a Torino?	wie geht es euch in Turin?
trovarsi	sich befinden
mia moglie ha ripreso a studiare	meine Frau hat das Studium wieder aufgenommen
riprendere (a)	wieder anfangen (zu)
ci siamo abituati anche al clima	wir haben uns sogar an das Klima gewöhnt
abituarsi (a)	sich gewöhnen (an)
il clima	Klima
all'inizio	am Anfang
non si è trovata molto bene	sie hat sich nicht sehr wohl gefühlt
un po' di problemi	ein paar Schwierigkeiten
a scuola	in der/die Schule
la scuola	Schule
ma ora va meglio	aber jetzt geht es besser
meglio *Adv*	besser

ESERCIZIO 3

stamattina	heute Morgen
nel pomeriggio	am Nachmittag
uscire dall'ufficio	das Büro verlassen

A4

i miei nonni	meine Großeltern
mio nonno, mia nonna	mein Großvater, meine Großmutter
i loro figli	ihre Kinder
il figlio, la figlia	Sohn, Tochter
il padre	Vater
la madre	Mutter
lo zio, la zia *Plur:* zii, zie	Onkel, Tante
il cognato, la cognata	Schwager,Schwägerin
il fratello	Bruder
la sorella	Schwester
il cugino, la cugina	Vetter, Kusine
il/la nipote	Neffe, Nichte; Enkel(in)

A5

da noi	bei uns
sentirsi solo, -a	sich allein fühlen
spesso	oft
il fine settimana	(am) Wochenende
vado a casa dai miei	ich fahre nach Hause (zu meinen Eltern)
i Suoi genitori	Ihre Eltern
stare	*hier*: leben, wohnen
il paese	Dorf
unico, -a	einzige(r,s)
andare d'accordo	sich gut verstehen

Kästchen:

i miei genitori	meine Eltern
le mie sorelle	meine Schwestern

ESERCIZI 4–5

il matrimonio	Hochzeit; Ehe
sposarsi	heiraten
i suoceri	Schwiegereltern
l'azienda agricola	landwirtschaftlicher Betrieb

A6

i tuoi parenti	deine Verwandten
domani mattina	morgen Vormittag
li vado a prendere	ich hole sie ab
andare a prendere qu	jdn abholen (gehen)
vecchio, -a	alt
non lo conosco ancora	ich kenne ihn noch nicht
curioso,-a	neugierig
che tipo è	was er für ein Typ ist
il tipo	Typ; Art

ESERCIZI 8–9

in casa Sua	bei Ihnen zu Hause
lavare i piatti	Geschirr spülen
incontrarsi	sich treffen
fare una crocetta	ankreuzen
la crocetta	kleines Kreuz
sulla casella	in das Kästchen
è sposato, -a	er/sie ist verheiratet
i figli maschi	Söhne
maschio	männlich

A7

partire	abreisen; *hier:* verreisen
La accompagno alla stazione	ich bringe Sie zum Bahnhof
chiamare un taxi	ein Taxi bestellen
il taxi	Taxi
La posso aiutare a ...?	kann ich Ihnen helfen ...?
aiutare qu	jdm helfen
portare giù	heruntertragen
fare un piacere a qu	jdm einen Gefallen tun
pesante *m/f*	schwer
ringraziare qu	jdm danken; sich bedanken

Kästchen:

non c'è bisogno	es ist nicht nötig

ESERCIZI 10–11

ricostruire le frasi	die Sätze wieder zusammensetzen
la borsa	Tasche
tanti auguri di buon compleanno	herzliche Glückwünsche zum Geburtstag

B

dalla parte del padre	aus der Sicht des Vaters
la parte	Seite; Teil
facile *m/f*	einfach
possibile *m/f*	möglich
la storia	Geschichte
è come quella di tanti altri bambini	ist so wie die vieler anderer Kinder
i genitori separati	getrennt lebende Eltern
separarsi	sich trennen
la convivenza	Zusammenleben
quando Marco aveva due anni e mezzo	als Marco zweieinhalb war
quando	als
su un punto	über eine Sache/einen Punkt
mettersi d'accordo	sich einigen
l'interesse *m*	Wohl; Interesse
regolare	regeln
tra di noi	unter uns
l'aspetto economico	die wirtschaftliche Seite
senza bisogno di giudici	ohne Richter (zu brauchen)
il giudice	Richter
Marco è rimasto a vivere con Cristina	Marco ist bei Cristina (wohnen) geblieben
due o tre volte alla settimana	zwei- oder dreimal in der Woche
la volta	Mal
per farlo mangiare e addormentare	um ihn zu füttern und zum Einschlafen zu bringen
mi è successo	mir ist es passiert
addormentarsi	einschlafen
alle tre di notte	um drei Uhr nachts
abbiamo deciso	wir haben uns entschieden
di fargli conoscere il mio appartamento	ihm meine Wohnung zu zeigen
decidere	entscheiden
il compagno, la compagna	*hier*: Partner(in); Lebensgefährte, Lebensgefährtin
la cameretta	kleines Zimmer; *hier:* Kinderzimmer
almeno	mindestens
due week-end al mese	(an) zwei Wochenenden im Monat
comunque	*hier*: auf jedem Fall
contare su qu	auf jdn zählen

ESERCIZIO 12

la separazione	Trennung

ESERCIZIO 15

sì o no alla famiglia?	ja oder nein zur Familie?
mi basta	es reicht mir
divorziato, -a	geschieden
il compromesso	Kompromiss
rimanere libero, -a	ungebunden bleiben
ritrovare	(wieder) vorfinden, antreffen
stressante *m/f*	stressig
pensare (di)	denken; halten (von)
il modo di vivere	Lebensweise
il modo	Art und Weise

Lezione 10

A1

comincia ...!	fang an!
l'estate *f*	Sommer
chiedi il catalogo!	fordere den Katalog an!
chiedere *Part Perf:* chiesto	verlangen
Aviomar marestate	*italienischer Reiseveranstalter*
presso tutte le agenzie di viaggi	bei allen Reisebüros
presso	bei
le vacanze	Urlaub, Ferien
prendete il treno!	nehmt/nehmen Sie den Zug!
F.S. *(Ferrovie dello Stato)*	*(Staatliche Eisenbahngesellschaft)*
in Piemonte	in/nach Piemont
le Langhe	*Hügelgebiet in Südpiemont*
andiamo insieme in Basilicata!	fahren wir zusammen in die Basilicata!
scoprite ...! *Inf:* scoprire	entdeckt/ entdecken Sie ...!
cambiare	ändern, wechseln
noleggiare	mieten
il camper	Wohnmobil
il silenzio	Ruhe, Stille
rilassarsi	sich entspannen
in Valle d'Aosta	im/ins Aostatal
la valle	Tal
va'! *Inf:* andare	geh! fahr los!
Siremar	*Schifffahrtgesellschaft Siziliens*

Fumetto:

non ho ancora deciso	ich habe mich noch nicht entschieden
decidere	(sich) entscheiden

Kästchen:

l'agriturismo	Urlaub auf dem Bauernhof
vivi	lebe
a contatto con la natura	in Berührung mit der Natur
mangia	iss
genuino, -a	natürlich, unverfälscht
va' a cavallo	reite
il cavallo	Pferd
dormi di più	schlaf mehr/länger

ESERCIZIO 1

prenotare	buchen, reservieren
il consiglio	Rat(schlag)

A2

a difesa del tuo ambiente	zum Schutz deiner Umwelt
la difesa	Schutz; Verteidigung
l'ambiente *m*	Umwelt
non danneggiare ...!	beschädige nicht ...!
l'albero	Baum
inquinare	verschmutzen, verseuchen
le acque	Gewässer
accendere *Part Perf:* acceso	anzünden, anmachen
il fuoco *Plur:* fuochi	Feuer
nei boschi	in den Wäldern
il bosco *Plur:* boschi	Wald
i rifiuti	Abfälle
non accendete fuochi!	zündet kein Feuer an!
gettare	werfen, wegwerfen
il mozzicone	Zigarettenstummel, Kippe

Kästchen:

amare	lieben
la natura	Natur

A3

spedire *1. Pers:* spedisco	schicken
per posta prioritaria	als Eilsendung
il francobollo	Briefmarke
due (francobolli) per l'Italia	zwei Briefmarken für (einen Brief nach) Italien
il Messico	Mexico

Kästchen:

gli Stati Uniti	Vereinigte Staaten

A4

Foggia, 3 giugno 2001	Foggia, den 3. Juni 2001
fa caldo	es ist warm/heiß
negli Stati Uniti	in die/den Vereinigten Staaten
abbiamo una bella proposta da farvi	wir haben euch einen interessanten Vorschlag zu unterbreiten
la proposta	Vorschlag
vicinissima al mare	ganz nahe am Meer
la spiaggia *Plur:* spiagge	Strand
ci vogliono cinque minuti	man braucht fünf Minuten
pulito, -a	sauber
fare il bagno	baden, schwimmen
tranquillamente	ruhig; unbesorgt
che tempo fa da voi?	wie ist das Wetter bei euch?

Kästchen:

quanto ci vuole da qui per andare al mare?	wie lange braucht man von hier bis zum Meer?
ci vuole mezz'ora	man braucht eine halbe Stunde
ci vogliono otto ore	man braucht acht Stunden

ESERCIZIO 4

è lontana la stazione?	ist es weit bis zum Bahnhof?
sulla pastasciutta ci vuole il parmigiano?	auf die Pastasciutta (Nudelgericht) gehört Parmesan (Käse)?

A5

accettare	akzeptieren, annehmen
con entusiasmo	mit Begeisterung, begeistert
prendere le ferie	Urlaub nehmen
per tre settimane	drei Wochen (lang)
bruttissimo, -a	sehr schlecht; scheußlich
piove da tre giorni	es regnet seit drei Tagen
piovere	regnen
da	seit
non veder l'ora di ...	es kaum erwarten können
ritornare	zurückkehren
anche se	auch wenn, obwohl

Fumetto:

che brutto tempo!	was für ein scheußliches Wetter!
essere stufo, -a (di) ...	es satt haben
la pioggia	Regen

Kästchen:

c'è il sole	die Sonne scheint
fa freddo	es ist kalt

A6

tre giorni fa	vor drei Tagen
vi è piaciuta la Puglia? *Inf:* piacere	hat euch Apulien gefallen?
ci sono delle spiagge bellissime	da gibt es herrliche Strände
le grotte di Castellana	die Grotten/Höhlen von Castellana
andare in ferie	in Urlaub fahren
fra quindici giorni	in vierzehn Tagen
fra = tra	in

Kästchen:

ti è piaciuto il posto?	hat dir der Ort gefallen?
ti è piaciuto, -a?	hat er/sie dir gefallen?
no, non mi è piaciuto	nein, der hat mir nicht gefallen

ESERCIZIO 5

Castel del Monte	*um 1250 von Kaiser Friedrich II. erbautes Schloss*
il monte	Berg
l'isola	Insel
i trulli	*einräumige steinerne Rundhäuser*

ESERCIZIO 6

da quanto tempo?	seit wann?
incominciare (a)	anfangen, beginnen
da sempre	seit immer
tanto tempo fa	vor langer Zeit

ESERCIZI 7–10

il progetto	Plan, Vorhaben
finito, -a	zu Ende; *hier:* vorbei
quindici giorni	zwei Wochen
dalle vacanze	aus dem Urlaub
i bagni	*hier:* Bad(ebetrieb)
il cartello	Schild
l'ombrellone *m*	Sonnenschirm

la (sedia) sdraio	Liegestuhl
il lettino	Liege
la cabina	Kabine
il noleggio tavole	Verleih von Surfbrettern
la barca	Boot
rivolgersi (a)	sich wenden an
chiedere qc a qu	jdn nach etw fragen
il bagnino	Bademeister

B

la montagna	Gebirge; Berg
ma dai, basta mare!	ach was! ich habe genug vom Meer
la confusione	Chaos; Trubel
ma se è proprio questo il bello!	aber das ist doch gerade das Schöne dabei!
tutti i miei amici	alle meine Freunde
voi andate pure	ihr könnt von mir aus (dahin) fahren, fahrt doch hin
io non vengo	ich komme/gehe nicht mit
non ti importa	es ist dir nicht wichtig
l'egoista *m/f*	Egoist(in)
roba da matti!	das ist doch nicht zu fassen!
la roba	Sachen; Zeug
matto, -a	verrückt
ma su!	*etwa:* ach, komm!
cosa c'entra questo?	was hat das damit zu tun?
senza tante storie	ohne so ein Theater zu machen
ecco come sei tu!	so bist du immer!
autoritario	autoritär
i tempi sono cambiati	die Zeiten haben sich geändert
cambiare in peggio	sich zu einem Nachteil verändern, schlimmer werden
peggio *Adv*	schlechter
ma lo sai che ...!	aber du weiß doch, dass ...!
il mare non mi è mai piaciuto	das Meer habe ich noch nie gemocht
non ... mai	nie
vorrei stare tranquillo, -a	ich möchte meine Ruhe haben
la collina	Hügel, Anhöhe
andare in spiaggia	an den Strand gehen
alla fine	am Ende; zum Schluss
faccio sempre quello che volete voi	ich mache immer (das), was ihr wollt

ESERCIZIO 11

il rapporto	Beziehung
tra = fra	*hier:* zwischen

ESERCIZIO 14

il lago *Plur:* laghi	der See
il duomo	Dom
Bomarzo	*Ort in Latium, bekannt durch den* Parco dei Mostri, *einen Garten mit aussergewöhnlichen Skulpturen*
La Sila	*Hochebene in Kalabrien*
greco, -a	griechisch
il nuraghe	*vorgeschichtlicher kegelförmiger Turmbau in Sardinien*

LEZIONE 11

A1

l'informazione *f*	Information
vorrei sapere quali treni ci sono per Roma	ich möchte wissen, welche Züge es nach Rom gibt
oppure	oder
il pendolino	*italienischer ICE*
il pendolino delle 7.55	der ICE um 7.55
arriva a Roma alle 12.20	er kommt um 12.20 in Rom an
è necessaria la prenotazione?	muß man (einen Platz) reservieren?
necessario, -a	notwendig
la prenotazione	(Platz)reservierung
il supplemento speciale	Sonderzuschlag
il supplemento	Zuschlag
quanto tempo ci mette?	wie lange braucht er?
metterci	(*Zeit*) brauchen
circa	ungefähr

Tabellone: Anzeigetafel

la partenza	Abfahrt
Ferrovie dello Stato	*staatliche italienische Eisenbahn*
R (il treno regionale)	Nahverkehrszug
ETR 500 (pendolino)	ICE
C.LE (centrale)	Hauptbahnhof
IC (intercity)	IC
IR (interregionale)	Interregiozug
E (espresso)	D-Zug
D (diretto)	Eilzug

Piktogramme/Zeichnung:

il cambio	Geldwechsel
la biglietteria	Fahrkartenschalter
la sala d'attesa	Wartesaal
il deposito bagagli	Gepäckaufbewahrung
il bagaglio	Gepäck
i gabinetti	Toilette(n)
chiuso, -a *Inf:* chiudere	geschlossen

A2

prenotare	reservieren
due posti di seconda classe sull'IC ...	zwei Plätze in der zweiten Klasse im IC ...
fumatori o non fumatori?	Raucher oder Nichtraucher?
possibilmente	möglichst
vicino al finestrino	am Fenster
il finestrino	Zug-, Autofenster

A3

due biglietti di andata e ritorno per ...	zwei Rückfahrkarten nach ...
il biglietto	Fahrkarte, Fahrschein
l'andata	Hinfahrt
il ritorno	Rückfahrt; Rückkehr
diretto, -a	direkt

devo cambiare?	muss ich umsteigen?
in ritardo	mit Verspätung
la coincidenza	Anschluss

ESERCIZIO 2

l'ufficio informazioni	Informationsschalter
cuccette	Liegewagen
la cuccetta	Liegewagenplatz
il vagone letto	Schlafwagen
quindi	also; *hier:* das heißt
più o meno	mehr oder weniger, ungefähr
lo sportello	Schalter
fare il biglietto	die Fahrkarte lösen

ESERCIZIO 3

quanto ritardo ...?	wie viel Verspätung ...?
da quale binario?	von welchem Gleis?
su quale binario?	auf welchem Gleis?
proveniente da ...	aus ...*(Richtung)*

A4

Per strada	unterwegs
cambiare un euro in ...	ein Euro in ... wechseln
cambiare	*hier:* wechseln
due monete da 50 centesimi	zwei 50-Cent-Stücke
la moneta	Münze
aspetti che guardo ...	warten Sie mal, ich schaue nach
se le ho, volentieri	wenn ich sie habe, gern
eccole	hier (sind sie)
non c'è di che	keine Ursache

ESERCIZIO 4

la patente	Führerschein
prego	*hier:* bitte (wenn man etwas verlangt)
il passaporto	Reisepass
mi fa vedere?	zeigen Sie mir bitte ...
far vedere	zeigen

Foto:

Ecco le otto monete coniate in Italia	hier die acht italienischen Euromünzen
ecco	hier
coniare	prägen

A5

su due ruote	auf zwei Rädern
la ruota	Rad
meno rumorosi	leiser (weniger laut)
meno inquinanti	sauberer (weniger schädlich)
inquinante *m/f*	(umwelt)schädlich
più veloci	schneller
veloce *m/f*	schnell
il ciclomotore	Moped, Roller
in circolazione *f*	auf den Straßen
la „città dei motorini"	die Stadt der Roller
il motorino	Roller, Moped
per eccellenza	schlechthin
guidare	fahren, lenken
più comodo	bequemer
problemi di parcheggio	Parkplatzprobleme
da fuori	von außerhalb
è meno caro, -a	er ist billiger (weniger teuer)
l'autobus costa meno	Busfahren ist billiger
troppo	*hier:* zu lange
evitare *1. Pers:* evito	ver(meiden)

ESERCIZIO 5

pratico, -a *Plur:* -ci, -che	praktisch
sicuro, -a	sicher
economico, -a *Plur:* -ci, -che	preiswert, billig
stressante *m/f*	stressig

A6

portare	*hier:* mitnehmen
il traghetto	Fähre
quanto tempo impiega?	wie viel Zeit/wie lange braucht es/er/sie?
impiegare	(*Zeit*) brauchen
l'aliscafo	Luftkissenboot
avere a disposizione	zur Verfügung haben
raggiungere *Part Perf:* raggiunto	erreichen
il mezzo più rapido	*hier:* die schnellste Verbindung
il mezzo	(Transport–)Mittel
rapido, -a	schnell
il catamarano	Katamaran

ESERCIZIO 6

la pubblicità	Werbung
verde	grün
famoso, -a	berühmt
affascinante *m/f*	faszinierend, schön
fine *m/f*	fein
il mondo	Welt
la sabbia	Sand
il Palio	*traditionelles Pferderennen in Siena*
la regione	Region

ESERCIZIO 7

un consiglio da amico	ein freundschaftlicher Rat
il mezzo di trasporto	Verkehrsmittel
consigliare	raten, empfehlen
spendere *Part Perf:* speso	ausgeben
utile *m/f*	nützlich
elegante *m/f*	elegant

A7

la stazione di servizio	Tankstelle (an Autobahnen und sonstigen Fernverkehrstraßen)
il pieno, per favore	bitte voll tanken
Le conviene prendere l'autostrada	da nehmen Sie am besten die Autobahn
convenire *3. Pers:* conviene	günstig sein
continui sempre dritto *Inf:* continuare	fahren Sie immer geradeaus
prenda la statale	nehmen Sie die Nationalstraße
il chilometro	Kilometer
il casello	Mautstelle

Kästchen:

vada ...! *Inf:* andare	gehen Sie ...!
chiedere a qu	jdn fragen
il vigile	Verkehrspolizist

Fotos:

l'uscita	Ausfahrt; Ausgang
la valle	Tal
il passo	Pass
il pagamento	(Be-)Zahlung
il pedaggio	Autobahngebühr

Fumetto:

ho una gomma a terra	ich habe eine Reifenpanne
la gomma	Gummi; Reifen
a terra	am/zu Boden
il faro	Scheinwerfer
il guasto	Schaden
il motore	Motor

ESERCIZIO 8

controllare	prüfen
mettere su	hinaufstellen
sul treno	im Zug
pure	*hier:* ruhig
fare il pieno	voll tanken
provare	probieren

ESERCIZIO 9

la pianta della città	Stadtplan
il/la turista	Tourist(in)
il municipio	Rathaus

A8

Onda verde	*„Grüne Welle" (Sendung für Autofahrer)*
seguente *m/f*	folgende (r)
corrispondere	entsprechen
chiuso, -a al traffico	gesperrt
il traffico	Verkehr
il tratto	Strecke
a causa di	wegen
l'incidente *m*	Unfall
sull'autostrada	auf der Autobahn
in direzione Venezia	in Richtung Venedig
la direzione	Richtung
bloccato, -a	blockiert
per ingorghi	wegen Staus
l'ingorgo *Plur:* -ghi	Stau
la vettura	PKW, Auto
diretto, -a a ...	in Richtung ...
il rallentamento	Verlangsamung; *hier:* Behinderung
molte auto in coda	lange Autoschlangen
la coda	Schlange, Stau
il rientro	Rückkehr

ESERCIZIO 10

prima della partenza	vor der Abfahrt
gli dice di fare attenzione (a)	sie sagt ihm, er solle Acht geben/aufpassen (auf)
l'attenzione f	Aufmerksamkeit
andare forte	schnell fahren
forte *m/f*	stark
la moto *uv*	Motorrad
la pausa	Pause
salutare	grüßen

ESERCIZIO 11

buone vacanze!	schöne Ferien!
con calma	in (aller) Ruhe
il primo giorno di ferie	am ersten Ferientag
chiudere a chiave	abschließen
la porta di casa	Haustür
il vicino, la vicina	Nachbar(in)

Fotos:

zona a traffico limitato	verkehrsberuhigte Zone
esclusi i veicoli autorizzati	nur Fahrzeuge mit Sondergenehmigung
il divieto di sosta	Halteverbot
il passo carrabile	Ausfahrt
di notte	nachts
la tangenziale	Umgehungsstraße, Ring
l'aeroporto	Flughafen
il centro commerciale	Einkaufszentrum

B

paese che vai, taxi che trovi	*etwa*: andere Länder, andere Taxis (*analog zu*: andere Länder, andere Sitten)
sporco, -a	schmutzig
costoso, -a	teuer
pericoloso, -a	gefährlich
più di	mehr als
il secolo	Jahrhundert
l'esistenza	Existenz
dare vita a	*hier*: entstehen lassen
in tutto il mondo	auf der ganzen Welt
la cultura	Kultur
il trasporto	Beförderung, Transport
fatto, -a (di)	der/die aus ... besteht
l'uso	Brauch
l'abitudine *f*	Gewohnheit
diverso da paese a paese	verschieden/ unterschiedlich von Land zu Land

Nützliches Begleitmaterial zu Buongiorno! neu …

damit Ihnen Italienisch noch leichter fällt:

Kassetten und CDs

Bei *Buongiorno! neu* haben wir besonderen Wert darauf gelegt, dass die gesprochene Sprache im Mittelpunkt steht. Dazu gehört auch, dass Sie so oft wie möglich im Unterricht und zu Hause von Muttersprachlern gesprochenes Italienisch hören und damit üben können.

Die je 2 Kassetten bzw. CDs zu Buongiorno! neu enthalten

- alle Dialoge von professionellen Sprechern in normalem Sprechtempo gesprochen,
- die Dialoge aus den A-Teilen der ersten 6 Lektionen zusätzlich mit Pausen für Nachsprechübungen,
- die im Lehrbuch nicht abgedruckten Texte der Hörverständnisübungen von Muttersprachlern verschiedener Regionen Italiens gesprochen.

Die Kassetten/CDs sind auch ohne Nachsprechpausen erhältlich.

CD-ROM

Die Lernsoftware auf CD-ROM enthält eine Reihe von Übungen zur Festigung von Grammatik und Wortschatz zu den jeweiligen Lektionen sowie Ausspracheübungen. Sie eignet sich für die Arbeit zu Hause und in Medienzentren.

2 Kassetten zum Lehrbuch mit Nachsprechpausen
3-12-525498-1 € 23,50

2 Kassetten zum Lehrbuch o. Nachsprechpausen
3-12-525492-2 € 23,50

2 CDs zum Lehrbuch mit Nachsprechpausen
3-12-525499-x € 24,50

2 CDs zum Lehrbuch ohne Nachsprechpausen
3-12-525493-0 € 24,50

1 CD-ROM
3-12-525504-x € 19,90

Diese Zusatzmaterialien gibt es in Buchhandlungen oder beim Ernst Klett Verlag, Kundenservice, Postfach 1170, 71398 Korb

ANTWORTKARTE

Ja, ich bestelle zur sofortigen Lieferung per Nachnahme (bitte ankreuzen):

Buongiorno! neu			
☐ 3-12-525498-1	2 Kassetten zum Lehrbuch mit Nachsprechpausen	€ 23,50	⊛
☐ 3-12-525492-2	2 Kassetten zum Lehrbuch ohne Nachsprechpausen	€ 23,50	⊛
☐ 3-12-525499-x	2 CDs zum Lehrbuch mit Nachsprechpausen	€ 24,50	⊛
☐ 3-12-525493-0	2 CDs zum Lehrbuch ohne Nachsprechpausen	€ 24,50	⊛
☐ 3-12-525504-x	1 CD-ROM	€ 19,90	⊛
☐ 3-12-525501-5	Gramm. Zusatzübungen Heft 1	€ 10,20	⊛
☐ 3-12-525502-3	Gramm. Zusatzübungen Heft 2	€ 10,20	⊛
☐ 3-12-525503-1	Gramm. Zusatzüb. Lösungsheft	€ 5,10	⊛
Lesehefte, Wörterbuch, italienische Lieder			
☐ 3-12-561999-8	Due Storie	€ 6,60	
☐ 3-12-561988-2	Primavera a Roma	€ 6,60	
☐ 3-12-561984-x	Una spiaggia rischiosa	€ 6,60	
☐ 3-12-561985-8	Giallo a Cortina	€ 6,60	
☐ 3-12-561983-1	La straniera	€ 6,60	
☐ 3-12-517285-3	Wörterbuch für die Weiterbildung	€ 12,--	
☐ 3-12-525464-7	Canzone …, Kassette + Buch	€ 24,40	⊛
☐ 3-12-525465-5	Canzone …, CD + Buch	€ 25,30	⊛

Preise freibleibend Stand 2002. Lieferung erfolgt durch jede Buchhandlung oder, wo dies auf Schwierigkeiten stößt, zuzüglich der Portokosten per Nachnahme vom Verlag.

⊛ unverbindliche Preisempfehlung

D * 14960

Nützliches Begleitmaterial zum Italienischlernen ...

Spannende Geschichten

aus dem heutigen Italien. Diese Leseheftchen vermitteln Ihnen erste, unterhaltsame Leseerlebnisse. Übungen zur Verständniskontrolle sowie Worterklärungen ergänzen die Lektüre.

Niveau 1

Due Storie

Ein herzhafter Krimi mit mediterranem Flair.
3-12-561999-8 € 6,60

Primavera a Roma

Eine Geschichte aus dem römischen Berufsalltag.
3-12-561988-2 € 6,60

Una spiaggia rischiosa

Eine gefährliche Mission im Drogenmilieu.
3-12-561984-x € 6,60

Niveau 2

Giallo a Cortina

Kriminalgeschichte um eine verschwundene Schriftstellerin.
3-12-561985-8 € 6,60

La straniera

Fotomodell vergiftet. Ein Fall für Miriam ...
3-12-561983-1 € 6,60

Wörterbuch für die Weiterbildung

Italienisch-Deutsch, Deutsch-Italienisch.
Klarer Aufbau, problemloses Nachschlagen, hochaktuelle Stichwortauswahl. Privat- und Geschäftskorrespondez im Anhang. Infoboxen zu Kulturspezifika. Mit ABC-Leiste und besonders lesefreundlicher Schrift.
Ca. 45.000 bis 50.000 Stichwörter und Wendungen.
Format 10,5 x 16,5 cm.
620 Seiten.
3-12-517285-3 € 12,--

Canzone, io so che tu ...

Sie lieben italienische Musik und möchten die Lieder italienischer Cantautori näher kennen lernen und verstehen? Die CD/Kassette enthält 12 Lieder berühmter Cantautori wie Paolo Conte, Angelo Branduardi, Lucio Dalla und anderer hier weniger bekannter Liedermacher.

Kassette + Buch mit Übungen und Informationen
3-12-525464-7 € 24,40

CD + Buch mit Übungen und Informationen
3-12-525465-5 € 25,30

ABSENDER

Aktion 14960

Vorname, Name

Straße, Hausnummer

PLZ, Ort

Unterschrift

Telefon privat (für evtl. Rückfragen)

Bitte als Postkarte frankieren

Antwort

Ernst Klett Verlag
Kundenservice
Postfach 1170

71398 Korb

S14960 (1/02)

Le Seychelles	Seychellen
motore animale	*etwa:* Tiermotor
senza dubbio	zweifellos
ecologico, -a *Plur:* -ci, -che	umweltfreundlich
effettuare	ausführen
carri trainati da buoi	von Ochsen gezogene Karren
il carro	Karre
trainare	ziehen
il bue *Plur:* buoi	Ochse
i gas di scarico	Abgase
circolare	verkehren
un solo taxi	ein einziges Taxi
a motore *m*	mit Motor
Londra	London
la taxi-moto	Motorradtaxi
contro	gegen
londinese *m/f*	Londoner
non …più	nicht mehr
rigorosamente	*hier:* ausschließlich, ausnahmlos
nero, -a	schwarz
le vetture di colori sgargianti	Autos mit knalligen Farben
il colore	Farbe
sgargiante *m/f*	knallig
per muoversi negli ingorghi del traffico	um in den verstopften Straßen durchzukommen
muoversi	sich bewegen
la linea aerea	Fluggesellschaft
lanciare	einführen, lancieren
da e per l'aeroporto	von und zum Flughafen
Bologna	Bologna
tutta la città	die ganze Stadt
sul video	auf dem Bildschirm
sui taxi	in den Taxis
ricevere	*hier:* empfangen
via satellite	über Satellit
il/la cliente	Kunde, Kundin; *hier:* Fahrgast
disponibile	zur Verfügung; *hier:* frei
chi va alla stazione …	wer zum Bahnhof fährt …
sapere	*hier:* erfahren
in anticipo	im Voraus
se	*hier*: ob
l'aereo	Flugzeug
essere in ritardo	Verspätung haben
di quanto	von wie viel
Le Filippine	Philippinen
la musica	Musik
assordante *m/f*	ohrenbetäubend
numeroso, -a	zahlreich
le jeep che gli americani hanno lasciato	die Jeeps, welche die Amerikaner zurückgelassen haben
alla fine della seconda guerra mondiale	am Ende des Zweiten Weltkrieges
sono usate oggi come taxi	sie werden heute als Taxi verwendet
usare	verwenden
dipinto, -a *Inf:* dipingere	*hier:* bemalt
personalizzato, -a	individuell gestaltet
il ciondolo	Anhänger
l'amuleto	Amulett
l'immagine religiosa	Heiligenbildchen
religioso, -a	religiös
l'autista *m/f*	Fahrer(in)
ad altissimo volume	(*Radio*) voll aufgedreht, in voller Lautstärke
alto, -a	hoch
il volume	Lautstärke
occupato, -a	besetzt
Città del Messico	Mexico Stadt
attenti all'inflazione	Achtung, Inflation!
la berlina	Limousine
climatizzato, -a	klimatisiert
comune *m/f*	üblich, verbreitet
il maggiolino Volkswagen	VW–Käfer
il maggiolino	Maikäfer
giallo, -a	gelb
questi ultimi	die letzteren
rispettare	respektieren, sich halten (an)
l'indicazione *f*	Angabe, Anzeige
il tassametro	Taxameter
che fa salire rapidamente le tariffe	die die Tarife/Preise rasch steigen lässt
salire	steigen
la tariffa	Tarif, Gebühr, Preis
rapidamente	rasch
calcolare	kalkulieren, ausrechnen
di volta in volta	von Mal zu Mal, jedes Mal

ESERCIZI 12–14

seguire	folgen; sich richten (nach)
l'aria condizionata	Klimaanlage
colorato, -a	bunt
il tassista, la tassista	Taxifahrer(in)
trasportare	transportieren

ESERCIZI 13–14

indovinare	erraten
l'occasione *f*	Gelegenheit
comportarsi	sich verhalten
durante il viaggio	während der Fahrt
stare zitto, -a	still sein, nicht reden
l'esperienza	Erfahrung
all'estero	im Ausland

LEZIONE 12

A1

indicare	(an)zeigen, angeben; *hier:* empfehlen,
è proprio qui	es ist gleich hier
sulla strada per Todi	an der Straße nach Todi
si spende molto?	gibt man da viel Geld aus?
si mangia bene	man isst gut

A2

che cosa c'è di buono oggi?	was gibt es heute Gutes?
come primo	als ersten Gang
gli gnocchi	*Klößchen (aus Mehl und Kartoffeln)*
fatto, -a in casa	hausgemacht
il piatto	Gericht; Teller
prima Le porto ...?	soll ich Ihnen zuerst ... bringen?
mi porti ...	bringen Sie mir ...
rosso, -a	rot

Fumetto:

siamo in tre	wir sind zu dritt
c'è un tavolo libero?	haben Sie einen freien Tisch?
accomodatevi qui *Inf:* accomodarsi	nehmen Sie hier Platz

A3

il brasato	Schmorbraten
non lo so ancora	ich weiß es noch nicht
il manzo	Rind(fleisch)
la bistecca	(T-Bone-)Steak; *regional:* Schnitzel
al sangue	(*gastr.*) englisch
il sangue	Blut
ben cotto, -a	gut durch(gebraten)
il pesce	Fisch
lo storione	Stör
alla griglia	gegrillt
la lisca	Gräte

Kästchen:

ci porti ...	bringen Sie uns ...
il contorno	Beilage

Lista delle vivande	Speisekarte
all'italiana	auf italienische Art
la caprese	*Tomaten, Mozzarella und Basilikum*
l'insalata di mare	Meeresfrüchtesalat
il melone	Melone
pasta e fagioli	Nudeln mit Bohnen
le penne	*kleine, kurze Makkaroni*
al ragù	mit Fleischsoße
ai funghi porcini	mit Steinpilzen
gli gnocchetti di patate	*kleine Kartoffelklöße*
il basilico	Basilikum
il risotto	*Reisgericht*
alla marinara	nach Seemannsart
alla polpa di granchio	mit Krebsfleisch
lo spezzatino d'agnello	Lammgulasch
l'agnello	Lamm
la bistecca alla fiorentina	gegrilltes T-Bone-Steak
alla fiorentina	auf florentinische Art
il fegato	Leber
alla veneziana	auf venezianische Art
gli involtini di vitello	Kalbsrouladen
la scaloppina	Schnitzel
il pesce spada	Schwertfisch
il branzino	Seebarsch
la sogliola	Seezunge
alla mugnaia	nach Müllerinart
il fritto misto	Gericht aus ausgebratenen Fischen
le patate (arrosto)	(Brat-)Kartoffeln
i finocchi	Fenchel
il carciofo	Artischocke
i formaggi assortiti	Käseauswahl
di stagione *f*	je nach Jahreszeit
la macedonia	Obstsalat
il dessert [de'sɛːr]	Nachspeise
la zuppa inglese	*Süßspeise aus verschiedenen Creme-Schichten und in Likör getränktem Biskuit*
la zuppa	Suppe
la torta di mandorle	Mandelkuchen
il semifreddo all'amaretto	*Eiscreme mit Amarettolikör*

Fumetto:

ordinare	bestellen

ESERCIZIO 2

il pezzo	Stück
infarinato, -a	in Mehl gewendet
fritto, -a	gebraten, frittiert
il sugo	Soße
tagliato, -a a pezzetti	in Stückchen geschnitten
tagliare	schneiden
il pezzetto	Stückchen
fatto, -a (di) ...	bestehend (aus) ...
corto, -a	kurz

ESERCIZIO 3

scegliere	(aus)wählen

A4

ancora un po' di vino	noch etwas Wein
una caraffa	eine Karaffe
da mezzo litro	mit einem halben Liter
desiderate altro?	möchten Sie sonst etwas?

Kästchen:

un altro po' di formaggio	noch etwas/ein bisschen Käse
altro	weitere(r, s), noch ein(e)
il conto	Rechnung

A5

la ricevuta fiscale	Rechnung, Quittung
il cameriere, la cameriera	Kellner(in)
controllare	nachprüfen, kontrollieren
l'errore *m*	Fehler

A6

per antipasto	als Vorspeise
dei crostini	*belegte bzw. geröstete Brotschnitten*
delle alici marinate	marinierte Sardellen
il risotto	*Reisgericht*
alle erbe	mit Kräutern
lo spiedino	Spieß
della macedonia	Obstsalat

il cuoco, la cuoca	Koch(in)
eccezionale *m/f*	außergewöhnlich; einmalig
apparecchiare la tavola	den Tisch decken

Kästchen:

il pesto	*Soße aus Olivenöl, Basilikum, Knoblauch, Pinienkernen und Parmesan*
dell'arrosto di vitello	Kalbsbraten

ESERCIZIO 4

ti dispiace?	macht es dir etwas aus?
sott'olio	in Öl eingelegt
sotto	unter
il salame di tacchino	Putenwurst
la pasta di olive	Olivenpaste
la tartina	*belegte Brotschnitte*
alla fine	zum Schluss
offrire	anbieten

A7

il bicchiere da acqua	Wasserglas
il bicchiere da vino	Weinglas
il cucchiaino	Dessert-/Kaffeelöffel
il coltello	Messer
il tovagliolo	Serviette
il cucchiaio	Löffel
la forchetta	Gabel
la tovaglia	Tischtuch

ESERCIZIO 6

il servizio	Service
la posata	(Ess-)Besteck
la pentola a pressione	Dampfkochtopf
la lavastoviglie	Geschirrspülmaschine
il forno a microonde	Mikrowelle
il forno	Herd, Ofen
il frullatore	Mixer
la ricetta	(Koch-)Rezept

ESERCIZIO 7

svolgersi	sich abspielen
trattarsi (di)	sich handeln (von)
prendere nota	sich Notizen machen

A8

la noce moscata	Muskatnuss
le erbe fini	feine Kräuter
fine *m/f*	fein
c'è anche la cipolla?	sind da auch Zwiebeln drin?
so che a te non piace	ich weiß, dass du sie nicht magst
non la digerisco	ich vertrage sie nicht
digerire *1. Pers:* digerisco	verdauen
il sapore	Geschmack
a me piace	ich mag es, mir schmeckt das

Kästchen:

no, a me no	nein, mir nicht
e a voi?	und euch?
a noi invece sì	uns schon

ESERCIZIO 8

inserire *1. Pers:* inserisco	einfügen
l'anniversario di matrimonio	Hochzeitstag

B

l'osteria	Kneipe, Gastwirtschaft
il locale	Lokal
tradizionale *m/f*	traditionell
il luogo	Ort
la vendita	Verkauf
dove i clienti andavano per ...	wo die Kunden hingingen, um ...
il/la cliente	*hier:* Gast
in allegria	in fröhlicher Stimmung
un bicchiere di quello „giusto“	*etwa:* ein gutes Tröpfchen
fare una partita a carte	eine Runde Karten spielen
il lato gastronomico era secondario	der gastronomische Aspekt war zweitrangig
il lato	Seite
i salumi	Wurstwaren
per far da „base“ (a)	als Grundlage (für)
allegro, -a	fröhlich
era un luogo dell'anima oltre che del corpo	sie war ein Ort für die Seele, nicht nur für das Leibliche
il corpo	Körper
accogliente *m/f*	gemütlich
familiare *m/f*	familiär
dove era possibile incontrare la gente più diversa	wo man die unterschiedlichsten Leute treffen konnte
il ladruncolo	kleiner Dieb
il poliziotto	Polizist
il/la musicista	Musiker(in)
ricco, -a	reich
povero, -a	arm
non esiste quasi più	es gibt sie fast nicht mehr
esistere	existieren
il quartiere di periferia	Stadtrandbezirk
mantenere	bewahren
la funzione sociale di punto d'incontro	gesellschaftliche Funktion als Treffpunkt
il lavoro dei campi	Feldarbeit
il campo	Feld
la donna	Frau
la politica	Politik
il piatto del giorno	Tagesgericht
il vino sfuso	Wein vom Fass
diffuso, -a	verbreitet
passare il tempo	sich die Zeit vertreiben
in questo caso	in diesem Fall
il principale protagonista	Hauptperson; *hier:* das Wichtigste
il cibo	Essen; Speise
la figura	Gestalt; *hier:* Person
il proprietario, la proprietaria	Besitzer(in), Eigentümer(in)
ispirare simpatia	sympathisch wirken
rigorosamente	unbedingt
locale *m/f*	vom Ort

accompagnata da	begleitet von, zusammen mit
della zona	aus der Gegend
diverso, -a (da)	verschieden (von), anders (als)
per scelta e per clientela	was die Auswahl und die Gäste anbelangt
la scelta	Entscheidung; Auswahl
la clientela	Kundschaft
senza pretese	ohne große Ansprüche
gustoso, -a	schmackhaft
legato alla stagione	an die Jahreszeit gebunden
la specialità della casa	Spezialität des Hauses
normale	normal
costoso, -a	teuer
può capitare che, entrati in una trattoria ...	es kann passieren, dass wir in eine Trattoria gehen und ...
restare deluso, -a	enttäuscht sein/werden
sorpreso, -a	überrascht
invece di	statt
il piatto della casa	Hausgericht
in giacca bianca	mit der weißen Jacke
domandare se	fragen, ob

ESERCIZI 10–12

il vino è più importante delle cose da mangiare	der Wein ist wichtiger als das Essen
fermarsi	*hier:* bleiben
essere presente	anwesend sein
esotico, -a	exotisch
in realtà	im Grunde (genommen)
festeggiare	feiern
spiegare	erklären
andarci	hingehen

LEZIONE 13

A1

Max & Co.	*Name einer Bekleidungsfirma*
il cappotto	Mantel
la giacca	Jacke
la gonna	Rock
la sciarpa	langer Schal
il cappello	Hut
la cintura	Gürtel
i pantaloni	Hose
il guanto	Handschuh
la scarpa	Schuh
l'abito	Kleid; Anzug
i jeans	Jeans
il tailleur [ta'jœ:r]	Kostüm
la lingerie [lɛ̃ʒe'ri]	Wäsche
la borsa	Tasche; Tüte
la camicia	Bluse; Hemd
i bijoux [bi'ʒu]	Schmuck
la T-shirt [tiʃœrt]	T-Shirt
gli occhiali da sole	Sonnenbrille
gli occhiali	Brille
l'impermeabile *m*	Regenmantel
il tricot [tri'ko]	Strickbluse, Strickoberteil
bianco, -a	weiß
grigio, -a	grau
marrone *m/f*	braun
arancione *m/f*	orange
rosa *uv*	rosa
viola *uv*	violett
blu *uv*	dunkelblau
azzurro, -a	blau
celeste *m/f*	(himmel)blau
verde *m/f*	grün
verde chiaro	hellgrün
verde scuro	dunkelgrün
chiaro, -a	hell
scuro, -a	dunkel
in tinta unita	uni *(einfarbig, nicht gemustert)*
a quadri	kariert
a righe	gestreift
scozzese *m/f*	schottisch, Schotten-

A2

i saldi	Schlussverkauf
provare	(an)probieren
da 115 euro	zu 115 Euro
in vetrina	im Schaufenster
la taglia	(Konfektions-)Größe
la provi pure	probieren Sie sie ruhig an
pure	nur, ruhig, doch
mi sembra un po' stretta	sie kommt mir etwas eng vor
sembrare	(er)scheinen
stretto, -a	eng
corto, -a	kurz
mi fa vedere ...	zeigen Sie mir ...
far vedere qc a qu	jdm etw zeigen, jdm etw sehen lassen
non ce l'ho	der/die/das habe ich nicht
ultimo, -a	letzte(r, s)
il modello	Modell

Kästchen:

il vestito	Kleid; Anzug
aspetti che guardo	warten Sie, ich schaue mal nach ...

Fumetto:

le porti la taglia più piccola, per favore	bringen Sie ihr bitte die kleinere Größe

ESERCIZI 1–2

chiedete di provare	fragen Sie, ob Sie ... anprobieren können
il capo	*hier:* Kleidungsstück
esposto, -a	ausgestellt
chiedere un consiglio a qu	jdn um Rat bitten
dare del Lei	siezen
per fargli piacere	um ihm eine Freude zu machen
l'alternativa	Alternative
consigliare	*hier:* vorschlagen
lo accompagni ...	begleiten Sie ihn ...
il centro città	Stadtmitte
i grandi magazzini	Kaufhäuser
musical	Musical

A3

ti piace questo maglione?	gefällt dir dieser Pullover (hier)?
il maglione	Pullover
lungo, -a *Plur:* -ghi	lang
quello rosso ti sta meglio	der rote steht dir besser
quello, -a	der/die /das (da/dort)
e con i pantaloni che hai va benissimo	und passt sehr gut zu der Hose
prendo quello	ich nehme den (da)
quanto viene?	wie viel kostet er?
mi fa un po' di sconto?	geben Sie mir einen kleinen Rabatt?
il doppio	das Doppelte

Kästchen:

preferisco	*hier:* gefällt/gefallen mir besser

A4

quei sandali di vernice	die Lackledersandalen da/dort
come sono belli!	wie schön sie sind!
il numero	*hier:* Größe
come mi stanno?	wie findest du sie (an mir)?
quasi quasi li prendo	ich glaube, ich nehme sie
non so se mi bastano i soldi	ich weiß nicht, ob mir das Geld ausreicht
i soldi	Geld
non ti preoccupare	mach dir keine Sorgen
prestare	leihen

Kästchen:

quelle calze	die Strümpfe (da)
quel maglione	der Pullover (da)

ESERCIZI 4–5

carino, -a	hübsch
di lana	aus Wolle
colorato, -a	bunt
cosa ti metti?	was ziehst du an?
mettersi	anziehen
c'è vento	es ist windig
una giornata di sole	ein sonniger Tag
l'inverno	Winter

A5

le calzature *f Plur*	Schuhe
un paio di scarpe	ein Paar Schuhe
il paio *Plur:* le paia *f*	Paar
elegante *m/f*	elegant
quelle con il tacco alto da 95 euro	die mit dem hohen Absatz zu 95 Euro
il tacco	Absatz
alto, -a	hoch; groß
che numero porta?	welche Schuhgröße haben Sie?
portare	tragen
come vanno?	passen sie?
mi faccia vedere qualcos'altro	zeigen Sie mir etwas anderes
basso, -a	niedrig
ma quelle mi piacciono di più	aber die (da) gefallen mir besser
indeciso, -a	unentschlossen
ci penso	ich überlege es mir

ESERCIZIO 6

l'abbigliamento	Kleidung
non è proprio quello che cerca	er ist nicht gerade was Sie suchen
l'argomento	Argument
largo, -a *Plur:* -ghi	weit; breit
classico, -a *Plur:* -ci, -che	klassisch
moderno, -a	modern
i prezzi fissi	Festpreise
a questo prezzo	zu diesem Preis
essere di moda	Mode sein
come vuole ...	wie Sie meinen ...

A6

fare spese	Einkäufe machen
la Rinascente	*Kaufhaus*
fammi vedere che cosa hai comprato	zeig mir, was du gekauft hast
provali!	probier sie an!

Fumetto:

prendilo!	nimm ihn!

Kästchen:

comprale!	kauf sie!

ESERCIZI 7–8

non ho speso tanto *Inf:* spendere	ich habe nicht viel ausgegeben
l'abito da sera	Abendkleid
che eleganza!	Schick!
quanto ti è costato?	was hat er gekostet?
è un saldo	er ist reduziert
il panificio	Bäckerei
compratela al panificio	kauft sie in der Bäckerei
migliore *m/f*	besser
regaliamogli una sciarpa	schenken wir ihm einen Schal
lascio le scarpe nella scatola ...?	soll ich die Schuhe in der Schachtel lassen ...?
la busta	Tüte; Umschlag

B

il/la migliore *m/f*	der/die/das beste
la striscia	Streifen
di seta	aus Seide
esprimere	ausdrücken, äußern
la fantasia	Fantasie
la creatività	Kreativität
la condizione sociale	Stellung in der Gesellschaft
il sogno	Traum
il desiderio	Wunsch
al suo unico ornamento lui affida l'immagine che vuol dare di sé	*etwa:* seiner einzigen Zierde vertraut er das Image an, das er sich geben will
l'ornamento	Schmuck
affidare (a)	anvertrauen
l'immagine *f*	Bild; Vorstellung
l'accessorio più venduto	das meistverkaufte modische Zubehör

la cravatta	Krawatte
esattamente	genau
apparire	erscheinen
la stoffa	Stoff
preferibilmente	am liebsten, vorzugsweise
che lui porta al collo	den er um den Hals trägt
il collo	Hals; Kragen
permettere	erlauben; ermöglichen
farsi notare	auf sich aufmerksam machen, auffallen
passare inosservato, -a	unbemerkt bleiben
quindi	also, folglich
personale *m/f*	persönlich
è per questo che …	aus diesem Grund …, deshalb
attraverso	mit, durch
il disegno	Zeichnung; *hier*: Muster
segnalare di …	signalisieren, dass …
appartenere 1. *Pers:* appartengo	gehören
la classe	*hier:* (Gesellschafts-)klasse
la corporazione	Verband; Verein
dimmi che cravatta porti e ti dirò chi sei	sage mir, was für eine Krawatte du trägst und ich sage dir, wer du bist
dirò *Inf:* dire	ich werde sagen
insomma	also
essere al passo con i tempi	auf der Höhe (der Zeit) sein
di anno in anno	von Jahr zu Jahr; jedes Jahr
il particolare	Besonderheit
il dettaglio	Detail
segnare	kennzeichnen
la stagione	*hier:* Saison
scelto il colore, …	nachdem/ wenn man die Farbe ausgewählt hat, …
la forma	Form
la dimensione	Größe
ognuno … a modo proprio	jeder auf seine Weise/nach seinem eigenen Geschmack
annodare	knoten; (*Krawatte*) binden
la variazione	Verschiedenartigkeit; Variation(smöglichkeit)
infinito, -a	unendlich
morbido, -a	weich; *hier:* locker
stringato, -a	fest angezogen
il nodo	Knoten
comunque	*hier:* schließlich
"una cosa da uomo"	Männersache
il papillon [papi'jõ]	Fliege
vistoso, -a	auffallend
magari	vielleicht
l'architetto *m/f*	Architekt(in)
a pois [pwa]	mit Pünktchen
il politico	Politiker
il manager	Manager

ESERCIZI 9–13

la personalità	Persönlichkeit
il significato	Bedeutung
particolare *m/f*	besondere(r, s)
negli anni	im Lauf der Jahre
secondo	*hier:* nach
color pastello	pastellfarben
preferito, -a	Lieblings-
seguire la moda	mit der Mode gehen
sentirsi fuori dal tempo	sich unmodern vorkommen
in lungo	im (langen) Abendkleid
la sposa	Braut
vestire di bianco	sich weiß kleiden, Weiß tragen
il funerale	Beerdigung
adatto, -a	angebracht
l'abbigliamento femminile/ maschile	Damen-/Herrenbekleidung
assomigliarsi	sich ähneln, sich gleichen
sempre di più	immer mehr

LEZIONE 14

A1

fare a pezzi	zerstückeln
il personaggio	Person, Gestalt
il palco	Bühne
divertirsi	sich amüsieren, Spaß haben
far divertire qu	jdn unterhalten
la melodia	Melodie
la descrizione	Beschreibung
la testa	Kopf
grosso, -a	groß; dick
i capelli	Haare
da artista	wie ein Künstler
normalmente	gewöhnlich; normalerweise
la faccia	Gesicht
la barba	Bart
i baffi *Plur*	Schnurrbart
la bocca	Mund
espressivo, -a	ausdrucksvoll
le labbra	Lippen
carnoso, -a	fleischig; voll
la voce	Stimme
forte *m/f*	kräftig, stark
roco, -a	rau, heiser
contemporaneamente	gleichzeitig; *hier:* zugleich
l'occhio	Auge
rotondo, -a	rund
regolarmente	(für) gewöhnlich; regelmäßig
nascosti da un paio di occhiali scuri	versteckt hinter einer dunklen Brille
nascondere	verstecken
la mano *Plur:* le mani	Hand
in movimento	in Bewegung
la parte	Teil
il braccio *Plur:* le braccia	Arm
muscoloso, -a	muskulös
la spalla	Schulter
robusto, -a	kräftig, robust
ricoperto, -a (da)	bedeckt (von)
il gilè	Weste
la gamba	Bein
fare tanta strada	einen langen Weg zurücklegen

stare fermo, -a	stillstehen
battere	schlagen; *hier:* klopfen
il ritmo	Takt; Rhythmus

A2

il mal di testa	Kopfweh
Le viene spesso?	haben Sie das oft?
ogni tanto	ab und zu
il sintomo	Symptom
la pastiglia	Pastille, Tablette
queste le ho già prese	die habe ich schon genommen
qualcosa di più forte	etwas Stärkeres
provare	*hier:* versuchen, probieren
efficace *m/f*	wirksam
passare	*hier:* aufhören, vergehen
il medico *Plur:* -ci	Arzt

Kästchen:

lo sciroppo	(Husten-)Saft; Sirup
questo l'ho già preso	den/das habe ich schon genommen

ESERCIZI 1–3

non ... ancora	noch nicht
la capsula	Kapsel
il raffreddore	Erkältung
la rivista	Zeitschrift
mentre	während
alle nove di sera	um neun Uhr abends
dimenticare *1. Pers:* dimentico	vergessen
la forma appropriata	passende Form
l'ipotesi *f*	Vermutung

A3

il pronto soccorso	Notaufnahme
scivolare *1. Pers:* scivolo	(aus)rutschen
si è rotta un braccio *Inf:* rompersi	sie hat sich den Arm gebrochen
brutto, a	*hier:* schlimm
la frattura	Bruch
sembra di no	anscheinend nicht
essere preoccupato, -a	besorgt sein
l'ingessatura	Gips(-Verband)
ritelefonare / richiamare	wieder anrufen

Kästchen:

si è fatta male	sie hat sich wehgetan
farsi male	sich wehtun
il polso	Handgelenk
le hanno fatto una radiografia	man hat sie geröntgt
la radiografia	Röntgenaufnahme
l'hanno ingessata	man hat ihr den Arm eingegipst
ingessare	eingipsen

ESERCIZIO 4

ora va meglio	jetzt geht's wieder besser
giocare a pallone	Fußball spielen
la caviglia	Knöchel
il dito *Plur:* le dita	Finger
il dito del piede	Zehe
il ginocchio *Plur:* le ginocchia	Knie

Fumetto:

la tosse	Husten
dovresti smettere di fumare *Part Perf:* smesso	du solltest/müßtest mit dem Rauchen aufhören
una buona volta	endlich einmal

A4

la medicina interna	innere Medizin
per appuntamento	(nur) nach Vereinbarung
l'appuntamento	Termin; Verabredung
l'omeopatia	Homöopathie
l'agopuntura	Akupunktur
l'ortopedico *Plur:* -ci	Orthopäde
lo specialista, la specialista	Facharzt, Fachärzt(in)
il cardiologo	Kardiologe, Herzspezialist
si riceve dal Lun. al Ven.	Sprechstunden von Mo. bis Fr.
l'allergologo	Facharzt für Allergologie
il dottore, la dottoressa	Doktor(in); Arzt, Ärztin
avrei bisogno di ...	ich bräuchte ...
la visita	Untersuchung
Le andrebbe bene?	würde es Ihnen passen?

Kästchen:

potrebbe venire alle 11?	könnten Sie um 11 kommen?

ESERCIZI 5–6

che cosa farebbe al posto mio?	was würden Sie an meiner Stelle tun?
che cosa faresti?	was würdest du tun?
andrei a fare la sauna	ich würde in die Sauna gehen
l'allergia	Allergie
il medico omeopatico	homöopathischer Arzt
sportivo, -a	sportlich
il video	Videorekorder
la regia	Regie
l'antiquariato	Antiquariat, Antiquitätengeschäft

A5

che cosa si sente?	wo fehlt's?, wie fühlen Sie sich?
mi fa male la gola	ich habe Halsweh
la febbre	Fieber
aprire *Part Perf:* aperto	öffnen, aufmachen
spogliarsi	sich ausziehen/freimachen
respirare a lungo	lange/tief einatmen
tossire *1. Pers:* tossisco	husten
leggero, -a	leicht
la bronchite	Bronchitis
infiammato, -a	entzündet
prescrivere *Part Perf:* prescritto	verschreiben
quante ne devo prendere?	wie viele muss ich (davon) nehmen?
ne	davon
dopo i pasti	nach den Mahlzeiten

Kästchen:

quanto ne devo prendere?	wie viel muss ich (davon) nehmen?

ESERCIZIO 7

che cosa ti ha ordinato il dottore?	was hat dir der Arzt verschrieben?
ordinare	*hier:* verordnen, verschreiben
la compressa	Tablette
la tisana alla malva	Malventee
la tisana	Tee, Aufguss
la tazza	Tasse
la sinusite	Stirn-, Nebenhöhlenentzündung
l'antibiotico *Plur:* -ci	Antibiotikum
prevenire	vorbeugen
la pastiglia effervescente	Brausetablette
la vitamina C	Vitamin C
il dolore di stomaco	Magenschmerzen
il dolore	Schmerz
lo stomaco	Magen
masticabile *m/f*	zum Kauen

Fumetto:

il mal di stomaco	Magenschmerzen
non ho niente	ich habe nichts

A6

il/la pediatra	Kinderarzt, -ärztin
non conosco nessuno	ich kenne niemanden
senz'altro	sicher, bestimmt

Kästchen:

il/la dentista	Zahnarzt, -ärztin

ESERCIZI 8–9

negativo, -a	negativ
litigare *1. Pers:* litigo	streiten
il mal di denti	Zahnschmerzen

B

per voce sola	a cappella; *hier etwa:* Solostimme
va' dove di porta il naso	geh, wohin dich deine Nase führt
l'odore *m*	Geruch
l'artista *m/f*	Künstler(in)
addirittura	sogar
la poesia	Gedicht
il tema	Thema
il viaggiatore	Reisender
dovremmo lasciarci guidare	wir sollten uns führen lassen
l'olfatto	Geruchssinn
muoversi	sich bewegen
per città e montagne	durch Städte und Bergen
dovunque	überall(hin)
il gusto	Geschmackssinn
il buongustaio	Feinschmecker
il cuore	Herz
condurre *1. Pers:* conduco	führen, bringen
olfattivo, -a	*hier:* mit dem Geruchsinn
sofisticato, -a	*hier:* anspruchsvoll
coraggioso, -a	mutig
occorre	man muss ...
riconoscere	(wieder) erkennen; *hier:* unterscheiden
il profumo	Duft; Parfüm
la forza	Kraft
evocativo, -a	heraufbeschwörend
il ponte	*hier:* Deck
la terra	Erde
il rosmarino	Rosmarin
il mirto	Myrte
il poeta	Dichter
dal titolo	mit dem Titel
sapere di	riechen/schmecken nach
il cinematografo	Kino, Filmkunst
il carcere correzionale	Jugendstrafanstalt
il carcere	Gefängnis, Kerker
la biancheria	Wäsche
la terra battuta	festgetretene Erde
il budino di mele	Apfelpudding
la mela	Apfel
l'umanità *f*	Menschlichkeit
condividere	(*Meinung, Vorstellung*) teilen
l'impressione *f*	Eindruck
la moquette [mo'kɛt]	Teppichboden
umido, -a	feucht
la vernice	Lack
la carta	Papier
la roba da mangiare	Essen, Speisen
il velluto	Samt
astenersi *1. Pers:* astengo	sich enthalten
il gioco	Spiel
iniziare (da)	beginnen (mit)

ESERCIZI 10–11

l'aria	Luft
sentire	*hier:* riechen
l'atmosfera	Atmosphäre
la capacità	Fähigkeit
richiamare alla memoria	ins Gedächtnis zurückrufen
il sapone	Seife
il tessuto	Gewebe, Stoff
qualcosa di tessile	etwas aus Stoff
di cui	von denen

LEZIONE 15

A1

affittasi	zu vermieten
affittare	(ver)mieten
ampio	geräumig
il monolocale	Einzimmerwohnung
arredato, -a	möbliert, eingerichtet
termoautonomo, -a	mit Etagenheizung
mensile	monatlich
la finestra	Fenster
c'è molta luce	es ist sehr hell
la luce	Licht
a due passi (da)	ganz in der Nähe (von)

il passo	Schritt
oltre a	neben, außer
l'affitto	Miete
le spese	(Neben-)Kosten
extra	extra
il riscaldamento	Heizung
autonomo -a	autonom, unabhängig
infatti	in der Tat, tatsächlich
un bel vantaggio	ein schöner Vorteil
il vantaggio	Vorteil
l'angolo cottura	Kochnische

Foto:

l'armadio	Schrank
la lampada	Lampe
il quadro	Bild
le tende *f Plur*	Gardinen
il tavolo da lavoro	Arbeitstisch
la sedia	Stuhl
il tappeto	Teppich

Kästchen:

è proprio una bella camera	es ist wirklich ein schönes Zimmer
sono proprio dei bei quadri	es sind wirklich schöne Bilder

ESERCIZIO 1

la villa	Villa
ammobiliato, -a	möbliert

Zeichnung:

l'immobiliare	Immobilienmakler
la villetta	Einfamilienhaus
vendesi	zu verkaufen
rivolgersi (a) *Part Perf:* rivolto	sich wenden (an)

A2

finito, -a	*hier:* fertig
ormai	nun, jetzt
la porta	Tür
il pavimento	(Fuß-)Boden
davanti	vorne
dietro	hinten
previsto, -a	vorgesehen
l'interno	das Innere

A3

l'angolo pranzo	Essecke
là	dort
in fondo	hinten
dare su	gehen auf; *(Tür)* führen zu
sopra	oben; oberhalb, über
lo studio	Arbeitszimmer
sotto	unten; unter
la stanza	Zimmer
luminoso, -a	hell

Zeichnung:

il tetto	Dach
il primo piano	erster Stock
le scale	Treppe
il pianterreno	Erdgeschoss
la cantina	Keller

Kästchen:

il garage	Garage
al primo piano	im ersten Stock
davanti alla casa	vor dem Haus
dietro la casa	hinter dem Haus

ESERCIZIO 2

il ladro	Dieb
mamma mia!	ach du meine Güte!

ESERCIZIO 3

traslocare	umziehen
l'affermazione *f*	Aussage
corrispondere	entsprechen
il contenuto	Inhalt
lo studio medico	Arztpraxis
medico, -a *Plur:* -ci, -che	Arzt-

A4

in provincia	in der Provinz
chi cerca un modo di vivere tranquillo	wer ein ruhiges Leben sucht
credere	glauben
i contatti umani	menschliche Beziehungen
umano, -a	menschlich
rinunciare (a)	verzichten (auf)
fare quattro passi	einen Bummel machen
scegliere *Part Perf:* scelto	wählen
medio, -a	mittelgroß
città ancora a misura d'uomo	*etwa:* Städte, die noch auf Menschen zugeschnitten sind
la misura	Maß
l'uomo *Plur:* uomini	Mensch
che hanno conservato le proprie tradizioni	die ihre Traditionen bewahrt haben
conservare	bewahren
proprio, -a	eigene (r, s); sein, ihr
la tradizione	Tradition
storico, -a *Plur:* -ci, -che	historisch
culturale *m/f*	kulturell

ESERCIZI 4–5

essere disposto, -a (a)	bereit sein (zu)
vissuto *Inf:* vivere	gelebt
sentirsi spaesato, -a	sich fremd/entwurzelt fühlen
inoltre	außerdem
ha difficoltà (a)	es fällt ihm/ihr schwer
la difficoltà	Schwierigkeit
i pro e i contro	das Für und Wider
la tranquillità	Ruhe
inquinato, -a	verschmutzt

A5

dove vorreste abitare?	wo möchtet ihr wohnen?
vorrei comprarmi ...	ich möchte mir ... kaufen
la collina	Hügel
la terrazza	Terrasse
la terra	*hier:* Grund und Boden
intorno	(rings)herum

il quartiere	(Stadt-)Viertel
potrei uscire quando voglio	ich könnte ausgehen, wenn ich will
incredibile *m/f*	unglaublich
vorremmo comprarci ...	wir möchten ... uns kaufen
la villetta a schiera	Reihenhaus
ci piacerebbe in una zona tranquilla	es soll in einer ruhigen Gegend sein
non dovrebbero mancare però i servizi pubblici	öffentliche Einrichtungen dürfen aber nicht fehlen
pubblico, -a *Plur:* -ci, -che	öffentlich
la pista ciclabile	Fahrradweg

Kästchen:

ci piacerebbe avere una casa in campagna	wir hätten gern ein Haus auf dem Land

A6

la casa di ringhiera	*Wohnblock in Atriumform mit durchgehendem Balkon*
affacciato, -a (su)	*hier etwa:* mit Blick (auf)
il cortile	Hof
nel cuore (di)	in der Mitte (von)
i Navigli	*Viertel in Mailand*
non si trovano appartamenti in affitto	man findet keine Mietwohnungen
in affitto	zur Miete
facilmente	einfach
e i pochi disponibili sono cari	und die wenigen, die verfügbar sind, sind teuer
avere fortuna	Glück haben
essere un mondo a sé	eine Welt für sich
tutto il tessuto sociale	die verschiedenen Gesellschaftsschichten
la metropoli	Großstadt
il filippino, la filippina	Filippiner(in)
l'arabo, -a	Araber(in)
il maschio	männliches Wesen
il/la milanese	Mailänder(in)
doc (Denominazione di origine controllata)	Qualitätswein aus bestimmten Anbaugebieten; *hier*: echt
l'emigrato	Auswanderer
di più lunga data	vor längerer Zeit
a piano terra	im Erdgeschoß
l'artigiano	Handwerker
il fabbro	(Eisen-)Schmied
il falegname	Schreiner
il carrozziere	Karosserieflaschner
l'argentiere *m*	Silberschmied
il fabbricante di bigiotteria	Schmuckhersteller

ESERCIZIO 8

in periferia	im Vororten, am Stadtrand
come si fa?	wie macht man das?
i mezzi pubblici	öffentliche Verkehrsmittel
vivere a lungo	lange leben

B

l'intervista	Interview
sulla costa occidentale	an der Westküste
essere legato, -a (a)	*hier:* zusammenhängen (mit)
la disoccupazione	Arbeitslosigkeit
la mancanza	Mangel
le strutture adeguate ai giovani	*etwa:* Einrichtungen für junge Leute
adeguato, -a	angemessen, passend
giovane *m/f*	jung; Jugendliche(r)
soprattutto	vor allem
l'attività *f*	Beschäftigung, Tätigkeit
per esempio	zum Beispiel
ritrovarsi	sich treffen
da qualche parte	irgendwo(hin)
chiacchierare	schwatzen, miteinander quatschen
per quanto riguarda il lavoro	was die Arbeit anbelangt
al momento	zur Zeit
il lavoro stagionale	Saisonarbeit
turistico, -a *Plur:* -ci, -che	touristisch
l'agricoltura	Landwirtschaft
questo vuol dire che ...	das bedeutet/heißt, dass ...
voler dire	bedeuten
un lavoro fisso	eine feste Arbeit(sstelle)
arrangiarsi	(irgendwie) zurechtkommen, sich durchwursteln
il lavoretto	*hier:* Job
appunto	*hier:* wie gesagt
tentare un concorso nazionale	es bei/mit einem *concorso nazionale* versuchen
il concorso nazionale	*Prüfung, die abgelegt wird, um eine staatliche Stelle zu bekommen*
dare una mano (a qu)	(jdm) helfen
la situazione	Situation
la speranza	Hoffnung
andare via (da)	weggehen (von)
qua	hier
l'obiettivo	Ziel
perlomeno	zumindest, wenigstens
il continente	*hier:* Festland
finché	solange
da un'altra parte	anderswo(hin)
in sostanza	im Wesentlichen
a parte ...	abgesehen von ...
l'aspetto	Aspekt
il caos	Chaos
nello stesso tempo	gleichzeitig; außerdem
monotono, -a	eintönig, langweilig
il paesino	kleines Dorf
è una via di mezzo	es liegt dazwischen
rendere piacevole *m/f*	angenehm machen
la maggior parte (di)	die meisten
permettersi *Part Perf:* permesso	sich leisten
per scelta o per necessità?	weil du es so willst oder weil du musst?
la necessità	Notwendigkeit

ESERCIZIO 9

l'occupazione *f*	*hier:* Beschäftigung, Arbeit
nel campo turistico	in der Touristikbranche

ESERCIZI 11–12

in cui	in denen
preferito, -a	Liebling-
europeo, -a	europeisch
la caratteristica	Eigenheit

LEZIONE 16

A1

sciare	Ski laufen
il consorzio skipass	*Vereinigung von Skipass-Anbietern*
Alto Sangro	*Skigebiet in den Abruzzen*
la neve	Schnee
la pista	Piste
lo sci alpino	Ski alpin, Abfahrt
lo sci	Ski
alpino, -a	alpin; Alpen-
la pista di fondo	Langlaufloipe
il fondo	Langlauf
la scuola di sci	Skischule
l'impianto di risalita	Skiliftanlage
l'impianto	Anlage, Einrichtung
per tutte le esigenze	für alle Ansprüche
l'esigenza	Anspruch, Bedürfnis
la cabinovia	Kabinenbahn
la seggiovia	Sessellift
la gara	Wettbewerb, Wettkampf
tutto l'anno	das ganze Jahr
folcloristico, -a *Plur:* -ci, -che	folkloristisch
possibilità di escursioni	Ausflugsmöglichkeiten
l'escursione *f*	Ausflug

ESERCIZIO 1

lo sciatore	Skifahrer
le piste nere	schwarze Abfahrten *(höchster Schwierigkeitsgrad)*

A2

ci sono stato l'anno scorso	ich war letztes Jahr da/dort
scorso, -a	letzte (r, s)
ci	da, dort; dorthin
non ci sono mai stato, -a	ich war noch nie da
non ... mai	nie
potremmo andarci	wir könnten hinfahren

Foto:

proteggere *Part Perf:* protetto	schützen

ESERCIZIO 2

quanto tempo c'è rimasto?	wie lange sind Sie dort geblieben?
l'estate scorsa	letzter Sommer

A3

la baita	Berghütte
con questa neve	bei diesem Schnee
la discesa libera	Abfahrt(slauf)
la discesa	Abstieg; Talfahrt, Abfahrt
aver ragione	Recht haben
il fondo è più rilassante della discesa	beim Langlauf kann man sich besser entspannen als bei der Abfahrt
più rilassante di ...	entspannender als ...

Kästchen:

meno pericoloso di ...	weniger gefährlich als ...

ESERCIZIO 3

il calcio	Fußball
il basket ['basket]	Basketball, Korbball
popolare *m/f*	beliebt; volkstümlich
il nuoto	Schwimmen
la scherma	Fechten
la vela	Segeln
la pesca	Fischen
impegnativo, -a	beanspruchend

ESERCIZIO 4

la telefonata	Telefongespräch; (Telefon-)Anruf
l'azienda di soggiorno	Fremdenverkehrsamt
la località	Ort
praticare	ausüben, betreiben

A4

quando ho qualche ora libera	wenn ich einige Stunden frei habe
qualche	einige
il deltaplano	(Flug-)Drachen (*Fluggerät für das Drachenfliegen)*
scendere	heruntergehen; *hier:* abwärts gleiten
rischioso, -a	gefährlich
un gran divertimento	ein großes Vergnügen
il divertimento	Vergnügen, Spaß
dall'alto	von oben
il "fai da te"	Heimwerken, „Do it yourself"
ogni ora libera	jede freie Stunde
ogni	jede(r, s)
l'officina	Werkstatt
tutti gli attrezzi	alle Werkzeuge
l'attrezzo	Werkzeug, Gerät
il movimento	Bewegung
fare qualche chilometro in bicicletta	einige/ein Paar Kilometer mit dem Rad fahren
col bello e col brutto tempo	bei schönem und bei schlechtem Wetter
iscriversi (a) *Part Perf:* iscritto	sich anmelden/einschreiben (für)
l'associazione *f*	Gesellschaft, Verband
Italia Nostra	*Vereinigung zum Schutz der Kulturgüter und der Natur in Italien*
durante	während
attivamente	aktiv
l'iniziativa	Initiative

il nostro scopo è di tutelare il patrimonio culturale	unser Ziel ist es, das Kulturgut zu wahren
lo scopo	Zweck, Ziel
tutelare	schützen, wahren
il patrimonio	Gut, Bestand
naturale *m/f*	natürlich; Natur-
sensibilizzare	sensibilisieren
organizzare	organisieren
il monumento	Denkmal
la conferenza	*hier:* Vortrag

Kästchen:

collezionare	sammeln
antico, -a *Plur:* -chi	alt, antik
la moneta	Münze

ESERCIZI 5–6

trascorrere *Part Perf:* trascorso	*(Zeit)* verbringen
il fumetto	Comic
secondo me	meiner Meinung nach
l'opinione *f*	Meinung
mantenersi in forma	sich in Form/fit halten
la ginnastica	Gymnastik
fare dello sport	Sport treiben
il rischio	Risiko
a tutela (di)	zum Schutz (von)
privato, -a	privat; Privat-
non portare a un risultato	zu keinem Ergebnis führen
il risultato	Ergebnis

A5

la festa dell'uva	Weintraubenfest
l'uva	Weintraube(n)
è meglio andare fuori che restare in casa	es ist besser auszugehen als zu Hause zu bleiben
meglio ... che ...	besser ... als ...

ESERCIZIO 7

le preferenze	Vorlieben, Neigungen
di giorno	tagsüber
fare da mangiare	etwas zu essen machen
di notte	nachts

A6

le previsioni del tempo	Wettervorhersage
la temperatura riprende a diminuire	die Temperatur fällt wieder
la temperatura	Temperatur
riprendere *Part Perf:* ripreso	wieder anfangen
diminuire *3. Pers:* diminuisce	(sich) vermindern
la nevicata	Schneefall
l'Appennino tosco-emiliano	der Apennin in der Toskana und in der Emilia-Romagna
al di sopra di	oberhalb von
la nebbia	Nebel
in Val Padana	in der Poebene
le regioni centrali	Mittelitalien
settentrionale *m/f*	nördlich
sereno, -a	heiter
nuvoloso, -a	bewölkt
meridionale *m/f*	südlich
mosso, -a	bewegt
occidentale *m/f*	westlich

ESERCIZIO 8

nevicare *3. Pers:* nevica	schneien

A7

cancellare	*(Flug)* streichen, stornieren
il volo	Flug
per il brutto tempo	wegen des schlechten Wetters
ci sarà ... *Inf:* essere	er/sie/es wird (wohl) ... sein
prenderà ... *Inf:* prendere	er wird (wohl) ... nehmen
avvertire	benachrichtigen; Bescheid sagen

Kästchen:

essere in funzione	in Betrieb sein
il mare grosso	starker Wellengang
su nevicherà *Inf:* nevicare	es wird oben wohl schneien

Fumetto:

avrà da fare	er wird wohl zu tun haben

ESERCIZIO 9

la supposizione	Vermutung
la nave	Schiff
strano!	komisch!
strano, -a	seltsam

B

la passione	Leidenschaft
chiamami Max	sag Max zu mir
chiamare	*hier:* nennen
Max e basta	einfach Max
scorrere *Part Perf:* scorso	*(Zeit)* vergehen; *hier:* verlaufen, ablaufen
il trapano	Bohrer
la poltrona	Sessel; *hier:* Zahnarztstuhl
il camice	Kittel
di sera	abends
c'è una specializzazione da prendere	er hat noch eine Zusatzausbildung zu machen
il/la paziente	Patient(in)
posare	hinstellen, hinlegen
appendere *Part Perf:* appeso	aufhängen, hinhängen
il biker [baikə]	Biker
il/la motociclista	Motorradfahrer(in)
ribelle *m/f*	rebellisch, renitent
sfrecciare	(vorbei)flitzen
allo stesso modo	auf gleiche Art, gleich
il giubbotto di cuoio	Lederjacke
la "pezza"	Flicken, Lappen; *hier:* Abzeichen
cioè	das heißt
lo stemma	Wappen
la banda	*hier:* Clique, Gruppe
cucire	nähen
la schiena	Rücken
rappresentare	darstellen
arrabbiato, -a	böse, wütend

la scritta	Aufschrift
dalla parte del male	auf der Seite des Bösen
la tribù	(Volks-)Stamm; *hier:* Gruppe
migliaia (di)	Tausende
la metà	Hälfte
ci trovi di tutto	da findest du alles Mögliche
il contadino	Bauer
insomma	alles in allem, kurz (gesagt)
in comune	gemeinsam
piano *Adv*	*hier:* gleichformig
volare	fliegen
divorare la strada	*hier:* viele Kilometer zurücklegen
divorare	verschlingen
non farà mai	er/sie wird nie machen
aggiungere	hinzufügen
con la moto ci parlo	mit meinem Motorrad rede ich
la curo più di me stesso	das pflege ich mehr als mich selber
curare	pflegen
l'energia	Energie
ne vale la pena	es lohnt sich
valere	(es) Wert sein
la pena	Mühe
deludere *Part Perf:* deluso	enttäuschen
è colpa tua	du bist schuld (daran)
la colpa	Schuld
sbagliare qc	etwas falsch machen

ESERCIZI 11–12

consistere (in)	bestehen (aus)
la diversità	Verschiedenheit
ci sono dei momenti in cui ...	es gibt Momente, in denen ...
far parte di qc	zu etw gehören
l'organizzazione *f*	Organisation, Gruppe

Lezione 17

A1

questo con i baffi	der da mit dem Schnurrbart
era *Inf:* essere	er/sie war
com'era?	wie war er?
come in fotografia	wie auf dem Foto
la fotografia	Foto
alto, -a	groß
costruiva *Inf:* costruire	er/sie baute
il violino	Geige
il liutaio	Geigenbauer
lo strumento	(Musik-)Instrument
quando non aveva troppo lavoro	wenn er nicht zu viel Arbeit hatte
aveva *Inf:* avere	er/sie hatte
faceva *Inf:* fare	er/sic machte
trovavano *Inf:* trovare	sie fanden
mentre lavorava *Inf:* lavorare	während er/sie arbeitete
cantava sempre *Inf:* cantare	er/sie sang immer
l'aria d'opera	Opernarie
viveva *Inf:* vivere	er/sie lebte
veniva *Inf:* venire	er/sie kam
passavamo *Inf:* passare	wir verbrachten
gli volevo molto bene *Inf:* volere	ich hatte ihn sehr lieb
voler bene a qu	jdn gern/lieb haben

ESERCIZI 1–3

l'infanzia	Kindheit
quando ero bambino, -a	als ich klein/ein Kind war
festeggiare	feiern
da bambino, -a	als Kind
l'albero di Natale	Weihnachtsbaum
la candela	Kerze
suonare il piano	Klavier spielen
suonare il flauto	Flöte spielen
la messa di mezzanotte	Mitternachtsmesse
Buon Natale	fröhliche Weinachten
di ieri	von gestern; *hier:* von früher
il ruolo	Rolle

A2

il ricordo	Erinnerung
almeno allora	zumindest damals
per tradizione	weil es so Brauch war
Gesù Bambino	Jesus, das Christkind
e nemmeno ...	und auch nicht ...
Babbo Natale	der Weihnachtsmann
Santa Klaus	Sankt Nikolaus
Santa Lucia	die Heilige Lucia
la soglia	Schwelle
il pan secco	trockenes Brot
l'asinello	kleiner Esel
la mattina dopo	am nächsten Morgen
non c'erano più	sie waren nicht mehr da
al loro posto	an ihrem Platz
il miracolo	Wunder
il sogno	Traum
a occhi aperti	mit offenen Augen

ESERCIZIO 4

la Befana	*alte hässliche (aber liebe) Hexe, die Kindern am 6. Januar Süßigkeiten und Geschenke bringt*
da chi?	von wem?

B

guardare al passato	den Blick in die Vergangenheit richten
il passato	Vergangenheit
la storia	Geschichte
il carnevale	Karneval, Fasching
vecchio, -a di secoli	viele Jahrhunderte alt
il secolo	Jahrhundert
i Romani	die Römer
celebrare	feiern
il dio Saturno	der Gott Saturn
in quel giorno	an jenem Tag

capovolto, -a	auf den Kopf gestellt, verkehrt
lo schiavo	Sklave
il diritto	Recht
il padrone	Herr; Besitzer
per le strade e per le piazze	auf den Straßen und auf den Plätzen
l'attore *m*, **l'attrice** *f*	Schauspieler(in)
improvvisato, -a	improvisiert, Stegreif-
gli spiriti dei morti	die Geister der Toten
lo spirito	Geist
morto, -a	tot; Tote(r)
il viso	Gesicht
coperto, -a (da)	bedeckt, verdeckt (mit)
la maschera	Maske
il lutto	Trauer
l'anno moriva	das Jahr ging zu Ende
morire *3. Pers:* muore	sterben
il clima	*hier:* Atmosphäre, Stimmung
la gioia	Freude
l'angoscia	Beklemmung, Angst
l'origine *f*	Ursprung
religioso, -a	religiös; kirchlich
il presepe	Krippe
vivente *m/f*	lebend
la scena	Szene
la passione di Cristo	das Leiden Christi
il Medio Evo	das Mittelalter
storico, -a *Plur:* -ci, -che	*hier:* mit geschichtlichem Hintergrund
far rivivere	zu neuem Leben erwecken
ecco il ricordo che diventa realtà	so wird die Erinnerung Wirklichkeit
la realtà	Wirklichkeit
il Palio degli Asini	*Eselrennen, das jedes Jahr in Alba stattfindet*
l'asino	Esel
la città di Alba	die Stadt Alba (*in Piemont*)
riproporre *1. Pers:* ripropongo	*hier:* erinnern an
l'ironia	Ironie
la rivalità	Rivalität
con la vicina Asti	mit dem nahen/benachbarten Asti (*Stadt in Piemont*)
il salto	Sprung, Satz
indietro	zurück, rückwärts
il Rinascimento	Renaissance
come allora	wie damals
la primavera	Frühling
non bisogna dimenticare …	man darf nicht … vergessen
la sagra	(Volks-)Fest
paesano, -a	dörflich, Dorf-
per far conoscere a chi viene da fuori i prodotti locali	um denjenigen, die von außerhalb kommen, die eigene Erzeugnisse zu zeigen
l'elemento	Element
per vedere e farsi vedere	um zu sehen und gesehen zu werden
farsi vedere	sich zeigen
la bancarella	(Verkaufs-)Stand
all'aperto	im Freien
la banda	*hier:* (Musik-)Kapelle
i fuochi artificiali	Feuerwerk
il ballo	Tanz

ESERCIZI 5–7

precedente *m/f*	vorhergehend
dare una rappresentazione	eine Vorstellung geben
non solo ... ma anche	nicht nur ... sondern auch
il 1200	das 13. Jahrhundert
ricordare	erinnern an
in un clima di allegria	in fröhlicher Stimmung
l'allegria	Fröhlichkeit, Freude
provare	*hier:* kosten
il carnevale è tra le grandi feste dell'anno	Karneval gehört zu den großen Festen des Jahres
mascherarsi	sich maskieren, sich verkleiden
notare	bemerken
particolarmente	besonders
il proverbio	Sprichwort, Spruch
l'Epifania tutte le feste porta via	mit dem Epiphanienfest sind alle Feiertage vorüber
lo scherzo	Scherz, Spaß
valere	*hier:* gelten
significare *3. Pers:* significa	bedeuten

ALPHABETISCHE WORTLISTE

– Die Zahlen und Buchstaben geben die Lektion und den Lernschritt an, in dem das betreffende Wort in einer bestimmten Bedeutung zum ersten Mal vorkommt. (Abkürzungen: E = Esercizio, S = Seite, § = Grammatik)
– Die fettgedruckten Wörter gehören zum verbindlichen Lernwortschatz.

A

a[a] 2 A2, 2 A4, **4** A1, 5 A4, 7 A2, 7 E2
abbastanza [abbas'tantsa] **1** A5, 7 E5
abbazia [abbat'tsi:a] 4 A1
abbigliamento [abbiʎʎa'mento] 13 E6
abbraccio [ab'brattʃo] 5 A6
abitare [abi'ta:re] 2 A2
abito ['a:bito] **13** A1
~ da sera 13 E7
abituarsi [abitu'arsi] **9** A3
abitudine [abi'tu:dine] **11** B
accanto (a) [ak'kanto a] 5 A2
accendere [at'tʃendere] 10 A2
accessorio [attʃes'sɔ:rio] 13 B
accettare [attʃet'ta:re] **10** A5
accidenti [attʃi'dɛnti] 8 A1
acciuga [at'tʃu:ga] 6 S51
accogliente [akkoʎ'ʎɛnte] 4 S33, **12** B
accomodarsi [akkomo'darsi] 8 A7
accompagnare [akkompaɲ'ɲa:re] 8 A4
accompagnatore [akkompaɲɲa'to:re]
~ di gruppi turistici 5 A6
accordo [ak'kɔrdo]
andare d'~ 9 A5
d'~ 8 E6
essere d'~ 6 E12
mettersi d'~ 9 B
acqua ['akku̯a]
~ minerale 3 S21
acque ['akku̯e] 10 A2
ad [ad] 2 S15, **7** E1
adatto [a'datto] 13 E13
addirittura [addirit'tu:ra] **14** B
addormentare [addormen'ta:re] 9 B
addormentarsi [addormen'tarsi] 9 B, 9§53
adeguato [adegu̯a:to] 15 B
adesso [a'dɛsso] 2 A4
adriatico [adri'a:tiko] 4 B
aereo [a'ɛ:reo] 5§24, **11 B**
aeroporto [aero'pɔrto] **11** S103
affacciato [affat'tʃa:to] 15 A6
affascinante [affaʃʃi'nante] 11 E6
affermazione [affermat'tsi̯o:ne] 15 E3
affettuoso [affettu'o:so] 5 A6, 8 A10
affidare [affi'da:re] 13 B
affittare [affit'ta:re] 4 A6, **15** A1
affitto [af'fitto] **15** A1
agenzia [adʒen'tsi:a] 4 A6
~ di viaggi 10 A1
aggiungere [ad'dʒundʒere] 6 A1, 16B
agnello [aɲ'ɲɛllo] 12 S109
agopuntura [agopun'tu:ra] 14 A4
agosto [a'gosto] 4 A1, 7 A4
agricolo [a'gri:kolo] 9 E5
agricoltura [agrikol'tu:ra] **15** B
agriturismo [agritu'rizmo] 10 S85
ah [a] 8 A2
aiutare [ai̯u'ta:re] 9 A7
~ gli altri 7 A6
aiuto [a'i̯u:to]
con l'~ di 6 E14
servire ~ 2 B
albergo [al'bɛrgo] 4 A1
albero ['albero] 10 A2
~ di Natale 17 E2
alcuni [al'ku:ni] 8 E6
alice [a'li:tʃe] 12 A6
alimentare [alimen'ta:re] 6 A5
aliscafo [alis'ka:fo] 11 A6
allegria [alle'gri:a] 17 E5
in ~ 12 B
allegro [al'le:gro] **12** B
allergia [aller'dʒi:a] 14 E5
allergologo [aller'gɔ:logo] 14 A4
allora [al'lo:ra] 1 A4, 17 A2
come ~ 17 B
almeno [al'me:no] **9** B
alpino [al'pino] 8 A4, 16 A1
alternativa [alterna'ti:va] 13 E2
altissimo [al'tissimo] 11 B
alto ['alto] 11 B, **13** A5, **17** A1
dall'~ 16 A4
altrettanto [altret'tanto] **8** B
altro ['altro]
non ha ~ 4 B
qualcos' ~ 13 A5
un ~ po' 12 S111
alzarsi [al'tsarsi] **9** A1
amare [a'ma:re] **10** A2
amaretto [ama'retto] 12 S109
amaro [a'ma:ro] 3 S21
ambiente [am'bi̯ɛnte] **10** A2
americano [ameri'ka:no] 2§7, 3 E4, 11 B
amicizia [ami'tʃittsi̯a]
fare ~ 7 A2
amico [a'mi:ko] **3** B
ammobiliato [ammobi'li̯a:to] 15 E1
amore [a'mo:re] **7** B
ampio ['ampi̯o] 4 A6, 15 A1
amuleto [amu'lɛ:to] 11 B
anche ['aŋke] **2** A2, **10** A3
~ se 10 A5, **10** A3
ancora [aŋ'ko:ra] 2 B, 9 A6, **12** A3
andarci [an'dartʃi] 12 E2
andare [an'da:re] 3 A1, 8 S68
~ a prendere 9 A6
~ a trovare qu 8 S69
~ d'accordo 9 A5
~ forte 11 E10
~ in ferie 10 A6
~ in vacanza 4 B
~ via 15 B
andata e ritorno [an'da:ta e ri'torno] **11** A3
angolo ['aŋgolo]
~ cottura 4 A6, 15 A1
~ pranzo 15 A3
angoscia [aŋ'gɔʃʃa] 17 B
anima ['a:nima] 12 B
animale [ani'male] 11 B
anniversario [anniver'sa:rio]
~ di matrimonio 12 E8
anno ['anno] 4 A6
due anni fa 7 A6
l' ~ scorso 16 A2
negli anni ['neʎʎi'anni] **13** E9
quanti anni hai? 7 A4
tutto l'~ 4 A6, **16** A1
annodare [anno'da:re] 13 B
antibiotico [antibi'ɔ:tiko] **14** E7
anticipo [an'ti:tʃipo]
in ~ 11 B
antico [an'ti:ko] 4 A1, **16** S151
antipasto [anti'pasto] **6** A1
antiquariato [anti'ku̯a:ri̯a:to] 5 B, 14 E6
anzi ['antsi] 4 B
aperitivo [aperi'ti:vo]
~ della casa 3 E4
aperto [a'pɛrto] 4 A6
all'~ 17 B
apparecchiare [apparek'ki̯a:re]
~ la tavola 12 A6
apparire [appa'ri:re] **13** B
appartamento [apparta'mento] 4 A6
appartenere [apparte'ne:re] **13** B
appena [ap'pe:na] 8 A5, 9 E2
appendere [ap'pɛndere] 16 B
Appennino tosco-emiliano [appen'ni:no tos'ko emi'li̯a:no] 16 A6
appetito [appe'ti:to]
buon ~ 8 B

appropriato [appro'pri̯aːto] 14 E2
appuntamento [appunta'mento] 14 A4
appunto [ap'punto] 15 B
aprile [a'prile] 7 A4
aprire [a'priːre] **14** A5
arabo ['arabo] 15 A6
arancia [a'rantʃa] 3 S21
aranciata [aran'tʃaːta] 3 S21
arancione [aran'tʃoːne] 13 A1
architetto [arki'tetto] 2 E8, 13 B
architettura [arkitet'tuːra] 2 B
argentiere [ardʒen'ti̯ɛːre] 15 A6
argomento [argo'mento] 13 E6
aria ['ari̯a] 14 E10
~ condizionata [~ kondittsi̯o'naːta] 4 A1
~ d'opera 17 A1
prendere un po' d'~ 5B
armadio [ar'maːdi̯o 15 A1
arrabbiato [arrab'bi̯aːto] **16** B
arrangiarsi [arran'dʒarsi] **15** B
arredato [arre'daːto] **15** A1
arrivare [arri'vaːre] 2 B, 3 B, 6 B2, **11** A1
arrivederci [arrive'dertʃi] **1** A4
arrivo [ar'riːvo] 8 S69
arrosto [ar'rosto]
~ di vitello 12 S112
arte ['arte] 5 B
artigiano [arti'dʒaːno] **15** A6
artista [ar'tista] 14 A1, **14** B
ascoltare [askol'taːre] 7 A2
asinello [asi'nɛllo] 17 A2
asino ['aːsino] 17 B
aspettare [aspet'taːre] 5 B, 7 A4
aspetto [as'pɛtto] 9 B, **15 B**
assegno [as'seɲɲo] 13§78
associazione [assotʃat'tsi̯oːne] **16** A4
assomigliarsi [assomiʎ'ʎarsi] 13 E13
assordante [assor'dante] 11 B
astenersi [aste'nersi] **14** B
atmosfera [atmos'fɛːra] 14 E10
attenti [at'tɛnti] 11 B
attenzione [atten'tsi̯oːne]
fare ~ a 11 E10
attesa [at'teːsa] 4 E6
attivamente [attiva'mente] **16** A4
attività [attivi'ta] **15** B
attore [at'toːre] **17** B
attraversare [attraver'saːre] 5A5
attraverso [attra'vɛrso] 2 E3, 13 B
attrezzo [at'trettso] **16** A4
attrice [at'triːtʃe] **17** B
augurare [augu'raːre] 8 A10
auguri [au'guːri] 6 B 2, 9 E11
Austria ['aːustri̯a] 2 S14
austriaco [aus'triːako] **2** S16
autista [au'tista] **11** B
autobus ['aːutobus] 5 A2
autogrill [auto'gril] 3 E11
autonomo [au'tɔːnomo] 15 A1
autoritario [autori'taːrio] 10 B
autorizzato [autorid'dzaːto] 11 S103
autostrada [auto'straːda] **11** A7
avere [a'veːre] 3 A1, 4 A3
~ bisogno di 9 A1
~ da fare 4 A5, 10 A4
~ voglia di 5 A4
~ ragione 16 A3
non ce l' ho 13 A2
avvertire [avver'tiːre] **16** A7
azienda [ad'dzi̯ɛnda]
~ agricola 9 E5
~ di soggiorno 16 E4
azzurro [ad'dzurro] **13** A1
gli azzurri 13§78

B

babbo ['babbo] 9§56
Babbo Natale ['babbo na'taːle] 17 A2
bacio ['baːtʃo] **2** A4
baffi ['baffi] 14 A1
bagaglio [ba'gaʎʎo] **11** S96
bagni ['baɲɲi] 10 E10
bagnino [baɲ'ɲiːno] 10 E10
bagno ['baɲɲo] 4 A2, 10 E10
fare il ~ 10 A4
baita ['baːita] **16** A3
balcone [bal'koːne] **4** A6
ballare [bal'laːre] 7 A2
balletto [ba'letto] 7 E9
ballo ['ballo] **17** B
bambino [bam'biːno] **4** A6
banana [ba'naːna] 6 E7
banca ['baŋka] 2 B, 2§7
bancarella [baŋka'rɛlla] 6 B2, 17 B
banconota [baŋko'nɔːta] 13§81
banda ['banda] 16 B, 17 B
bar [bar] 3 S21
barba ['barba] **14** A1
barca ['barka] 5§24, **10** E10
base ['baːze]
far da ~ 12 B
basilico [ba'ziːliko] 12 S109
basket ['basket] 16 E3
basso ['basso] **13** A5
bastare [bas'taːre] 6 A1, 6 B1, 9 E15
basta 10 B
battere ['battere]
~ il ritmo 14 A1
beato [be'aːto]
~ te! 2 A3
Befana [be'faːna] 17 E4
beige [bɛːʒ] 13§78
beh insomma [bɛ in'somma] **4** A5
Belgio ['bɛldʒo] 2 S14
bellissimo [bel'lissimo] 4 E4
bello ['bɛllo] 2 A2
bene ['bɛːne] 1 A4, 8 A5
va ~ 3 A1
voler ~ 17 A1
benissimo [beː'nissimo] **1** A4
bere ['beːre] 3 A1, 8 A1, 8§51
berlina [ber'liːna] 11 B
biancheria [biaŋke'riːa] **14** B
bianco ['bi̯aŋko] **6** A1, **13** A1, 13§78
bibita ['biːbita] 3 E4
biblioteca comunale [bibli̯o'tɛːka komu'naːle] 7 E4
bicchiere [bik'ki̯ɛːre] 3 S21
~ da acqua 12 A7
~ da vino 12 A7
~ di quello „giusto" 12 B
bicicletta [bitʃi'kletta] 5 E14
biglietteria [biʎʎette'riːa] 11 S96
biglietto [biʎ'ʎetto] 8 A2, **11** A3
bijoux [bi'ʒu] 13 A1
biker ['baikə] 16 B
biliardo [bi'li̯ardo] 8 S68
binario [bi'naːrio] **11** E3
biologico [bio'lɔːdʒiko] 7 A6
birra ['birra] 3 S21
bisogna [bi'zoɲɲa] 6 A2
non ~ 17 B
bisogno [bi'zoɲɲo]
avere ~ di 9 A1
non c'è ~ 9 S82
senza ~ di 9 B
bistecca [bis'tekka] **12** A3
bloccato [blok'kaːto] **11** A8
blu [blu] **13** A1
bocca ['bokka] **14** A1
borsa ['borsa] 7§78, 9 E10 **13** A1
bosco ['bɔsko] **10** A2
Bosnia Erzegovina ['bɔsni̯a erze'govi̯na] 2 S14
bottega [bot'teːga]
~ antiquaria [~ anti'ku̯aːria] 5 E8
bottiglia [bot'tiʎʎa] 3 E4, **6** A5
box ['bɔks] 4 A6
braccio ['brattʃo] **14** A1
branzino [bran'tsiːno] 12 S109
brasato [bra'zaːto] 12 A3
bravo ['bravo] **3** B
breve ['brɛːve] 1 E5, 8 E2
bronchite [broŋ'kiːte] 14 A5
bruttissimo [brut'tissimo] 10 A5
brutto ['brutto] **4** S33, 14 A3
che ~ tempo! 10 S89
budino di mele [bu'dino di'meːle] 14 B
bue ['buːe] 11 B
bugia [bu'dʒiːa] 10§65
buonanotte [bu̯ona'nɔtte] 8 A9
buonasera [bu̯ona'seːra] **1** A1
buongiorno [bu̯on'dʒorno] **1** A4
buongustaio [bu̯ongus'taːi̯o] 14 B
buonissimo [bu̯o'nissimo] 6 A6
buono ['bu̯ɔːno] **3** B
buone vacanze 11 E11
burro ['burro] **6** A1
busta ['busta] 13 E8

C

cabina [ka'biːna] 10 E10
~ **telefonica**
[~ tele'fɔːnika] 5 E1
cabinovia [kabino'viːa] **16** A1
cadere [ka'deːre] 7 A3
caffè [kaf'fɛ] 3 A2
~ Hag [~ 'ag] 3 E4
calcio ['kaltʃo] **16** E3
calcolare [kalko'laːre] **11** B
caldo ['kaldo] 3 A5
fa ~ **10** A4
calma ['kalma] **11** E11
calzature [kaltsa'tuːre] 13 A5
calze ['kaltse] **13** S120
cambiare [kam'bi̯aːre] 7 A6, **10** A1,
11 A3, **11** A4
~ **città** 7 A6
cambio ['kambi̯o] 11 S96
camera ['kaːmera] 4 A1, **15** S137
~ **a un letto 4** S30
~ **da letto 4** A1
~ **doppia 4** S30
~ **matrimoniale 4** S30
~ **singola 4** A2
cameretta [kame'retta] 9 B
cameriere [kame'ri̯ɛːre] **12** A5
camice ['kamitʃe] 16 B
camicia [ka'miːtʃa] 10§65, 13 A1
camminare [kammi'naːre] 4 B, 5 A4
camomilla [kamo'milla] 3 A6
campagna [kam'paɲɲa] **15** S142
campari [kam'paːri] 3 E4
camper ['kamper] 10 A1
campo ['kampo] 12 B
nel ~ pubblicitario 7 A6
cancellare [kantʃel'laːre] **16** A7
candela [kan'deːla] 17 E2
cane ['kaːne] **7** A4
cantare [kan'taːre] **17** A1
cantina [kan'tiːna] 15 S139
caos ['kaːos] 15 B
capacità [kapatʃi'ta] 14 E10
caparra [ka'parra] 4 E6
capelli [ka'pelli] **14** A1
capire [ka'piːre] 5 B
capitale [kapi'taːle] **4** A5
capo ['kaːpo] 13 E1
capovolto [kapo'vɔlto] 17 B
cappello [kap'pɛllo] **13** A1
cappotto [kap'pɔtto] **13** A1
cappuccino [kapput'tʃiːno] 3 S21
caprese [ka'prese] 12 S109
capsula ['kapsula] 14 E1
caraffa [ka'raffa] 12 A4
caratteristica [karatte'ristika]
15 E12
carcere ['kartʃere]
~ correzionale [~ korrettsjo'nale] 14 B
carciofino [kartʃo'fiːno] 6 E2
carciofo [kar'tʃɔːfo] 12 S109
cardiologo [kar'di̯ɔːlogo] 14 A4
carino [ka'riːno] **13** E4
carissimo [ka'rissimo] 6 B2
carne ['karne]
~ macinata [~ maːtʃi'nata] 6 A4
carnevale [karne'vaːle] 17 B
carnoso [kar'noːso] 14 A1
caro ['kaːro] **4** S32, 5 A6, **11** A5
carro ['karro] 11 B
carrozziere [karrot'tsi̯ɛːre] 15 A6
carta ['karta] **14** B
~ **d'identità 4** A2
fare una partita a carte 12 B
cartello [kar'tɛllo] 10 E10
cartolina [karto'lina] 5 A6
casa ['kaːsa] 7 A1
a ~ 1 A4
a ~ mia 8 S70
~ di proprietà [~ di propri̯e'ta] 6 B1
~ di ringhiera [~ di riŋ'gi̯ɛːra] 15 A6
~ **in campagna** 15 S142
della ~ 3 E4
in ~ 5 B
casella [ka'sɛlla] 9 E9
casello [ka'sɛllo] 11 A7
caso ['kaso] 12 B
in questo ~
per ~ 14§84
cassa ['kassa] 3 S21
alla ~ 3 S21
castello [kas'tɛllo] 5 A4
catalogo [ka'taːlogo] 10 A1
catamarano [katama'rano] 11 A6
cavallo [ka'vallo] **10** S85
caviglia [ka'viʎʎa] 14 E4
causa ['kauza]
a ~ di 11 A8
CD [tʃi'di] 7 A2
celebrare [tʃele'braːre] **17** B
celeste [tʃe'lɛste] 13 A1
cella ['tʃɛlla] 4 A1
cena ['tʃeːna] 3 E6, **4** A5
a ~ fuori 8 S68
centenario [tʃente'naːri̯o] 8 S69
centesimo [tʃen'tɛsimo] **3** A4
centrale [tʃen'traːle] **4** A6, 11 S95
centro ['tʃɛntro] **4** A1
~ **commerciale 11** S103
~ Telecom Italia
[~ tele'kom i'taːli̯a] 4 S31
ceramica [tʃe'raːmika] 5 B
cercare [tʃer'kaːre] 3 E2, **4** B, 5§26
certo ['tʃɛrto] 4 B, **6** A2
certi prezzi 6 B2
di ~ 4 B
ma ~! 3 B
cestino [tʃes'tiːno] 6 A6
che [ke]
(Frage) **5** E4
(Ausruf) **2** A2, 8 A5
(Relativpron.) 13 B, 14 B, **15** A4
(„dass") 7 A6
(„als") **16** A5
chi [ki] **1** A2, **15** A4
chiacchierare ['ki̯akki̯e'raːre] **15** B
chiamare [ki̯a'mare] **9** A7, 16 B
chiamarsi [ki̯a'marsi] **1** A1
chiaro ['ki̯aːro] **13** A1
chiave ['ki̯aːve] **4** A3
chiedere ['ki̯ɛːdere] **10** A1
~ **qc a qu** 10 E10, **11** S101
chiesa ['ki̯ɛːza] **5** E3
chilo ['kiːlo] **6** A4
mezzo ~ 6 A4
chilometro [ki'lɔːmetro] 4 E7, **11** A7
chiudere ['ki̯uːdere] **11** S96
~ **a chiave 11** E11
ci [tʃi] **16** A2
c'è [tʃɛ] **1** A4, **5** A1
~ **sono** [tʃi 'soːno] **6** A2
~ **vuole** [tʃi vu'ɔle] **10** S88
non c'è di che 5 A3
ciao ['tʃaːo] **1** A5
cibo ['tʃiːbo] **12** B
ciclistico [tʃi'klistiko] 8 S69
ciclomotore [tʃiklomo'tore] 11 A5
cieco ['tʃɛːko] 7 B
cinema ['tʃiːnema] **5** E1, **8** S68
cinematografo [tʃinema'tɔːgrafo] 14 B
cinquantenne [tʃiŋku̯an'tɛnne] 7 B
cintura [tʃin'tuːra] 13 A1
cioccolato [tʃokko'laːto] **3** E4
cioè [tʃo'ɛ] **16** B
ciondolo ['tʃondolo] 11 B
cipolla [tʃi'polla] 6 A1
circa ['tʃirka] **11**A1
circo ['tʃirko] 8 E3
circolare [tʃirko'laːre] **11** B
circolazione [tʃirkolat'tsi̯oːne]
in ~ 11 A5
circolo ['tʃirkolo]
~ culturale 8 S69
~ degli scacchi 8 S68
città [tʃit'ta] **5** A6
classe ['klasse] 1 E4, **8** A1, **11** A2, **13** B
classico ['klassiko] **13** E6
cliente [kli'ɛːnte] 7§42, **11** B, **12** B
clientela [klien'tɛːla] 12 B
clima ['kliːma] **9** A3, **17** B
climatizzato [klimatid'dzaːto] 11 B
club alpino italiano
[klub al'piːno ita'liano] 8 A4
coca cola ['kɔːka 'kola] 3 S24
coda ['koːda] **11** A8
cognato [koɲ'ɲaːto] 9 A4
cognome [koɲ'ɲoːme] 1 A6
coincidenza [kointʃi'dɛntsa] **11** A3
colazione [kolat'tsi̯oːne] **4** A1
fare ~ 9 A1
collega [kol'lɛːga] **7** A2
collezionare [kollettsi̯o'naːre]
16 S151
collina [kol'liːna] 10 B, **15** A5
collo ['kɔllo] **13** B
color pastello [ko'lor pas'tɛllo]
13 E9
colorato [kolo'raːto] 11 E12, 13 E4
colore [ko'loːre] **11** B
colpa ['kolpa] **16** B
coltello [kol'tɛllo] **12** A7

combinare [kombi'na:re] 7 E1
come ['ko:me]
(Frage) **1** A1
(Ausruf) **8** A1, **13** A4
(Vergleich) 5 B, **16**§101
(„als") 3 A6
come mai ['ko:me 'ma:i] **2** A5
cominciare ['komin'tʃa:re] **8** A2
commerciale ['kommer'tʃa:le] 5 E1
commesso [kom'messo] 7 A6
comodo ['kɔ:modo] 6 E12, **11** A5
compagno [kom'paɲɲo] **9** B
compleanno [komple'anno] 7 A4
completamente [kompleta'mente] 7 B
completare [komple'tare] 2 E 6, 7 E2
complimenti [kompli'menti] 8 A5
comportarsi [kompor'tarsi] **11** E14
composizione [kompozit'tsi̯o:ne] 7 E2
comprare [kom'pra:re] **6** A2
comprensivo [kompren'si:vo] 8 S69
compreso [kom'pre:so] **4** B
compressa [kom'prɛssa] 14 E7
compromesso [kompro'messo] 9 E15
comunale [komu'na:le] 5 E1
comune [ko'mu:ne] **11** B
in ~ **16** B
Comune di Pavia 8 S69
comunque [ko'muŋku̯e] 9 B, 13 B
con [kon] 3 A5
concerto [kon'tʃɛrto] 5§25, 7 E1, 8 E3
concorso [koŋ'korso] 7 E2
~ nazionale [~ nattsi̯o'nale] 15 B
condividere [kondi'vi:dere] **14** B
condizione [kondit'tsi̯o:ne]
~ sociale 13 B
condurre [kon'durre] **14** B
conferenza [konfe'rɛntsa] **16** A4
conferma [kon'ferma] 4 E6
confermare [konfer'mare] **4** E6
confrontare [konfron'ta:re] 8 E11
confusione [konfu'zi̯o:ne] **10** B
congresso [koŋ'grɛsso] 7§36
coniare [ko'ni̯a:re] **11** E4
conoscenza [konoʃ'ʃɛntsa]
far ~ 2 E6
conoscere [ko'noʃʃere] **5** A6, **7** A2
conoscersi [ko'noʃʃersi] **8** A8
conservanti [konser'vanti] 6 A3
conservare [konser'va:re] **15** A4
consigliare [konsiʎ'ʎa:re]
11 E7, **13** E2
consiglio [kon'siʎʎo] **10** E1
chiedere un ~ a qu 13 E2
~ da amico 11 E7
consistere [kon'sistere] 16 E11
Consolato [konso'la:to] 7 E10
consorzio skipass
[kon'sɔrtsio 'ski:pa:s] 16 A1
contadino [konta'di:no] 5 B
contare [kon'ta:re]
~ su qu 9 B
contatto [kon'tatto] 10 S85
contatti umani 15 A4
contemporaneamente
[kontemporanea'mente] 14 A1
contento [kon'tɛnto] **7** A6
essere ~ di 7 E6
contenuto [konte'nu:to] 15 E3
continente [konti'nɛnte] 15 B
continuare [kontinu'a:re]
2 E1, 5 A5, **11** A7
~ a 9 A2
conto ['konto] **12** S111
~ corrente [~ kor'rɛnte] 4 E6
contorno [kon'torno] **12** S109
contro ['kontro] **11** B
i pro e i ~ 15 E5
controllare [kontrol'la:re]
11 E8, **12** A5
convenire [konve'ni:re] **11** A7
convento [kon'vɛnto] 4 A1
conversazione [konversat'tsi̯o:ne] 1 E3
convivenza [konvi'vɛntsa] 9 B
coperto [ko'pɛrto] **17** B
coppia ['kɔppi̯a] 4 B
coraggioso [korad'dʒo:so] 14 B
corpo ['kɔrpo] **12** B
corporazione [korporat'tsi̯o:ne] 13 B
correre ['korrere] 6 B2
correzione [korret'tsi̯o:ne] 3 E4
corridoio [korri'do:i̯o] 4 A3
corrispondere [korris'pondere] 11 A8, 15 E3
corsa ['korsa] **4** A5, **5** B
corso ['korso] **2** B, 5 E1
~ d'italiano 2 B, 2§5
~ intensivo 2 E11
~ normale 2 E11
cortile [kor'ti:le] **15** A6
corto ['korto] 12 E2, **13** A2
cosa ['kɔ:sa] **4** B, **7** A1
che ~ 4 A5
così [ko'si] 3 B, **4** B, **8** A2
~ così 1 A5
uno ~ 7 B
costa ['kɔsta] **4** B
~ occidentale 15 B
costare [kos'ta:re] **4** A2
costoso [kos'to:so] **11** B, **12** B
costruire [kostru'i:re] **17** A1
cotto ['kɔtto] **6** A1, **6** A3
ben ~ 12 A3
cottura [kot'tu:ra]
angolo ~ 4 A6, 15 A1
cravatta [kra'vatta] **13** B
creatività [kreativi'ta] 13 B
credere ['kre:dere] **15** A4
Croazia [kro'atsi:a] 2 S14
Croce Rossa Italiana
['kro:tʃe 'rossa ita'li̯a:na] 8 S69
crocetta [kro'tʃetta]
fare una ~ 9 E9
crodino [kro'di:no] 3 S21
crollare [krol'lare] 6 B1
crostini [kros'ti:ni] 12 A6
crudo ['kru:do] **6** A3
cuccetta [kut'tʃetta] 11 E2
cucchiaino [kukki̯a'i:no] **12** A7
cucchiaio [kuk'ki̯a:io] **12** A7
cucina [ku'tʃi:na] **4** A1
cucinare [kutʃi'na:re] **7** A1
cucire [ku'tʃi:re] 16 B
cugino [ku'dʒi:no] 8 E8, 9 A4
cui ['kui]
di ~ 14 B
in ~ 15 E11
cultura [kul'tu:ra] **11** B
culturale [kultu'ra:le] 8 S69, **15** A4
cuocere ['ku̯ɔ:tʃere] 6 A1
cuoco ['ku̯ɔ:ko] **12** A6
cuore ['ku̯ɔ:re] **14** B
nel ~ di 15 A6
curare [ku'ra:re] 14 E5, **16** B
curioso [ku'rio:so] **9** A6
cynar [tʃi'nar] 3 E8

D

da [da] **3** A1, **17** E2
(örtlich) 5 E1, 8 S70, **11** E3
(zeitlich) **4** E6, **10** A5
(Bestimmung) **4** A1, **12** A4, **12** A7
(Wert) **13** A2
Danimarca [dani'marka] 2 S14
danneggiare [danned'dʒa:re] **10** A2
dappertutto [dapper'tutto] **8** B
dare ['da:re] **6** A3, **6** A6, **6**§32, **8** A2
dai **3** B, 10B
~ del Lei **13** E2
~ del tu **8** A8
~ su 4 A2, 15 A3
~ una mano 15 B
data ['da:ta]
~ di nascita 2 E11
davanti [da'vanti] 15 A2
~ a 5 B, 15 S139
davvero [dav've:ro] **1** A7
decidere [de'tʃi:dere] **9** B, **10** S85
deltaplano [delta'pla:no] 16 A4
deludere [de'lu:dere] 16 B
deluso [de'lu:zo] 12 B
dente ['dɛnte] **14** E9
dentista [den'tista] **14** S134
deposito bagagli
[de'pɔ:zito ba'gaʎʎi] 11 S96
descrivere [des'kri:vere] 7 E5
descrizione [deskrit'tsi̯o:ne] 14 A1
desiderare [deside'ra:re] **5** E3, **6** A4
desiderio [desi'dɛ:ri̯o] **13** B
dessert [de'sɛ:r] 12 S109
destra ['dɛstra]
a ~ 5 A1
dettaglio [det'taʎʎo] **13** B
di [di] **1** A7, **3** S21, **4** A1, **4** S31
(örtlich) 2 **A1**
(Vergleich) 12 E10, **13** A5, **16** A3
(bei Mengenangaben) **6** A1, **12** A6
~ giorno 16 E7

fattoria [fatto'ri̯a] 7 A6
favore [fa'voːre]
per ~ 3 A5
febbraio [feb'braːi̯o] 7 A4
febbre ['fɛbbre] **14** A5
fegato ['feːgato] 12 S109
felice [fe'liːtʃe] 7 B
femminile [femmi'nile] **2** E11, 13 E13
ferie ['fɛːrie] **4** B,
prendere le ~ **10** A5
fermarsi [fer'marsi] **9** A1, 12 E10
fermata [fer'mata] **5** E1
fermo ['fermo] **14** A1
Ferrovie dello Stato
['ferro'vie dello 'staːto] 10 A1, 11 S95
festa ['fɛsta] 7 A2, 7 A4
~ dell'uva 16 A5
dare una ~ 8 A5
festeggiare [fested'dʒaːre] 12 E11,
17 E2
fettina di carne [fet'tiːna di karne]
8 B
figlio ['fiʎʎo] 6 B1, **9** A4
figura [fi'guːra] 12 B
filippino [filip'pino] 15 A6
finalmente [final'mente] 5 A6, **8** A8
finché [fiŋ'ke] 15 B
fine ['fiːne] 11 E6, **12** A8
alla ~ 10 B, **12** E4
~ mese 6 B2
~ **settimana** 5 B, **9** A5
finestra [fi'nɛstra] **15** A1
finestrino [fines'triːno] 11 A2
finire [fi'niːre] **8** A2
finito [fi'niːto] 3 B, **10** E8, **15** A2
fino ['fiːno]
~ **a** 5 A5, **8** S69
finocchi [fi'nɔkki] 12 S109
fiore ['fi̯oːre] **8** A10
fiorentina [fi̯oren'tina]
alla ~ 12 S109
fiorire [fi̯o'riːre] 7§37
firma ['firma] **2** E11
fisica ['fiːzika] 7 A3
flauto ['flaːuto] **17** E2
foglia ['fɔʎʎa] 6 A1
folcloristico [folklo'ristiko] 16 A1
fondo ['fondo] **16** A1
in ~ **15** A3
forchetta [for'ketta] **12** A7
forma ['forma] **13** B, 14 E2
mantenersi in ~ 16 E6
formaggio [for'maddʒo] 3 S24
formaggi assortiti
[for'maddʒi assor'tiːti] 12 S109
Formula Uno ['fɔrmula 'uːno] 5 B
forno ['forno]
~ a microonde [~ a mikro'onde]
12 E6
forse ['forse] **5** B, 7 A6
forte ['fɔrte] **14** A1, **14** A2
andare ~ **10** E10
fortuna [for'tuːna] **15** A6
forza ['fɔrtsa] 14 B

foto ['fɔːto] **4** E2
fotografia [fotogra'fiːa] **17** A1
fra [fra] **10** A6
fragola ['fraːgola] 3 B, 6 A6
francescano [frantʃes'kaːno] 4 A1
francese [fran'tʃeːze] **2** S16
Francia ['frantʃa] 2 S14
francobollo ['fraŋko'bollo] **10** A3
frase ['fraːze] 6 E12, 9 E10
fratello [fra'tɛllo] **9** A4
frattura [frat'tuːra] 14 A3
freddo ['freddo] 3 S24
fa ~ **10** S89
fresco ['fresko] 5 E13, **6** A1
fretta ['fretta]
avere ~ 6 A5
fritto ['fritto] 12 E2
~ misto 12 S109
frullatore [frulla'toːre] 12 E6
frutta ['frutta] **3** E4
fumare [fu'maːre] **2** A5, 2 § 5
fumatore [fuma'toːre] **11** A2
fumetto [fu'metto] 2 S15, 16 E5
funerale [fune'raːle] 13 E12
fungo ['fuŋgo] **6** A1
~ porcino [~ por'tʃino] 12 S109
funicolare [funiko'laːre] 5 E8
funzionare [funtsi̯o'naːre] **4** S30
funzione [fun'tsi̯one] 12 B
essere in ~ 16 S154
fuoco ['fu̯ɔːko] **10** A2
fuochi artificiali ['fu̯ɔːki artifi'tʃaːli]
17 B
fuori ['fu̯ɔːri] 3 B, 9 A1
da ~ **11** A5

G

gamba ['gamba] **14** A1
gara ['gaːra] **16** A1
~ in bicicletta 8 A3
gas [gas] 4 B
~ **di scarico** [~ di 'skaːriko] **11** B
gastronomico [gastro'nɔːmiko] 12 B
gelatina [dʒela'tiːna] 6 E9
gelato [dʒe'laːto] 3 B
generi alimentari
['dʒɛːneri alimen'taːri] **6** A5
genitori [dʒeni'toːri] 2 E3, **9** A5
~ separati [~ sepa'raːti] 9 B
gennaio [dʒen'naːi̯o] 7 A4
gente ['dʒɛnte] 5 A6
in mezzo alla ~ 5 B
gentile [dʒen'tiːle] **2** A5, **4** E6
genuino [dʒenu'iːno] **10** S85
Germania [dʒer'maːni̯a] **2** A4
Gesù Bambino [dʒe'zu bam'biːno]
17 A2
gettare [dʒet'taːre] **10** A2
ghiaccio ['gi̯attʃo] 3 A6
già [dʒa] **2** B, **9** A2
giacca ['dʒakka] 12 B, **13** A1
giallo ['dʒallo] **11** B

giapponese [dʒappo'neːse] **2** A6
giardinetto [dʒardi'netto] 4 B
giardino [dʒar'diːno] **4** A1
gilè [dʒi'lɛ] 14 A1
gingerino [dʒiŋdʒe'riːno] 3 E8
ginnastica [dʒin'nastika] 16 E6
ginocchio [dʒi'nɔkki̯o] **14** E4
giocare [dʒo'kaːre]
~ **a biliardo** 8 S68
~ a pallone 14 E4
gioco ['dʒɔːko] **14** B
gioia ['dʒɔːia] 17 B
giornale [dʒor'naːle] **5** E1
giornata [dʒor'naːta] 8 A4, 6 B2
~ di sole 13 E5
giorno ['dʒorno] **4** A2
al ~ **4** A2
di ~ **16** E7
~ di scuola 8 E7
tutti i giorni 7 E4
giovane ['dʒoːvane] **15** B
giovedì [dʒove'di] 8 S68
girare [dʒi'raːre] **5** A5
giro ['dʒiro] **4** S31
gita ['dʒita] **8** A4
giubbotto di cuoio
[dʒub'bɔtto di 'ku̯ɔːi̯o] 16 B
giudice ['dʒuːditʃe] 9 B
giugno ['dʒuɲɲo] 4 A6, 7 A4
giusto ['dʒusto] **2** E10
gnocchetti di patate
[ɲɔk'ketti di pa'taːte] 12 S109
gnocchi ['ɲɔkki] 6 S51, 12 A2
gola ['goːla] **14** A5
gomma ['gomma]
~ a terra 11 S101
gonna ['gonna] **13** A1
gradito [gra'diːto] 4 E6
grammo ['grammo] 6 A1
Gran Bretagna ['gram bre'taɲɲa]
2 S14
granchio ['graŋkio] 12 S109
grande ['grande] 3 E4, 3 A5
grappa ['grappa] 3 E8
grazie ['grattsi̯e] **1** A4, **2** B
~ mille [~ 'mille] 6 B2
~ per 4 E6
molte ~ 8 A10
tante ~ 5 A1
greco ['grɛːko] 10 E14
grigio ['griːdʒo] **13** A1
griglia ['griʎʎa] **12** A3
grosso ['grɔsso] **14** A1, 16 S154
grotta ['grɔtta] 10 A6
gruppo ['gruppo] 5 A6, 8 E8
~ volontari [~ volon'taːri] 8 S69
guadagnare [gu̯adaɲ'ɲaːre] 6 B1,
7 A6
guanto ['gu̯anto] 13 A1
guardare [gu̯ar'daːre] 2§8, 3 B, 4 E2
~ la TV 5 B
guarda 5 B
guardia medica ['gu̯ardi̯a 'mɛːdika]
4 S31

moneta [mo'neːta] 16 S151
monolocale [monolo'kaːle] 4 A6, 15 A1
monotono [mo'nɔːtono] 7 E5, 15 B
montagna [mon'taɲɲa] **10** B
monte ['monte] 10 E5
monumento [monu'mento] **16** A4
moquette [mo'kɛt] 14 B
morbido ['mɔrbido] 13 B
morire [mo'riːre] **17** B
morto ['mɔrto] **17** B
mosso ['mɔsso] 16 A6
mostra ['mostra] 7 A3
moto ['mɔːto] 7§43, **11** E10
motociclista [mototʃi'klista] 16 B
motore [mo'toːre] **11** S101
motorino [moto'riːno] 11 A5
movimento [movi'mento] **16** A4
  in ~ 14 A1
mozzicone [mottsi'koːne] 10 A2
mugnaia [muɲ'ɲaːi̯a]
  alla ~ 12 S109
mulino [mu'liːno] 8 S68
multinazionale [multinattsi̯o'naːle] 7 B
municipio [muni'tʃiːpi̯o] 11 E9
muoversi ['mu̯ɔːversi] 11 B, **14** B
muro ['muːro] 7 A3
muscoloso [musko'loːso] 14 A1
museo [mu'zɛːo]
  ~ d'arte moderna 5 E5
musica ['muːzika] **11** B
musicale [muzi'kaːle] 7 E2
musicista [muzi'tʃista] 12 B

N

Napoli ['naːpoli] **2** A1
nascere ['naʃʃere] 7 A3
nascita ['naʃʃita] **2** E11
nascondere [nas'kondere] **14** A1
nascosto [nas'kosto] **3** E2, **14** A1
naso ['naːso] **14** B
Natale [naː'taːle] 7§37
nato ['naːto] 7 A3
natura [na'tuːra] **10** S87, **10** S85
naturale [natu'raːle] 6 E8, **16** A4
nave ['naːve] **16** E9
nazionalità [nattsi̯onali'ta] **2** E11
ne [ne] **14** A5
neanche [ne'aŋke] 16§99
nebbia ['nebbi̯a] **16** A6
necessario [netʃes'saːrio] **11** A1
necessità [netʃessi'ta] **15** B
negativo [nega'tiːvo] 14 E9
negozio [ne'gɔttsi̯o] **6** A5
  ~ di generi alimentari 6 A5
nemmeno [nem'meːno] 17 A2
nero ['neːro] **11 B**
nessuno [nes'suːno]
  non ... ~ 14 A6
neve ['neːve] **16** A1
nevicare [nevi'kaːre] **16** E8
nevicata [nevi'kaːta] 16 A6
niente ['ni̯ɛnte]
  non ... ~ 14 S134
  ~ di importante 7 A2
nipote [ni'poːte] 9 A4
no [nɔ] **1** A3
noce moscata ['noːtʃe mos'kaːta] 12 A8
nodo ['nɔːdo] 13 B
noi ['noːi] **2** A4, **8** S70
noioso [no'i̯oːso] **7** B
noleggiare [noled'dʒaːre] 10 A1
noleggio [no'leddʒo] 10 E10
nome ['noːme] 1§3, **2** A2
non [non] **1** A4, **2** A5
  ~ ... **ancora 14** E1
  ~ ... c'è di che **11** A4
  ~ ... **mai** 10 B, **16** A2
  ~ ... **mica 5** A4
  ~ ... neanche 16§99
  ~ ... **nessuno 14** A6
  ~ ... **niente 14** S134
  ~ ... più 6 B1, 11B
  ~ tanto 6 S51
nonno ['nɔnno] **9** A4
normale [nor'maːle] 2 E11, **12** B
normalmente [normal'mente] **14** A1
Norvegia [nor'vɛːdʒa] 2 S14
nostro ['nɔstro] **8** A5
notare [no'taːre] **17** E6
  farsi ~ 13 B
notte ['nɔtte] **4** A3
  di ~ 11 S103, **16** E7
novembre [no'vɛmbre] 7 A4
numero ['nuːmero] 3 E2, 4 S 31, 13 A4
numeroso [nume'roːso] **11** B
nuoto ['nu̯ɔːto] 16 E3
nuovo ['nu̯ɔːvo] 7 A6
  di ~ 14§84
nuraghe [nu'raːge] 10 E14
nuvoloso [nuvo'loːso] **16** A6

O

o [o] **2** E8, **3** A5
  ~ ... o 8 B
obiettivo [obiet'tivo] 15 B
occasione [okka'zi̯oːne] 5 B, **11** E14
occhiali [ok'ki̯aːli]
  ~ da sole 13 A1
occhio ['ɔkki̯o] **14** A1
occidentale [ottʃiden'taːle] 15 B, **16** A6
occorrere [ok'korrere] **14** B
occuparsi [okku'parsi] 9§53
occupato [okku'paːto] 11 B
occupazione [okkupat'tsi̯oːne] 15 E9
oculista [oku'lista] 8 S68
odontotecnico [odonto'tɛkniko] 7 E6
odore [o'dore] **14** B
offerta speciale [of'fɛrta spe'tʃaːle] 6 E8
officina [offi'tʃiːna] **16** A4
offrire [of'friːre] 3§10, 4 A1, **12** E4
oggi ['ɔddʒi] **1** A5
ogni ['oɲɲi] **16** A4
  ~ tanto 14 A2
Olanda [o'landa] 2 S14
olandese [olan'dese] **2** A6
olfattivo [olfat'tiːvo] 14 B
olfatto [ol'fatto] 14 B
olio ['ɔːli̯o] **6** E1
  ~ d'oliva 6 E2
oliva [o'liːva] 6 E2
oltre ['oltre] 6 B1, 12 B, **15** A1
omaggio [o'maddʒo] 8 S69
ombrellone [ombrel'loːne] 10 E10
omeopatia [omeopa'tiːa] 14 A4
omeopatico [omeo'paːtiko] 14 E5
Onda verde ['onda 'verde] 11 A8
onomastico [ono'mastiko] 6 B2
opera ['ɔːpera] 7 E9
operaio [ope'raːi̯o] 7 B
opinione [opi'ni̯oːne] 4 E2, **16** E6
oppure [op'puːre] **11** A1
ora ['oːra] 5 A5, 8 A1
  a che ~? 8 A2
  non vedere l'~ di 10 A5
  che ore sono? 8 A1
  ore settimanali 2 E11
orchestra [or'kɛstra] 7 E2
ordinare [ordi'naːre] **12** S109, **14** E7
ordine ['ordine]
  mettere in ~ 7 A1
organizzare [organid'zaːre] **16** A4
organizzazione [organidzat'tsi̯oːne] **16** B
origano [o'riːgano] 6 E2
origine [o'riːdʒine] 17 B
ormai [or'maːi] 15 A2
ornamento [orna'mento] 13 B
ortopedico [orto'pɛːdiko] 14 A4
ospedale [ospe'daːle] 7 A6
ospitare [ospi'taːre] 5 B
ospite ['ɔspite] 8 B
osteria [oste'riːa] **12** B
ottimo ['ɔttimo] 4 A6
ottobre [ot'toːbre] 7 A4

P

pacco ['pakko] **6** A5
padella [pa'dɛlla] 6 A1
padre ['paːdre] **9** A4
padrone [pa'droːne] 8 A2, **17** B
paesano [pae'zaːno] 17 B
paese [pa'eːze] 8 B, **9** A5
  da ~ a ~ 11 B
paesino [pae'zino] 15 B
pagamento [paga'mento] 11 S101
pagare [pa'gaːre] 3 B, 5§26
paio ['paːi̯o] **13** A5
  un ~ di giorni 7 A5
palazzo [pa'lattso] 5 E5, 9 A2
  ~ ducale [~ du'kaːle] 5 E5
palco ['palko] **14** A1

12 A2, 14 B
che numero porta? 13 A5
porto ['pɔrto] 3 E4
Portogallo [porto'gallo] 2 S14
posare [po'saːre] 16 B
posata [po'saːta] 12 E6
possibile [pos'siːbile] 7 B, **9 B**
possibilità [possibili'ta] 7 A6
possibilmente [possibil'mente] **11A2**
posta ['pɔsta] **8 A1**
posta prioritaria **10 A3**
posto ['posto] 2 B, **4** A5
al loro ~ 17 A2
al ~ mio 14 E5
~ macchina 4 B
potere [po'teːre] 8 A3
povero ['pɔːvero] **12 B**
povero ['pɔːvero] 6 B1
pranzo ['prandzo] **6 A1**
praticare [prati'kaːre] 16 E4
pratico ['praːtiko] **11** E5
precedente [pretʃe'dɛnte] 17 E5
preferenza [prefe'rɛntsa] 16 E7
preferibilmente [preferibil'mente] 13 B
preferire [prefe'riːre] 3§10, 3 A2
preferito [prefe'riːto] **13** E11, **15** E11
prefisso [pre'fisso] **4** A4
prego ['prɛːgo] **2** B, **3** A5, **5** A1, **11** E4
premio ['prɛːmio] **8** S69
~ Nobel [~ 'nɔːbel] 7 A3
prendere ['prɛndere] **3** A1, 5 B, **10** A1
~ nota [~ 'nɔːta] 12 E7
prenotare [preno'taːre] **10** E1, **11** A2
prenotazione [prenotat'tsi̯oːne] 4 E6, 11 A1
preoccuparsi [preokku'parsi] **13** A4, 13§82
preoccupato [preokku'paːto] **14** A3
preparare [prepa'raːre] **6** A1
prescrivere [pres'kriːvere] **14** A5
presentare [prezen'taːre] **8** A7
presentazione [prezentat'tsi̯oːne] 8 E8
presente [pre'zɛnte]
essere ~ 12 E10
presepe [pre'zɛːpe] 17 B
presso ['prɛsso] 4 S31, **10** A1
prestare [pres'taːre] **13** A4
presto ['prɛsto] **8** A2
pretesa [prɛ'teːsa] 12 B
prevenire [preve'niːre] **14** E7
previsioni del tempo [previ'zi̯oːni del 'tɛmpo] **16** A6
previsto [pre'visto] 4 E6, 15 A2
prezzo ['prɛttso] **4** A1, **6** A6
a questo ~ 13 E6
certi prezzi 6 B2
prezzi fissi ['prɛttsi 'fissi] 13 E6
prima ['prima] 3 E6, **6** A5
primavera [prima'vɛːra] **17** B
primo ['priːmo] **5** S38
~ piano 15 S139
primo ['priːmo] **6** A1, **12** A2
principale [printʃi'paːle] 12 B
prioritario **10** A3
privato [pri'vaːto] **4** A1, **16** E6
pro [prɔ] 15 E5
probabile [pro'baːbile] 6 B1
problema [pro'blɛːma] **4** B, **9** A3
prodotto [pro'dotto] 6 E12, 7 A6
produrre [pro'durre] **7** A6
professione [profes'si̯oːne] 2§7
professore [profes'sore] **9** A1
profumo [pro'fuːmo] **14** B
progetto [pro'dʒɛtto] **10** E7
programma [pro'gramma]
~ della televisione 8 E2
programmatore [programma'toːre] 7 A6
pronome [pro'noːme] 8 E7
pronto ['pronto] **2** A3, **8** B
~ soccorso 14 A3
proposta [pro'posta] **10** A4
proprietario [propri̯e'taːri̯o] **12** B
proprio ['prɔːprio] 2 A5, **4** A5, 7 A6, 7 B, **15** A4
prosciutto [proʃ'ʃutto] **3** A5
prosecco [pro'sekko] 3 S21
prossimo ['prɔssimo] **5** E10
protagonista [protago'nista] 12 B
proteggere [pro'tɛddʒere] 16 S148
provare [pro'vaːre] 11 E8, **13** A2, **14** A2, 17 E5
proveniente [prove'ni̯ɛnte]
~ da 11 E3
proverbio [pro'vɛrbi̯o] 17 E7
provincia [pro'vintʃa] **15** A4
pubblicità [pubblitʃi'ta] 11 E6
pubblicitario [pubblitʃi'taːrio] 7 A6
pubblico ['pubbliko] 4 S31
mezzi pubblici 15 E8
servizi pubblici 15 A5
pulito [pu'liːto] **10** A4
punch [pʌntʃ] 3 E4
punto ['punto] 9 B
~ d'incontro 12 B
pure ['puːre] 10 B, 11 E8, **13** A2
purtroppo [pur'trɔppo] **4** B
puzzle [pʌzl] 6 E12

Q

qua [ku̯a] 15 B
quadro ['ku̯aːdro] 13 A1, **15** S137
qualche ['ku̯alke] **16** A4
qualcos'altro [ku̯alkɔːs'altro] **13** A5
qualcosa [ku̯al'kɔːsa] **3** A1
~ di bello 5 B
~ di più forte 14 A2
~ di tessile 14 E10
qualcuno [ku̯al'kuːno] **4** S30
quale ['ku̯aːle] **4** A5
qual è [ku̯a'lɛ] 3 E10, **4** A4
qualità [ku̯ali'ta]
di prima ~ 6 E12
quando ['ku̯ando] **7** A3 *(„wann")* **9** A1 *(„wenn")*, **9** B *(„als")*
quanti ['ku̯anti] **7** A4
quanto ['ku̯anto] 3 E3, **4** B
quant'è? ['ku̯an'tɛ] **3** A4
~ costa? 4 A2
~ tempo 11 A1
~ viene? 13 A3
quartiere [ku̯ar'ti̯ɛːre] **15** A5
~ anseatico [~ ansea'tiko] 7 E9
~ di periferia 12 B
quarto ['ku̯arto] 5 S38; **8** A1
quasi ['ku̯aːzi] **6** B2
quello ['ku̯ello] 8 E11, **13** A3
questo ['ku̯esto] **2** B, **8** A8
qui [ku̯i] **2** A5
quindi ['ku̯indi] 11 E2, **13** B
quota d'iscrizione ['ku̯ɔːta di iskrit'tsi̯one] 8 S69

R

raccontare [rakkon'taːre] **7** E10
radicchio [ra'dikki̯o] 6 S51
radio ['raːdio] **4** A1
radiografia [raːdiogra'fiːa] **14** S130
radiosveglia [radio'zveʎʎa] 8 E7
raffreddore [raffred'doːre] **14** E1
ragazzo [ra'gattso] **1** A7, 1§3, 6 B2
raggiungere [rad'dʒundʒere] 11 A6
ragione [ra'dʒone] **16** A3
ragioniere [radʒo'ni̯ɛːre] 7 A6, 7§42
ragù [ra'gu] 12 S109
rallentamento [rallenta'mento] 11 A8
rapidamente [raːpida'mente] **11** B
rapido ['raːpido] **11** A6
rapporto [rap'pɔrto] 10 E11
rappresentante [rapprezen'tante] 7 A6
rappresentare [rapprezen'taːre] **16** B
rappresentazione [rapprezentat'tsi̯oːne] 17 E5
ravioli [ra'viɔːli] 6 E8
realtà [real'ta] **17** B
in ~ 12 E10
regalare [rega'laːre] **8** A6
regalino [rega'lino] **8** A7
regalo [re'gaːlo] **8** E7
regia [re'dʒiːa] 14 E6
regionale [redʒo'naːle] 4 A1
regione [re'dʒoːne] **11** E6, **16** A6
registrare [redʒis'traːre] 5 B
regolare [rego'laːre] 9 B
regolarmente [regolar'mente] **14** A1
religioso [reli'dʒoːso] 11 B, **17** B
rendere ['rɛndere] 15 B
Repubblica Ceca [re'pubblika 'tʃɛːka] 2 S14
Repubblica Slovacca [re'pubblika zlo'vakka] 2 S14
respirare [respi'raːre] **14** A5
restare [res'taːre] **5** B
~ a letto 9 A1
restaurato [restau'raːto] 4 A1
resto ['rɛsto] **3** B

ribelle [ri'bɛlle] 16 B
ricavato [rika'vaːto] 8 S69
ricco ['rikko] **12 B**
ricetta [ri'tʃɛtta] 12 E6
ricevere [ri'tʃeːvere] 7 A3, 11 B
ricevuta fiscale
[ritʃe'vuːta fis'kaːle] 12 A5
richiamare [riki̯a'maːre] 14 A3
~ alla memoria 14 E10
riconoscere [riko'noʃʃere] **14 B**
ricoperto [riko'pɛrto] 14 A1
ricordare [rikor'daːre] 17 E5
ricordo [ri'kɔrdo] **17 A2**
ricostruire [rikostru'iːre] 9 E10
riduzione [ridut'tsi̯oːne] **4 A6**
rientro [ri'entro] 11 A8
rifiuti [ri'fi̯uti] **10 A2**
righe ['riːge]
a ~ [ar'riːge] 13 A1
rigorosamente [rigorosa'mente]
11 B, 12 B
riguardare [rigu̯ar'daːre]
per quanto riguarda 15 B
rilassante [rilas'sante] **16 A3**
rilassarsi [rilas'sarsi] **10 A1**
rimanere [rima'nere] 7 A2, 7§39
Rinascimento [rinaʃʃi'mento] 17 B
ringraziare [riŋgrat'tsi̯aːre] **9 A7**
rinunciare [rinun'tʃaːre] **15 A4**
ripartire [ripar'tire] **8 B**
ripieno [ri'pi̯ɛːno] 6 E8
riposare [ripo'saːre] **5 B**
riposo [ri'pɔːso] 10§63
riprendere [ri'prɛndere] **9 A3**, 16 A6
riproporre [ripro'porre] 17 B
risalita [risa'liːta]
impianto di ~ 16 A1
riscaldamento [riskalda'mento]
4 A6, **15 A1**
rischio ['riski̯o] 6 B1, **16 E6**
rischioso [ris'ki̯oːso] **16 A4**
risotto [ri'sɔtto] 12 S109, **12 A6**
risparmiare [rispar'mi̯aːre] **6 E8**
rispettare [rispet'taːre] **11 B**
rispondere [ris'pondere] **5 E9**
risposta [ris'posta] **2 E10**
ristorante [risto'rante] **4 A1**
risultato [risul'taːto] **16 E6**
ritardo [ri'tardo] **11 A3**
essere in ~ 11 B
ritelefonare [ritelefo'naːre] 14 A3
ritmo ['ritmo] 14 A1
ritornare [ritor'naːre] **10 A5**
ritorno [ri'torno] **11 A3**
ritrovare [ritro'vaːre] 9 E15
ritrovarsi [ritro'varsi] **15 B**
rivalità [rivali'ta] 17 B
rivedere [rive'deːre] 8 A5
rivista [ri'vista] **14 E1**
rivivere [ri'viːvere] 17 B
far ~ 17 B
rivolgersi [ri'vɔldʒersi] 10 E10,
15 S138
roba ['rɔːba]
~ da mangiare 14 B
~ da matti 10 B
robusto [ro'busto] 14 A1
roco ['rɔːko] 14 A1
Romani [ro'maːni] 17 B
rompersi ['rompersi] **14 A3**
rosa ['rɔːza] 13 A1
rosa ['rɔːza] 7 A3, 7§37
rosmarino [rozma'riːno] 14 B
rosso ['rosso] **12 A2, 13 A3**
rotondo [ro'tondo] **14 A1**
rucola ['rukola] 3 S24
rum [rum] 6 E9
rumoroso [rumo'roːso] **4 A5**
ruolo ['ru̯ɔːlo] 17 E3
ruota ['ru̯ɔːta] 5 E6, **11 A5**

S

sabato ['saːbato] **7 A1**
sabbia ['sabbi̯a] 11 E6
sagra ['saːgra] 17 B
sala d'attesa ['saːla dat'teːsa] 11 S96
sala da pranzo ['saːla da'prandzo] **4 A1**
salame [sa'laːme]
~ di tacchino [~ di tak'kiːno] 12 E4
salato [sa'laːto] 3 E4
saldi ['saldi] **13 A2**
saldo ['saldo] 13 E7
sale ['saːle] **6 A1**
salire [sa'liːre] **11 B**, 11§72/73
salotto [sa'lɔtto] 8 A7
salsa ['salsa] 6§33
salto ['salto] 17 B
salumeria [salume'riːa] **6 A3**
salumi [sa'luːmi] 6 E13, **12 B**
salumiere [salu'mi̯ɛːre] **6 S49**
salutare [salu'taːre] **11 E10**
saluto [sa'luːto]
distinti saluti E6
tanti saluti 2 A4
salvia ['salvia] 6 A1
sambuca [sam'buːka] 3 E8
san bitter [san'bitter] 3 E4
sandali ['sandali] 13 A4
sangue ['saŋgu̯e]
al ~ 12 A3
Santa Klaus ['santa 'klaus] 17 A2
Santa Lucia ['santa lu'tʃiːa] 17 A2
sapere [sa'peːre] **4 A5, 5 S39**, 8 E11,
11 B
~ di 14 B
sapone [sa'poːne] **14 E10**
sapore [sa'poːre] 12 A8
Sardegna [sar'deɲɲa] 15 B
sauna ['saːuna]
fare la ~ 14 E5
sbagliare [zbaʎ'ʎaːre] **16 B**
scacchi ['skakki] 8 S68
scale ['skaːle] **15 S139**
scaloppine [skalop'pine] 12 S109
scarpa ['skarpa] **13 A1**
scarpe da tennis 13§81
scatola ['skaːtola] 13 E8
scegliere ['ʃeʎʎere] 12 E3, 13 B,
15 A4, 15§92
scelta ['ʃelta] 12 B, 15 B
scena ['ʃɛːna] 17 B
scendere ['ʃendere] **5 A3**
~ con il deltaplano 16 A4
scheda ['skɛːda]
~ telefonica [~ tele'fɔːnika]
scherma ['skerma] 16 E3
scherzo ['skertso] **17 E7**
schiavo ['ski̯aːvo] 17 B
schiena ['ski̯ɛːna] **16 B**
sci [ʃi] **16 A1**
scialle ['ʃalle] 13§80
sciare [ʃi'aːre] **16 A1**
sciarpa ['ʃarpa] **13 A1**
sciatore [ʃia'toːre] **16 E1**
sciopero ['ʃɔːpero] 16§102
sciroppo [ʃi'rɔppo] 3 E4, 14 S127
scivolare [ʃivo'laːre] 14 A3
sconto ['skonto] **4 E6**
scontrino [skon'triːno] 3 S21
scopo ['skɔːpo] **16 A4**
scoprire [sko'priːre] **10 A1**
scorrere ['skorrere] **16 B**
scorso ['skorso] **16 A2**
scozzese [skot'tseːse] 13 A1
scritta ['skritta] 16 B
scrittore [skrit'tore] **7 A3**
scrivere ['skriːvere] 3§10, **7 E1**
scuola ['sku̯ɔːla] **8 E7**, 9 A3
~ di sci 16 A1
scuro ['skuːro] **13 A1**
scusare [sku'zaːre] **1 A3**
sdraio ['zdraːi̯o] 10 E10
se [se] **8 A3, 10 B, 12 B**
secco ['sekko] 17 A2
secolo ['sɛːkolo] **11 B, 17 B**
secondario [sekon'dari̯o] 12 B
secondo [se'kondo] **5 A1**
~ me 16 E6
~ il colore 13 E9
secondo [se'kondo] 6 A1
sedia ['sɛːdi̯a] **15 A1**
seggiovia [seddʒo'viːa] **16 A1**
segnalare [seɲɲa'laːre] 13 B
segnare [seɲ'ɲaːre] 13 B
segretaria [segre'taːri̯a] **7 E4**
seguente [se'gu̯ente] 11 A8
seguire [se'gu̯ire] 11 E12
~ la moda 13 E11
semaforo [se'maːforo] **5 S42**
sembrare [sem'braːre] **13 A2**
seminario [semi'naːri̯o] 13§83
semifreddo [semi'freddo] 12 S109
sempre ['sɛmpre] **5 A5**
sensibilizzare ['sensiːbilid'dzaːre]
16 A4
sentire [sen'tiːre] 2 B, **3 A5**, 3§10,
14 A5, 14 E10
sentirsi [sen'tirsi] **9 A5**
senz'altro [sen'tsaltro] **14 A6**
senza ['sɛntsa] **3 A6**

~ **dubbio 11 B**
separarsi [sepa'rarsi] **9 B**
separazione [separat'tsi̯oːne] 9 E12
sera ['seːra] **8 A5**
alle nove di ~ 14 E2
di ~ 16 B
serata [se'raːta] 8 A9
sereno [se'reno] **16 A6**
servire [ser'viːre] **6 A1**
serve aiuto? 2 B
servitore [servi'toːre] **8 A2**
servizi [ser'vittsi]
doppi ~ 4 B
~ **pubblici** 15 A5
~ privati 4 A1
servizio [ser'vittsio]
~ bar 4 A1
~ di posate 12 E6
sesso ['sɛsso] 2 E11
seta ['seːta] **13 B**
sete ['seːte] 3 A1
settembre [set'tɛmbre] 4 A6, 7 A4
settentrionale [settentri̯o'naːle] **16** A6
settimana [setti'maːna] **4** S30, **7** A1
settimanale [settima'naːle] 2 E11
sfrecciare [sfret'tʃaːre] 16 B
sgargiante [zgar'dʒante] 11 B
sherry ['ʃeri] 3 S21
sì [si] **1** A3
si [si] **9** A1, **12** A1 *(„man")*
sicuro [si'kuːro] **11** E5
significare [siɲɲifi'kaːre] **17** E7
significato [siɲɲifi'kaːto] **13** E9
signore [siɲ'ɲoːre] **1** A2
signorina [siɲɲo'riːna] **1** A3
silenzio [si'lɛntsi̯o] 10 A1
simpatia [simpa'tiːa] 12 B
simpaticissimo [simpatit'ʃissimo] 7 A2
simpatico [sim'paːtiko] 2§7, 7 S57
singolo ['siŋgolo] **4** A2, **8** S69
sinistra [si'nistra]
a ~ 5 S38
sintomo ['sintomo] 14 A2
sinusite [sinu'ziːte] 14 E7
situazione [situat'tsi̯oːne] **15** B
Slovenia [zlo'vɛːni̯a] 2 S14
smettere ['zmettere] **14** S131
sociale [so'tʃaːle] 12 B, 13 B
soccorso [sok'korso] 4 S31
sofisticato [sofisti'kaːto] 14 B
soggiorno [sod'dʒorno] **4** A1, **4** A6
soglia ['sɔʎʎa] 17 A2
sogliola ['sɔʎʎola] 12 S109
sogno ['soɲɲo] **13** B
soldi ['sɔldi] 7§40, **13** A4
sole ['soːle] **10** S89
soleggiato [soːle'dʒaːto] 4 A6
solito ['sɔːlito]
come al ~ 7 A2
di ~ **9** E2
solo ['soːlo] **11** B *(„einzig")*, **4** A2 *(„nur")*, **4** A5 *(„allein")*
non ~ ... ma anche 17 E5

sopra ['soːpra] **15** A3
al di ~ di 16 A6
soprannome [soːpran'noːme] 1 A7
soprattutto [soprat'tutto] **15** B
sorella [so'rɛlla] **6** B2, **7** A2, **9** A4
sorpresa [sor'preːsa] **4** A5
sorpreso [sor'preːso] **12** B
sosta ['sɔsta] 11 S103
sostanza [sos'tantsa]
in ~15 B
sott'olio [sot'tɔːli̯o] 12 E4
sottile [sot'tiːle] 6 A4
sotto ['sotto] **12** E4, **15** A3
sottostante [sottos'tante] 6 E14
spaesato [spae'zaːto] 15 E4
spaghetti [spa'getti] **6** S48
Spagna ['spaɲɲa] 2 A3
spagnolo [spaɲ'ɲɔːlo] **2** S16
spalla ['spalla] **14** A1
specchio ['spɛkki̯o] 15§90
speciale [spe'tʃaːle] **6** B2
specialista [spetʃa'lista] **14** A4
specialità [spetʃali'ta]
~ **della casa 12** B
specializzazione [spetʃaliddzat'tsi̯oːne] 7 A6
spedire [spe'diːre] **10** A3
spendere ['spɛndere] **11** E7, **12** A1
speranza [spe'rantsa] 15 B
spesa ['speːsa]
fare la ~ 6 A5
spese ['speːse] **15** A1
fare ~ 13 A6
spesso ['spesso] **9** A5
spettabile [spet'taːbile] 4 E6
spezzatino d'agnello [spettsa'tiːno daɲ'ɲɛllo] 12 S109
spiaggia ['spi̯addʒa] **10** A4
spiedino [spi̯e'diːno] 12 A6
spiegare [spi̯e'gaːre] 12 E12
spirito ['spiːrito] 17 B
spogliarsi [spoʎ'ʎarsi] **14** A5
sporco ['spɔrko] **11** B
sport ['spɔrt]
fare ~ 16 E6
sportello [spor'tɛllo] **11** E2
sportivo [spor'tiːvo] **14** E6
sposa ['spɔːza] 13 E13
sposarsi [spo'zarsi] **9** E5
sposato [spo'zaːto] **9** E9
spremuta [spre'muta]
~ **d'arancia 3** S21
spuma ['spuːma] 3 E4
spumante [spu'mante] **3** E4
spuntino [spun'tiːno] 3 E5
stadio ['staːdi̯o] 4 S32
stagione [sta'dʒoːne] 6 E2, 12 B, 13 B
di ~ 12 S109
stamattina [stamat'tiːna] 8§54, 9 E3
stanco ['staŋko] **8** A4
stanza ['stantsa] **15** A3
stare ['stare] **1** A4, **3** B, **9** A5
stasera [sta'seːra] **4** A5
statale [sta'taːle] **11** A7

Stati Uniti ['stati u'niːti] 10 S88
stazione [stat'tsi̯oːne] **5** A3
~ centrale 5 E4
~ **di servizio 11** A7
stella ['stella] 4 A1
stemma ['stɛmma] 16 B
stesso ['stesso] **5** B
nello ~ tempo 15 B
stipendio [sti'pɛndi̯o] 7 E6
Stoccarda [stok'karda] 6 B2
stoffa ['stɔffa] **13** B
stomaco ['stɔːmako] **14** E7, 14 S134
storia ['stɔːri̯a] 9 B, 10 B, **17** B
storico ['stɔːriko] 15 A4, **17** B
storione [sto'ri̯oːne] 12 A3
strada ['strada] **4** A2, 14 A1
straniero [stra'ni̯ɛːro] **2** A5
strano ['straːno] 16 E9
stravecchio [stra'vɛkki̯o] 3 S21
stressante [stres'sante] 9 E15, 11 E5
stretto ['stretto] **13** A2
stringato [striŋ'gaːto] 13 B
striscia ['striʃʃa] 13 B
strumento [stru'mento] **17** A1
struttura [strut'tuːra] 15 B
studente [stu'dɛnte] 2§8
studiare [stu'di̯aːre] **2** B, 2§5, 7 B
studio ['stuːdi̯o] 4§19, 15 A3
~ medico 15 E3
stufo ['stuːfo]
essere ~ di **10** S89
su [su] 3 B, **4** A2, **11** E3
subito ['suːbito] **3** A5
succedere [sut'tʃɛːdere] 7 A3, **9** B
successo [sut'tʃɛsso] 7 A3
succo ['sukko] 3 S21, 3 A6
sud [sud]
a ~ di 15§91
sugo ['suːgo] 6§32, 8 B, 12 E2
suo ['suːo] 7 A4
suoceri ['suɔːtʃeri] 9 E5
suonare [su̯o'naːre] **9** A2, **17** E2
super garantiti ['suːper garan'tiːti] 6 B1
superiore [supe'ri̯oːre] 2 E11
supermercato [supermer'kaːto] **5** E1
supplemento [supple'mento] **11** A1
~ speciale 11 A1
supposizione [suppozit'tsi̯oːne] 16 E9
susina [su'siːna] 6 A6
sveglia ['zveʎʎa] **9** A2
svegliarsi [zveʎ'ʎarsi] **9** A1
Svezia ['zvɛttsi̯a] 2 S14
Svizzera ['zvittsera] 2 S14
svizzero ['zvittsero] 2 S16
svolgersi ['zvɔldʒersi] 12 E7

T

t-shirt [tiʃœrt] 13 A1
tabaccheria [tabakke'riːa] 4 S31
tabacchi [ta'bakki] **5** E1
tacco ['takko] 13 A5
taglia ['taʎʎa] **13** A2

tagliare [taʎ'ʎaːre] **12** E2
~ l'erba 7 A1
tagliatelle [taʎʎa'tɛlle] **6** A1
tailleur [ta'jœːr] **13** A1
tangenziale [tandʒen'tsi̯aːle] 11 S103
tanto ['tanto] **2** A4
tappeto [tap'peːto] **15** S137
tardi ['tardi] **5** E8, 8 A1
tariffa [ta'riffa] **11** B
tartine [tar'tiːne] 12 E4
tassametro [tas'saːmetro] **11** B
tassista [tas'sista] **11** E12
tavola ['taːvola] 10 E10
a ~ 8 B
~ calda 3 A5
tavolo ['taːvolo] **3** B
~ da lavoro 15 S137
taxi ['taksi] **9** A7, 11B
tazza ['tattsa] **14** E7
tè [tɛ] 3 A2
te [te] 5 B
teatro [te'aːtro] 5 E1
tedesco [te'desko] 2 A5
telefonare [telefo'naːre] **2** E2
~ a 8 A9
telefonata [telefo'naːta] **16** E4
telefono [te'lɛːfono] **4** A1
telegiornale [teledʒor'naːle] 8 E2
televisione [televi'zi̯oːne] **8** E2
tema ['tema] 14 B
temperatura [tempera'tuːra] **16** A6
tempo ['tɛmpo] *(„Zeit")* 5§27, 6 E12
a ~ pieno 6 B2
da quanto ~ ? 10 E6
in ~ 14§84
tanto ~ fa 10 E6
tempo *(„Wetter")* **10** A4, **10** S89
tempo libero 7 E5
tende ['tɛnde] **15** S137
tenero ['tɛːnero] 6 A4
tennis ['tɛnnis] 8 E3, 8 S69
tentare [ten'taːre] 15 B
termoautonomo [termoau'tɔːnomo] 15 A1
terra ['tɛrra] 11 S101, **14** B, **15** A5
piano ~ 15 A6
~ battuta [~ bat'tuːta] 14 B
terrazza [ter'rattsa] **15** A5
terza media ['tɛrtsa 'mɛdi̯a] 7 B
terzo ['tɛrtso] 5 S38
tesoro [te'zɔːro] 8 B
tessile ['tɛssile] 14 E10
tessuto [tes'suto] 14 E10
~ sociale 15 A6
testa ['tɛsta] **14** A1
tetto ['tetto] **15** S139
the [tɛ] 3 E4
ti [ti] 5 A6
tinta ['tinta]
in ~ unita 13 A1
tipico ['tiːpiko] 4 A1
tipo ['tiːpo] 6 B1, 9 A6
tisana [ti'zaːna] 14 E7
titolo ['tiːtolo] 14 B
toast [tɔst] **3** A5
toh [tɔ] 3 B
tornare [tor'naːre] 5 B, **7** A5
torneo [tor'nɛːo] 8 E3
torre ['torre] **10** E14
torta di mandorle ['tɔrta di 'mandorle] 12 S109
tortellini [tortel'liːni] 6 E8
tosse ['tosse] **14** S131
tossire [tos'siːre] 11§74, **14** A5
tovaglia [to'vaʎʎa] 12 A7
tovagliolo [tovaʎ'ʎɔːlo] 12 A7
tra [tra] 5 B, 7 A2 *(„unter")*, **10** E11 *(„zwischen")*
tradizionale [tradittsi̯o'naːle] **12** B
tradizione [tradit'tsi̯oːne] **15** A4, 17 A2
trafficato [traffi'kaːto] 4 A2
traffico ['traffiko] **11** A8
tragedia [tra'dʒɛːdi̯a] 7 A3
traghetto [tra'getto] **11** A6
trainare [trai'naːre] 11 B
tram [tram] 5 A4
tramezzino [tramed'dziːno] 3 S24
tranquillamente [traŋku̯illa'mente] 10 A4
tranquillità [traŋku̯illi'ta] 15 E5
tranquillo [traŋ'ku̯illo] **4** A1
trapano ['traːpano] 16 B
trascorrere [tras'korrere] 5 B, **16** E5
traslocare [trazlo'kaːre] **15** E3
trasportare [traspor'taːre] **11** E12
trasporto [tras'pɔrto] 11 E7
mezzo di ~ **11** B
trattarsi [trat'tarsi] 12 E7
tratto ['tratto] **11** A8
trattoria [tratto'riːa] 5 E1
treno ['trɛːno] 2 B, 2§7, **10** A1
~ regionale 11 S95
tribù [tri'bu] 16 B
tricot [tri'ko] 13 A1
tropicale [tropi'kaːle] 3 A6
troppo ['trɔppo] 4 S32, 6 E13, **11** A5
trovare [tro'vaːre] 2 E10, 2§5, 5 B
trovarsi [tro'varsi] **9** A3
trullo ['trullo] 10 E5
tu [tu] **1** A5
tuo ['tuːo] 5 B, **7** A4
turista [tu'rista] 6§30, **11** E9
turistico [tu'ristiko] 5 A6, **15** B
tutelare [tute'laːre] 16 A4
tutti ['tutti] 8 E7
tuttinbici [tuttin'bitʃi] 8 A3
tutto ['tutto]:
~ compreso 4 B
~ l'anno 4 A6, **16** A1
tv color [tiv'vu 'kɔloːr] **4** A1

U

ufficio [uf'fiːtʃo] 7 E7, **8** A1
~ postale [~ pos'taːle] **5** E1
ultimo ['ultimo] **13** A2, 11 B
~ scorso [~ 'skorso] 4 E6
umanità [umani'ta] **14** B
umano [u'maːno] 15 A4
Umbria ['umbri̯a] 4 A1
umido ['uːmido] **14** B
un' [un] **3** S21
un [un] **3** A2
una ['una] **3** S21, **8** A1
Ungheria [unge'riːa] 2 S14
unico ['uːniko] **9** A5
unire [u'niːre] 6 A1
unito [u'niːto] 13 A1
università [universi'ta] 7 A5
uno ['uno] 3 A3, 3 S21
uomo ['u̯ɔːmo] **7** B
a misura d' ~ 15 A4
Urbino [ur'bino] 2 A5
urgente [ur'dʒɛnte] 8 B
usare [u'zaːre] **11** B
uscire [uʃ'ʃiːre] 5 B, 9 A1, 9 E3
uscita [uʃ'ʃiːta] **11** S101
uso ['uːzo] 11 B
utile ['uːtile] 7 E9, **11** E7
uva ['uːva] **16** A5

V

va bene ['va'bɛːne] 3 A5
vacanza [va'kantsa] **2** A6, **10** A1
buone vacanze 11 E11
vagone letto [va'goːne 'lɛtto] 11 E2
Val Padana ['val pa'daːna] 16 A6
valere [va'leːre] **17** E7
ne vale la pena 16 B
valigia [va'liːdʒa] **2** B
valle ['valle] 10 A1, 11 S101
vaniglia [va'niʎʎa] 3 B
vantaggio [van'taddʒo] **15** A1
variazione [variat'tsi̯oːne] 13 B
vario ['vaːri̯o] 6 A1
vecchio ['vɛkki̯o] **9** A6
vedere [ve'deːre] 3 B, 3§10, 5 B
far ~ 11 E4, 13 A2
farsi ~ 17 B
non ~ l'ora di 10 A5
vegetariano [vedʒeta'ri̯aːno] 6 E13
veicolo [ve'iːkolo] 11 S103
vela ['veːla] 16 E3
velluto [vel'luːto] 14 B
veloce [ve'loːtʃe] **11** A5
vendere ['vendere] 13 B
vendesi 15 S138
vendita ['vendita] 4 S31, **12** B
in ~ presso 4 S31
venerdì [vener'di] 8 S68
veneziana [venet'tsi̯aːna]
alla ~ 12 S109
venire 4 A5, 6§32, **14** A2
~ a prendere 8 A2
~ a trovare qualcuno 7 A5
vento ['vɛnto] 13 E5
veramente [veːra'mente] 1 A7
verde ['verde] 11 E6, **13** A1

verdura [ver'dura] **6** A1
vernice [ver'niːtʃe] 13 A4, 14 B
vero ['veːro] **1** A3, **2** E8
versare [ver'saːre] 4 E6
verso ['vɛrso] **8** A5
vestirsi [ves'tirsi] **9** A2
vestito [ves'tiːto] **13** S118
veterinario [veteri'nario] 7 A1
vetrina [ve'triːna] 13 A2
vettura [vet'tuːra] 11 A8
via ['viːa] **5** A1
  andare ~ 15 B
  ~ di mezzo 15 B
  ~ satellite [~ sa'tɛllite] 11 B
viaggiare [viad'dʒaːre] 7 A6
viaggiatore [viaddʒa'toːre] 14 B
viaggio [vi'addʒo] **2** E3
  buon ~ 2 B
viale [vi'aːle] 5 E4
vicinissimo [vitʃi'nissimo] 10 A4
vicino [vi'tʃiːno] **11** E11
vicino [vi'tʃiːno] 4 A1, 17 B
video ['viːdeo] **11** B, **14** E6
vigile ['viːdʒile] **11** S101
villa ['villa] 15 E1
villetta [vil'letta] 15 S138
  ~ a schiera [~ a 'skjɛːra]
    15 A5
vincere ['vintʃere] 7 A2
vino ['viːno] **3** E4
  ~ bianco 6 A1
  ~ da tavola 6 E8
  ~ sfuso [~ 'sfuːzo] 12 B
vinsanto [vin'santo] 3 E4
viola [vi'ɔːla] 13 A1
violino [vio'liːno] **17** A1
visita ['viːzita] **8** B, **14** A4
  ~ guidata [~ gu̯i'daːta] **7** E9
visitare [vizi'taːre] 5 B, 7 A3
viso ['viːzo] **17** B
vista ['vista]
  ~ sul mare 4 S30
vistoso [vis'toːso] 13 B
vita ['viːta] **6** B2, 11 B
vitamina C [vita'miːna tʃi] 14 E7
vitello [vi'tɛllo] 12 S109
vivente [vi'vɛnte] 17 B
vivere ['viːvere] **5** A6
  ~ da solo 7 E4
voce ['voːtʃe] **14** A1, 14 B
voglia ['vɔʎʎa]
  avere ~ di 5 A4
voi ['voːi] **2** E2
volare [vo'laːre] **16** B
volentieri [volen'tjɛːri] 3 A1
voler dire [vo'leːr 'diːre] **15** B
volere [vo'leːre] **7** A5, **8** A2
  vorrei [vor'rɛːi] 3 A5
volo ['voːlo] **16** A7
volta ['vɔlta] **9** B
  di ~ in volta 11 B
  una buona ~ 14 S131
volume [vo'luːme] 11 B
vostro ['vɔstro] **4** S31, 8 E4

Z

zainetto [dzaːi'netto] 8 A6
zio ['tsiːo] **9** A4
zitto ['tsitto]
  stare ~ 11 E14
zona ['dzɔːna] **4** A6
  ~ a traffico limitato [~ a 'traffiko
    limi'taːto] 11 S103
  ~ pedonale [~ pedo'naːle] 4 A5
zoo ['dzɔːo] 2§8
zucchero ['tsukkero] **6** S48
zuppa ['tsuppa] 12 S109
  ~ inglese [~ iŋ'gleːse]
    12 S109

Quellennachweis

Fotos:
AKG photo, Berlin: 58, 2, 3, 5 – Archivio del Parco Nazionale della Calabria, Cosenza, C. Ferrucci: 94 (Veduta aerea della Riserva Naturale "I giganti della Sila") – Aviomar, Milano: 85 – Ulrich Beuttenmüller, Kirchheim-Teck: 9, 1-3; 108, 2; 111 – Camera Press Deutschland, Hamburg: 104, 2 (Richard Open) – Comune di Bari, Assessorato al Turismo, 90, 1-4; 94 (Mattinata) – Comune di Ferrara, Assessorato alla Cultura e Turismo: 44; 161, 2 – Alessandra Crotti, Pavia: 158 – Roberto Della Noce, Napoli: 85, 1, 2; 116, 1, 3 – Salvatore Di Benedetto, Bacoli: 62, 2; 150, 2 – dpa, Stuttgart: 58, 1, 7, 8 – Editoriale Publietas SpA, Roma: 143 – Farabola Foto, Milano: 59; 90, 5; 126; 141 – Rainer Fäßler, Stuttgart: 46, 2; 78; 83; 113; 114; 124; 137 – Ernst Klett Verlag, Stuttgart: (Archiv) 92, 2; 94 (Bomarzo, Venezia, Pisa, Portofino, Vesuvio, Dolomiti); 160, 1, 2; (Gaetano Barone, Firenze) 119; (Philipp Haußmann, Stuttgart) 10, 1-4; 13, 2; 22, 1-16, 18-20; 23; 26, 1-9; 31; 33, 1-4; 41; 46, 1, 3; 47, 1-3; 49, 1-2; 50, 1-2; 57; 61, 1-5; 62, 4, 6; 66, 2-7; 87, 1-2; 88; 101, 1, 3; 103, 1-3; 116, 4; 121, 1; 127; 144, 2; 148, 1-3; (Oreste Lanzetta, Napoli) 11, 1-2; 13, 1; 20; 22, 17; 25; 35; 43, 1-4; 47, 4; 62, 1, 3, 5; 66, 1; 74, 1-2; 108, 1; 116, 2, 5; 131, 1-5; 154 – Federica Loreggian, Nürnberg: 63; 79, 12; 80; 94 (Assisi); 142, 2; 150, 3; 152 – Gerd Maier, Stuttgart: 17, 3; 121, 2 – Chris Meier, Stuttgart: 94 (Taormina); 161, 1 – Meridiana Immagini, Bologna: 105, 1 (Paolo Righi) – Valiano Mungai, Pistoia: 17, 4 – Giovanna Mungai-Maier, Stuttgart: 17, 1, 2; 79, 1, 2; 85, 3, 4; 92, 1; 93, 1, 3; 94 (Verona); 100, 1, 2; 121, 2; 130; 142, 1 – Agenzia Grazia Neri, Milano: 155 – Alessandro Perathoner, Milano: 61, 6; 95, 1-2; 101, 2; 122; 133; 142, 3; 144, 1; 150, 1 – Piaggio Deutschland, Diedorf: 58, 4; 60 – Roberta Robustelli, Stuttgart: 84, 1-4; 93, 2 – Francesco Simula, Stuttgart: 94 (Torralba) – Franca Speranza, Milano: 104, 3; 105, 2 – Costantina Tuveri, Oristano: 145 – Amedeo Vergani, Como: 104, 1, 4 – Vini e Liquori, Milano: 115.

Umschlagfoto (Roma, Piazza Navona): Giancarlo Gasponi, Roma – 2. Umschlagseite: Italia politica – 3. Umschlagseite: Italia fisica.
Cartografia pubblicata per gentile concessione dell'Istituto Geografico De Agostini.

Realien:
Anna, Rizzoli Editore, Milano: 53 (Quattro milioni al mese ...) – Aviomar, Milano: 85 – Banca Commerciale Italiana, Milano: 98 – Baldini & Castoldi, Milano: 159 – Comune di Pavia: 69 (Tuttinbici) – EPT, L'Aquila: 147, 160, 3 – EPT, Napoli: 42 – Dilit International House, Roma: 20 – Donna (inserto di La Repubblica), Editoriale Publietas SpA, Roma: 143 (In una casa di ringhiera) – Donna Moderna, Milano: 83 (Dalla parte del padre) – Federfarma e Fofi, Roma: 129 – Ferrovie dello Stato: 85 – Focus Italy, Milano: 104-105 (Paese che vai taxi che trovi) – Guida Cucina, Arnoldo Mondadori Editore, Milano: 26 (Un aperitivo da fare in casa) – Hamburger Vorschau, Hanseatisches Werbekontor Heuser & Co., Nordstedt: 65 – Hotel Abbazia dei Collemedio, Collazzone (PG): 29 – Italia Nostra, Roma: 151 – Kurtur! News, Region Hamburg: 65 – Joachim Krüger, Korntal: 40 – Max Mara Fashion Group, Reggio Emilia: 117 (Campagna pubblicitaria Max & Co Autunno Inverno 96/97, illustrazione Yoko Ikeno) – Piccolo Teatro di Milano, Milano: 73 (Arlecchino servitore di due padroni) – La Repubblica, Roma: 110 (Da Fiore), 144 (Milano, capitale immorale) – Panorama, Arnoldo Mondadori Editore, Milano: 60 (Vespa, sei un mito) – Ristorante Grotta Santa Caterina, Siena: 111 – Saatchi & Saatchi, Milano, 97 (Un mezzo più un mezzo ...) – Sette (inserto del Corriere della Sera), Davide Perillo, Rizzoli, Milano: 155 (La notte delle lunghe forcelle) – Siremar, Palermo: 85 – Skira, Milano: 58 (Plakat Ausstellung Tiepolo) – Stadt Salzburg, 102 – Touring Club Italiano, Beppe Severgnini, Milano: 135 (Va' dove ti porta il naso - testo adattato) – Vallardi, Milano: 73 (Guide pratiche di Grazia).

Wir danken allen, die uns bei der Entwicklung von Buongiorno neu unterstützt haben.
Unser besonderer Dank gilt dem Ristorante Petrarca in Stuttgart.

NEU
buongiorno!
Grammatische Zusatzübungen
Lektionen 1–8
Klett
NEU
buongiorno!
Grammatische Zusatzübungen
Lektionen 9–17
Klett